THEATRUM
COGITATIOCUM
思想剧场

性经验史

快感的享用

|第二卷|

Michel
Foucault

［法］米歇尔·福柯 ——
著

佘碧平 ——
译

上海人民出版社

目录

导　言

一、更　动

　　这一系列研究的问世比我预计的要晚得多，而且它们在形式上也与以往的研究截然不同。

　　原因如下。它们既不应该是一种行为史，也非一种现象史，而是一种"性经验"史：这里的双引号有它的重要性。我的意图不是重建一种性行为和性实践的历史，描述它们前后相继的各种形式、它们的演进和传播。我的意图也不是分析各种（科学的、宗教的或哲学的）观念，人们正是通过这些观念才表征这些性行为的。我想首先在这一新近的、日常的"性经验"概念前止步：不妨后退几步，绕过它那熟悉的事实，分析它置身其中的理论和实践的背景。"性经验"这一术语出现得相当晚，最早可溯至 19 世纪。这一事实既不应该被低估，也不应该被夸大。它指的当然不是词汇的转换。但是这不意味着它的相关对象是突然出现的。这个词的用法是在与其他一些现象的关系中被建立起来的：不同知识领域的发展（包括再生的生物机械论和行为的个体变种或社会变种）；一整套规则和规范的建立，部分是传统的，部分是全新的，它所依靠的各种宗教的、法律的、教育的和医学的制度；个体们赋予自己的行为、义务、快乐、情感和感觉、梦想以意义和价值的方式所发生的变化。总之，它指的是，要搞清楚一种"经验"在现代西方社会是怎样构成的，比如个体们如何发觉自己是"性经验"的主体。这种经验是向各种迥然不同的知识领域开放的，而且它的表达也有一套规则和约束。因此，如果大家把经验理解成文化中知识领域、规范形态和主体性形式之间的相关性，那么我们的计划就是研究性（la sexualité）作为经验的历史。

　　这样谈论性经验意味着我们摆脱了一种十分流行的思想图式：它把性经验看成某种一成不变的东西，并且假定如果性经验表现出特殊的历史形式，那么这是由于它在一切社会中所遭遇的各种压抑机制造成的。这种流行看法还把欲望和欲望主体置于历史领域之外，并且要求禁止考虑性经验中可能存在的历史因素。但是拒绝这一假说是不够的。谈论作为一种特殊的历史经验的"性"，这也假定了我们能够拥有可以用来分析构成性经验的三条轴线以及它们的特点和相互关系的工具：有关性的知识构成、规范性实践的权力系统和个体能够也应该被塑造成性主体的形式。然而，关于前两点，我以前的工作——一方面是有关医学和精神病学的，另一方面是有关惩罚权力和规训实践的——给我提供了所需要的工具。对话语实践的分析使我得以在探寻知识构成的同时避开了科学与意识形态的两难推理。对权力与其技术之间的关系的分析使我可以把它们看成是开放的战略，同时又避免了在把权力视为控制和把权力斥为假象之间二选一。

相反，当着手研究个体们认识到自身是性欲主体的方式时，我发觉困难颇多。如果欲望观念或欲望主体的观念没有构成一种理论，那么它们至少是一个普遍接受的理论主题。这种普遍接受的方式本身有点奇怪：因为这一主题不仅以某些变化形式在古典性经验的理论中，而且在寻求摆脱它的各种概念中出现。此外，它还在19世纪和20世纪里成了漫长的基督教传统的继承者。作为一种特殊的历史形象，性经验可以和基督教的"肉体"经验区别开来：两者似乎都受控于"有欲望的人"（l'homme de désir）的原则。总之，我以为，如果不对欲望和欲望主体进行一种历史的和批判的研究，即一种"谱系学"的研究，那么我们就难以分析18世纪以来性经验的形成和发展。因此，我不想写出一部欲望、色欲或里比多前后相继的概念史，而是分析个体们如何被引导去关注自身、解释自身、认识自身和承认自身是有欲望的主体的实践。这些实践启动了他们之间的某种关系，使得他们可能从欲望中窥见自己存在的真相，而且无论自己的存在是自然的还是堕落的。简言之，这一谱系学的想法就是探究个体们是如何被引导去对自身和其他人施加一种欲望的解释学。毫无疑问，个体们的性行为是这种解释学的机会，但是，这决不是它唯一的领域。总之，

12

为了弄清现代个体如何能够体验到自身是一种"性经验"的主体，我们必须首先分析数世纪来西方人被引导去认识自身是欲望主体的方式。

要分析所谓的知识的进步，我以为有必要在理论上进行一次变动：它促使我探询表达知识的话语实践的形式。而且，要分析所谓的"权力"的各种表现，我们还必须进行一次理论变革：它促使我追问表现权力运作的各种各样的关系、开放的战略和合理的手段。然后，为了分析所谓的"主体"，我们现在必须开始第三次理论变革。最好是探寻个体是根据哪些自我关系的形态和样式被塑造和被认可为主体的。在对各种真理博弈的相互关系（如 17 世纪和 18 世纪的许多经验科学）的研究之后，以及在对与权力关系相关的各种真理博弈（如惩罚实践）的研究之后，另一种工作似乎要落在我们的身上：研究自我关系（le rapport de soi à soi）中的真理博弈，研究自我是如何被塑造成主体，同时又把所谓的"有欲望的人的历史"当作参照领域和研究领域。

但是，显然这一谱系学研究让我远离了我最初的计划。我必须做出抉择：要么维持原来的计划不变，对这一欲望主题做一次快速的历史考察；要么围绕着自我解释学在古代的缓慢成型重新组织整个研究。经过深思熟虑，我选择了后者。总之，我发现好多年来我一直坚持这样做，这次工作就是从能够为一种真理的历史服务的种种要素中抽取一些来。这一历史不是认识真理的历史，而是一种对"探寻真相的游戏"和人得以历史地被塑造成经验（即能够和必须被思考的东西）的真假游戏的分析。当人发现自己是疯子时，当他自视为病人时，当他认识到自己是正在说话和工作的活生生的存在时，当他自我判决和惩罚罪行时，他是通过哪些探寻真相的游戏来反思自己的存在的呢？人又是通过哪些探寻真相的历程而认识到自己是有欲望的人的呢？看上去，当我提出这些问题，并且试图围绕着一个我不熟悉的时期来阐释它时，我无疑要抛弃原先的计划，但是，我只是把我长期以来努力提出的询问收缩得更紧。这一研究本来是需要工作一些年来进行充实的。不过，经过这一大迂回，不免有各种危险。但是我的动机已经明确，而且我在这一研究中似乎看到了某种理论优势。

都有哪些危险呢？我早先提出的出版计划有可能被延迟和推翻的危险。我要感谢那些追随我工作的法兰西学院的听众们，那些耐心等待到最后一刻的人们，特别是皮埃尔·诺拉。对于那些刻苦工作的人，他们一次次地重新开始、尝试、错误、又从头开始，还要找出走一步看一步的方法。总之，对于他们来说，工作起来束手束脚，又犹豫不决，这就是放弃。显然，我们不是同一条道上的人。

危险还在于我接触到了各种不熟悉的文献。① 没有经过多

---

① 我既不是希腊学者，也不是拉丁学家。但是我以为，只要付出相当多的关心、耐心、谦虚和注意，就能够对古代希腊的和罗马的文献驾轻就熟，即一种熟谙；这样，我们就可能依据西方哲学的基本实践，同时探询把我们与我们的思想源泉分隔开来的差异，以及两者之间存在的近似性（尽管我们不断探求两者之间的距离）。

少考虑，我就冒险把它们与并不适合它们的各种分析的形式或质疑的方式连结起来。P. 布朗和 P. 亚多的著作，以及他们的多次交谈和看法，都对我帮助很大。为了努力熟悉这些古代文献，我还冒着失去我要提出的问题的线索的风险。贝克莱的 H. 德雷福斯和 P. 拉比诺也提出了他们的看法和问题，并且不断地督促我，这些使我能够完善在理论和方法论上的表述工作。F. 华尔还向我提出了一些宝贵的建议。

这些年来，P. 维尼经常帮助我。他了解真正的历史学家的探究真理意味着什么。但是他还知道，当我们把历史看成真与假的游戏之后，我们进入了怎样一种迷宫之中。他是当今极少数坦然面对真理历史的问题带给一切思想的危险的人之一。他对本书的影响是深远的。

至于我的动机，它十分简单。在某些人看来，我希望它自身是充分的。它就是好奇心，而且是唯一的好奇心，值得我坚持不懈地去实践它。不过，这种好奇心不是去吸收适合认识的东西，而是使得自我超越得以可能。那么，坚持不懈地认识我们是否必须确保知识的获得，而不是以某种方式尽可能地确定认识者的失足，这有什么价值呢？在生活中，有些时候，知道

我们是否能够以别出心裁的方式来思考和感知的问题是继续观察或反思所必不可少的。也许，有人会对我说，这些与自我的相互作用仍然处在幕后。它们充其量不过是一些准备工作的一部分，一旦发生了影响，自身也就消失了。但是，如果哲学不是思想自我批判的工作，那么当今的哲学（我指的是哲学活

动）又是什么呢？如果它不是不再确定已知，也不是着手了解怎样和直到何时另一种思考才是可能的，那么它又是什么呢？当哲学话语想从外面向其他话语制定法则，告诉它们其真理的所在以及如何发现它时，或者当它努力以简单实证的方式传授它们具体方法时，哲学话语中总会有某种可笑的东西。但是，它有权探究在自己的思想中什么是可以通过运用一种自己陌生的知识而被改变的。这种"尝试"必须被理解成自我在真理博弈中变化着的试验，而不是为了各种交流的目的对他人的简单迎合，它是哲学活生生的体现，至少，哲学现在仍然和过去一样，是思想中的一种"苦行"（ascèse），一种自我的修行。

以下的研究和我以前所做的其他研究一样，在讨论的范围和采用的参考资料方面属于"历史"的研究。但是它们不是"历史学家"的工作。这不是说它们概括或综合了其他研究以前做过的工作。如果我们从它们"语用学"的角度来思考，那么它们是对长期的尝试活动的记录，这种尝试活动需要经常自我更新和改正。这是一种哲学训练：它的目标就是认识到思考自身历史的工作在什么程度上能够让思想摆脱它沉思默想的对象，而且使得它能够以不同的方式来思考。

我是否有理由来冒这些险呢？这要让别人来说。我只知道，在改变我的研究主题及其编年史标志的同时，我发现了一种理论优势。这样，我就可以进行两种概括，它们让我可以把研究置于一个更广阔的视域，同时又能够更明确它的方法和对象。

因此，在从近现代、经过基督教、一直上溯到古代的同时，我以为我们不能不提出一个既十分简单又十分普通的问题：为什么性行为及其活动和快感成了一种道德关注的对象？为什么这种伦理关注至少在某些时候、在某些社会里或在某些集团中，看上去比大家对个人的或集体的生活中其他的本质领域（如饮食行为或者完成公民义务的行为）的道德关注更为重要呢？我知道，我们不假思索就会回答：因为性行为是基本禁忌的对象，任何犯禁行为都被当作一种严重错误。但这只是用问题本身来作为解答。特别是，它误解了对性行为的伦理关注，无论其内容还是形式，并不总是与禁忌系统有着直接的关系。尤其是，有时候当道德关注非常严重时，并不存在任何职责和禁忌。简而言之，禁忌是一回事，而道德质疑是另一回事。因此，我认为，作为引导线索的问题就是：性行为是如何、为何、以何种形式被构成为道德领域的？无论这一伦理关注如何变化形式和内容，它为什么总是如此执着呢？为什么会有这种"质疑"呢？总之，这是不同于行为史或表象史的思想史的任务：确定人"质疑"自己是谁、自己做什么和生活其中的世界的各种条件。

但是，在提出这个非常普通的问题和向希腊文化及希腊—拉丁文化提出这一问题时，我发现这一质疑是与我们的社会中极为重要的全部实践相关的。我们可以称之为"各种生存的技艺"。由此，我们必须理解那些审慎的和自愿的实践，人们通过它们不仅确定了各种行为的规则，而且还试图自我改变，改变自己独特的存在，把自己的生活改变成一种具有审美价值和反映某些风格标准的作品。当然，当这些"生存的技艺"和"自我的技术"与基督教一起被整合到一种宗教规范的权力运作中，后来又被整合到教育的、医学的或心理学的实践中时，它们都丧失了一部分自身的重要性和自主性。因而，我们有必要整理或重新把握这些生存美学和自我技术学的漫长历史。很久以前，布克哈特就强调过它们在文艺复兴时期的重要性。但是，它们的残余、它们的历史和发展并没有就此停止。① 无论如何，我认为对古代质疑性行为的研究可以作为这一"自我技术"的通史的一章——前几章之一。

这就是我们为了改变自己的观察方式、修正认识对象的视域和试图远离自我而做出的这些努力的反讽之处。它们是否确实导致了换一种方式来思考呢？也许，它们最多使得大家可以换一种方式来思考已经思考过的内容，从一种不同的角度和以一种更加清晰的理智来观察以往做过的事。我们自以为走得很远，其实我们仍然处在自我的垂直线上。历史的发展更新了事物，也让与自我的关系变得陈旧了。我以为，现在最好是观察我是以何种方式略带盲目地借助前后相继的不同残篇来从事这一真理历史的研究工作的：我既不分析各种行为，也不分析各

---

① 如果认为在布克哈特之后，有关这些技艺和这种生存美学的研究已经完全被忽视，那么这种看法并不正确。只要我们想想本杰明对波德莱尔的研究就行了。我们还可以在 S. 格林布拉特的近作《自我塑造的文艺复兴》（1980 年）中找出一种有趣的分析。

种观念，更不分析各种社会及其"意识形态"，而是分析人得以成为能够和必须被思考的对象的"各种质疑"以及形成这些质疑的"各类实践"。这一分析的考古学方向使分析各种形式的质疑得以可能，而它的谱系学方向则使分析各种质疑形式在实践及其变化中如何形成自己得以可能。从社会的和医疗的实践出发所形成的对癫狂和疾病的质疑，规定了"规范化"的某一个侧面。在推论实践中，对生命、语言和劳动的质疑是服从于一定的"认知的"规则的。从某些惩罚实践出发对犯罪和犯罪行为的质疑是服从于一种"规训的"范式。现在，我想指出古代的性活动和性快感是如何在自我的实践中被质疑的，并且展示各种"生存美学"的标准的作用。

根据以上理由，我集中研究了从古代直到基督教的最早几个世纪里的有欲望之人的谱系学。我遵循的是一种简单的编年史排列：第一卷《快感的享用》研究的是性活动在古代希腊文化和公元前4世纪被哲学家和医生们质疑的方式。《自我的关注》研究的是在公元初几个世纪希腊文献和拉丁文献表现出的这种质疑。最后，《肉欲的忏悔》讨论的是肉欲的理论和教士守则是如何形成的。至于我使用的文献，它们大部分都是"规范性的"，即无论它们的形式（言论、对话、论著、戒条汇集、信件等）如何，它们的主要目的是提出各种行为准则。我的目的只是从这些理论文本中找出快感学说或情感学说的各种说明。我的分析范围包括各种旨在给出正确行为的准则、观点和建议的文本：即各种"实践的"文本，写出它们是为了供大家

阅读、学习、思考、使用和检验，它们的目的是最终构成日常
行为的结构，在此意义上，它们是"实践"的目标。这些文本
的作用就是作为操作程序，让人们可以反省自己的行为，监督
它、形成它、将自我塑造成伦理主体；它们总体上属于一种普
鲁塔克所说的"精神的和诗意的"作用。

　　但是，因为这一对有欲望之人的分析夹在一种质疑的考古
学和一种自我实践的谱系学之间，所以在开始之前，我想强调
两个概念：证实我采用的各种"质疑"形式，指出什么是"自
我的实践"，说明我经过何种悖论和困难之后才用一种从自我
的实践出发的伦理质疑的历史来取代一种从禁忌出发的道德体
系的历史。

二、各种质疑的形式

　　假定我们现在接受像"异端""基督教""道德"和"性
道德"这样普遍的范畴，假定我们询问"基督教的性道德"在
什么程度上是与"古代异端的性道德"完全对立的：对乱伦的
禁忌、男性的统治，抑或是对妇女的奴役？当然，这些不是我
们将要给出的回答。大家都知道这些现象在不同的形式下的范
围和恒定性。也许，我们可以提出其他区别之处。关于性活动
的价值：基督教把它与恶、罪、死亡连结在一起，而古代则赋
予它肯定的意义。关于合法配偶的限定：基督教不同于希腊或
罗马社会的做法，它只在一夫一妻制的范围内接受配偶的合法

22

性，而且认为夫妻关系是以生育为目的。关于同性个体之间的性关系的不名誉性：基督教严格地排斥它们，而希腊则赞美它们，罗马则接受它们，至少对男人之间的性关系是如此。在这三种主要对立之上，我们还可以补充它们在最高的道德价值和精神价值方面的不同。与异端的道德不同，基督教认为严格的节制、永恒的贞洁和童贞具有最高的道德价值和精神价值。总之，长期以来，所有这些方面——性活动的本质、一夫一妻制、同性恋的关系和贞洁——都被认为非常重要，但是古代人对它们却不在乎，它们都不能引起他们太多的注意，也对他们构不成十分尖锐的问题。

然而，这并不确切。要指出这一点并不困难。要证明这一点，我们只要强调最早的一些基督教理论和古代的道德哲学之间的直接借用和连续性就可以了。有关婚姻生活中的性实践的第一部伟大的基督教文本，是亚历山大的克莱芒的《教育者》第二卷第十章。它得到了某些《圣经》文献的帮助，也同样得到了一整套从异端哲学中直接借用来的原则和戒条。其中，我们已经看到性活动与恶之间有某种连结，还看到有生育力的一夫一妻制的准则、对同性恋关系的谴责和对禁欲的推崇。但是这还不是全部：在更长远的历史范围中，我们可以看到标志着基督教伦理和现代欧洲社会的道德的永恒的主题、忧虑和要求，它们已经明确地出现在希腊的或希腊—罗马的思想中了。以下是几个证明：一种外露的担忧、一种行为模式、一种被人瞧不起的举止形象和一个节制的例子。

（一） 一种担忧

得了精液丧失症的年轻人"在身体的习惯上表现出衰老的样子来。他们变得疲惫不堪，无力、迟钝、愚蠢、消沉、驼背、无能，脸色苍白、说话娘娘腔、吃饭无胃口、浑身无热气，而且四肢沉重、双脚冰凉，极其衰弱，一句话，几乎奄奄一息。这种疾病在某些人那里会导致瘫痪。事实上，神经功能怎能不受到感染，在再生原则和生命源泉方面大受损伤呢？"这种"令人羞耻的"疾病，"其危险性在于它会导致消瘦，对社会的危害之处在于它妨碍了人种的繁衍。因为它是一切关系中万恶的根源，它需要急救"。[①]

在这一文本中，我们不难看出 18 世纪以来一直困扰医学和教育学的纯粹的性浪费，它既没有生殖力，又没有性伴侣。顺着一种喋喋不休的文学的思路，滥用性的人一定会导致机体的逐步衰竭、个体的死亡及种族的毁灭，最终损害到整个人类。所引起的这些恐惧，似乎是一种把快感归入死亡和罪恶领域的基督教传统在 19 世纪的医学思想中的"自然主义"的和科学的翻版。

25

[①] 阿尔泰：《论慢性病的症状和治疗》，II，5。法译者是 L. 雷诺（1834 年），他作了如下评论（第 163 页）："这里成问题的淋病是与今天所谓的淋病有本质的不同，后者更有理由被称为淋病。……阿尔泰这里谈到的简单的或真实的淋病，其特征是精液在非性交的情况下强制流出，并且混有前列腺液。这种令人羞耻的疾病经常是由手淫引发出来的，是它的派生物。"翻译有点改变了这篇希腊文本的意义，原文收在《希腊医疗文献》中。

然而，事实上这种描述是对一位希腊医生阿尔泰在公元前 1 世纪所写的文本的翻译，而且，还是带有时代风格的自由的翻译。这种对易于对个人生活造成极其有害的后果的不规则的性活动的恐惧，在那个时代里有着各种证据：例如索拉吕斯认为不论什么原因，性活动比起纯粹的和简单的节制和贞洁更加不利于健康。而且，更古老的医学对性快感的享用提出了慎重和节制的紧迫建议：避免不合时宜地享用性快感，考虑到大家享用性快感的各种条件，重新质疑性快感本身的激烈性及其养生法的各种错误。有些人甚至说，"除非有人想自我伤害"，千万不要这样做。因而这是十分古老的恐惧。

（二）一种行为模式

　　大家知道弗朗斯瓦·德·萨勒怎样推崇夫妻的道德。他向已婚的人们提出了一面自然的镜子，要他们以大象为榜样，学习它与配偶相处的各种美德。它"不是一头大野兽，而是生活在地球上最有价值和意义的东西……它从不改换母畜，温柔地爱护自己所选择的母畜，不过，它只与母象每三年交配一次，而且每次只有五天，非常隐秘，以致看不见它在进行交配。但是，到了第六天，它出现了，它首先径直走到河边，洗清整个身体，在洗净之前，它不愿回到象群之中。这些难道不是美好的和适当的性情吗？"① 然而，这篇文本只是被一个悠久

26

---

①　弗朗斯瓦·德·萨勒：《虔诚生活导论》，III，第 39 页。

传统（经过阿尔德罗梵蒂、盖斯内、文森·德·包威和著名的《生理学》）不断传递的一个主题的变化形式。我们在普林尼那里已经看到这种观点的表述，《虔诚生活导论》是紧随其后的。"大象是因为羞耻而秘密地交配的……母象只是在两年中被保护起来，而且有人说每年中只有五天，不会更多；到了第六天，它们一起到河中去洗澡，洗净之后才会回到象群之中。它们根本不知道什么是通奸……"① 不过，普林尼并不是要提出一个与弗朗斯瓦·德·萨勒同样清晰的教育图式；他指的是一种明显受到赞许的行为模式。在希腊人和罗马人那里，夫妻双方的相互忠诚并不是一种被普遍接受和认可的律令。但是，这是某些哲学思潮（如晚期的斯多葛主义）极力强调的一种教义。这也是一种被称赞为表现了德性、灵魂的坚定性和自我控制力的行为。我们可以称赞卡东·勒·仁内在到了决定结婚的年龄时，仍然没有与任何女人发生过关系，还有，勒留斯更了不起，"他在一生中只碰他娶的第一个，也是唯一的一个女人"。② 关于这种相互忠诚的夫妻典范的定义，我们还可以追溯到更远。在伊索克拉底对他的教导中，尼古克勒指出他认为"婚后除了妻子之外不与任何他人发生性关系"③ 具有道德的和政治的重要性。而且，亚里士多德认为丈夫与其他女人的性关系或妻子与其他男人的性关系是"不光彩的行为"（而且绝对

27

---

① 普林尼：《自然史》，VIII, 5, 13。
② 普鲁塔克：《卡东的生平》，VII。
③ 伊索克拉底：《尼古克勒》，36。

导　言

15

如此，毫无例外）。[①] 丈夫对其合法妻子的性"忠诚"既不是法律所要求的，也不是习惯所要求的。然而，这是人们提出的一个问题和某些道德主义者高度推崇的一种节制的形式。

（三）一种形象

在 19 世纪的文本中，存在着一种对同性恋或性倒错的描绘形象：他的手势、他的穿戴、过分打扮的样子、他的媚态，还有他的面部表情、他的体态、他的身体的女性形态，有规则地构成了这种不名誉描述的组成部分。这一描述同时涉及性角色倒错的主题和这种违反本性的行为造成的一种自然污点的根源。据说，人们相信"自然本身就是性谎言的同谋"。[②] 毫无疑问，这需要追溯这一形象的悠久历史（各种实际行为通过诱惑与挑战的复杂的相互作用，可能已经符合这一形象了）。在对这一刻板形象的如此强烈的否定中，我们看出了把这两种不同的现象——性角色的倒错与同性恋关系——整合到我们社会中的困难是十分古老的。然而，这一形象及其令人厌恶的征兆经历了许多个世纪；在罗马帝国时代的希腊—罗马文学中，它已经被十分清楚地描绘了出来。在公元前 4 世纪的《相面术》一书中，我们就看到了这一形象，该书的无名氏作者把它描绘成一位"娘娘腔的男人"；阿皮勒在《变态》一书中取笑阿塔

---

① 亚里士多德：《政治学》，VII, 16, 1335b。
② H. 多维尔内：《劳改犯们》，1841 年，第 289 页。

迦蒂斯的教士们时，就把他们描述成这一形象；① 迪翁·德·普鲁斯在有关君主制的一次讲演中把无节制的魔鬼描述成这一形象；② 埃比克泰德在短暂地回忆起那些洒满香水、梳着卷发的卑劣的演说家时，也把他们描述成这一形象。他曾在上课结束时叫住他们，问他们是男人还是女人。③ 我们还可以在当时有关颓废青年的描述中看到这一形象，就像演说家塞涅卡非常厌恶地发现他周围就有这些人一样："在这些娘娘腔男人的灵魂中，充斥着喜欢歌舞的不健康的情绪；他们梳着卷发，说话细声细气，像女人一样轻柔，而且弱不禁风的样子与女人不相上下……他们出生后就软弱无力，而且甘愿如此，不仅自己毫无羞耻之心，还随时准备对别人的羞耻感进行攻击。"④ 但是，这一形象及其主要特征还是比较古老的。在《斐德罗篇》中，苏格拉底的第一段话就暗示了这一形象，他谴责了对那些脆弱到不能暴露在阳光下、涂满脂粉、穿金戴银的娇弱男孩的爱情。⑤ 阿伽通出现在《地母节妇女》中的样子就带有这些特征：脸色苍白、脸蛋刮得干干净净、说话像女人、穿着藏红色的袍子、头戴发网，以致他的对话者要问自己面对的是男人还是女人。⑥ 如果我们由此认为这是对男童之爱或者我们通常所说的

29

———————

① 阿皮勒：《变态》，VIII, 26 及次页。

② 迪奥·德·普鲁斯：《演讲录》，IV, 101—115。

③ 埃比克泰德：《对谈录》，III, 1。

④ 演说家塞涅卡：《论争集》，I, 前言, 8。

⑤ 柏拉图：《斐德罗篇》，239 c—d。

⑥ 阿里斯托芬：《地母节妇女》，V, 130 页及次页。

同性恋关系的谴责，那就大错特错了。相反，我们应该认识到这是存在着对男性之间那种关系中某些可能方面的非常消极的评价，以及对一切有意放弃男性魅力与特征的行为的厌恶。在希腊，男性之爱的领域可能是"自由的"，无论如何，它也比在近现代欧洲社会中自由得多；但是，我们还是发现那历史悠久的、对它的各种强烈的消极反应和贬低形式很早就出现了。

（四） 一种节制的模式

能够摆脱快感的诱惑而不陷入其中，这样的道德英雄是基督教中一个熟悉的形象，正如一种流行的观点认为的那样，这种摒弃举动可以达到性行为所排斥的一种有关真理和爱情的精神体验。但是在古代异教中，那些有节制的运动员们同样是知名的，他们为了拒斥性快感而控制自己及其贪欲。像巫师提亚纳的阿波罗尼奥斯，有一次下定保持贞洁的誓愿，终其一生都未有过任何性关系，但是早在他之前，[①] 希腊人就已经知道和尊崇类似的榜样了。在某些人那里，这一极端的美德是他们自我控制和配得上享有治理他人的权力的明显标志。因此，色诺芬笔下的阿格西劳斯不仅"不接触那些不会激发其欲望的人"，而且拒绝拥抱他所喜爱的男童；他想方设法地只住在寺庙或人看得见的地方，"以便让所有人都可以作为他的节制的见证人"。[②] 但是对于其他人来说，这种节制是与一种智慧形式直

---

① 弗洛斯特拉特：《提亚纳的阿波罗尼奥斯的生平》，I，13。
② 色诺芬：《阿格西劳斯》，6。

接相关的，后者让他们直接接触优越于人性的某一要素，向他
们提供趋向真实存在的通道。《会饮篇》中的苏格拉底就是这
种人，他是大家都爱戴、想接近并企图获取其智慧的人。他面
对阿尔西比亚德那撩人心扉的美能够无动于衷，正是在这一点
上，他的智慧得到了表现和证实。[①] 由此，性节制与真理通道
之间的关系主题已经相当明显了。

　　但是，我们不必过于求助这些参考材料。我们无法由此
推论出基督教的性道德与异教道德之间是有连续性的。许多主
题、原则或概念都可以在这两者之中被找到；但是，它们并不
因此有着相同的地位和价值。苏格拉底不是一位与诱惑斗争
的沙漠教父，尼古克勒不是一位信仰基督教的丈夫；阿里斯托
芬对打扮成女人的阿伽通的嘲笑也与后来医学话语对同性恋者
的贬低没有什么共同之处。而且，必须记住，教会和基督教教
士守则强调的是一种有着约束戒律的道德原则及其普遍适用范
围（它既不排除相对于个体地位而出现的规范差异，也不排斥
各种有着自身希望的禁欲运动的存在）。相反，在古代思想中，
各种节制的要求并没有被整合成一种统一的、连贯的、权威的
和一体适用的道德；它不过是一个补充，与当时日常的道德相
比，它是一件"奢侈品"；而且，它出现在源于各种哲学运动
或宗教运动的"一些离散中心"中。这些离散中心在许多团体

---

① 柏拉图：《会饮篇》，217a—219e。

中找到了自身发展的环境；它们不想强加于人，而是提出各种形态不一的节制风格或苛求风格：毕达哥拉斯的节制不是斯多葛派的节制，后者也不同于伊壁鸠鲁要求的节制。我们不应该从一些可能被概括出的相似性中推论出，基督教的性道德已经"孕育"在古代思想之中了。相反，我们必须认为，在古代人的道德反思中，围绕着肉体的生命、婚姻制度、男人之间的关系与智慧的存在很早就形成了一个主题——一个"四合一的主题"。而且，在各种制度、一套套的戒律、各种极其不同的理论材料中，这一主题虽经许多调整，但是在时间的长河中仍然保持不变；好像自古代以来，人们就从四个质疑的角度出发，按照各种不同的图式不断地表达对性节制的关注。

然而，必须指出，这些节制主题并不与各种社会的、世俗的或宗教的重要禁忌可能标示出来的区分相一致。其实，可以认为，正是在禁忌最基本的地方，在职责最有约束力的地方，各种道德以一般的方式发展了各种最坚决的节制要求：这种情况可能会发生；而且，基督教的或欧洲的历史无疑会提供一些例证。[①] 但是在古代，情况看来并不是这样的。这一点首先非常清楚地表现在这一有关性行为的道德反思所特有的不对等中：女人们一般都被迫接受各种极其严格的限制（除非像妓

---

① 我们可以认为婚姻关系道德的发展，更确切地说，有关夫妻关系中夫妻性行为的各种反思（在基督教教士守则中十分重要），是在早期中世纪的发展过程中缓慢地、迟迟地和艰难地建立起来的基督教婚姻模式的结果（参见 G. 杜比：《骑士、女人与祭司》，1981 年）。

女那样可以凭自己的身份获得性自由）；不过，这一道德针对的不是女人，这里要回忆的、证实的或展开的既不是她们的义务，也不是她们的职责。这一道德是男人的道德：一种显然是由自由男子想出、写出、传授并且针对男人的道德。因此在这种男性道德中，女人只是以对象的名义出现的，或者至多只是伴侣而已，当有人管束她们时，应该培养、训练和监督她们，当她们受另一个男人（父亲、丈夫、监护人）的管束时，就应该自我节制。毫无疑问，这就是这一道德反思最值得注意的观点之一：它不是要界定适用于两性的行为范围和规则范围（它们可以作必要的调整），而是从男人的观点出发、规范他们的行为方式的一种对男性行为的解释。

而且，它不是向男人们谈论他们的行为可以遵循的、大家所接受的并且法规、习俗或宗教规范所郑重提出的一些禁忌。它只是告诫他们，在一些行为中，他们需要恰当地使用他们的权利、权力、权威和自由：在不受谴责的快感实践中，在任何规则或习俗都不会妨碍男人拥有婚外性关系的婚姻生活中，在与男童的关系中（至少在某种程度上，婚外性关系是允许的、常见的，甚至受到推崇）。必须明白，这些性节制的主题不是对各种深刻的和本质的禁忌的一种释义或评述，而是对行使权力的活动和自由实践的风格化。

这并不意味着，这一性节制的主题只表现了一种毫无结果的考究和一种不涉及任何确切关注对象的沉思。恰恰相反，不难发现，这些性节制的高大形象都是与一根经验轴和一束具体的关系联系在一起的：在与身体的关系上，有健康的问题及其背后的生与死的问题；在与异性的关系上，有在家庭制度和它建立的关系中作为享有特权的伴侣的配偶问题；在与同性的关系上，有选择同性伴侣的问题，有在各种社会角色和性角色之间调节的问题；最后，在与真理的关系上，有使人得以通向智慧的精神条件的问题。

因此，在我看来，需要重新调整讨论的中心。不是探究隐藏或表现在各种性节制的要求之中的基本禁忌，而是必须研究在哪些经验范围内和从哪些形式出发，性行为受到质疑，成为 35 关注的对象、反思的要素和规范的内容。确切地说，应该询问为什么这四个重大的关系领域（在古代社会里，自由男子似乎可以在这四个领域里不受主要禁忌的约束展开自己的活动）恰好是强烈质疑性实践的地方。为什么快感实践会在身体、配偶、男童和真理方面成为问题呢？为什么性活动在这些关系中成为担忧、争论和反思的对象呢？为什么这些日常的经验轴会引发一种探求减少性行为、节制和规范它、并且在快感实践中界定一种节制风格的思想呢？性行为在它牵涉到这些不同形式的关系的范围内是怎样被认为是道德经验范围的事呢？

三、自我的道德与实践

要回答这一问题，我们必须首先对方法进行一番思考。或 36 者，更确切地说，当我们着手研究一种"道德"的各种形式和变化，最好先讨论一下我们的对象。

我们知道"道德"一词含义模糊。一般认为，"道德"是指一套价值和行为准则，通过不同的规范机制，它们被赋予个人和群体，像家庭、教育机构、教会等等。因此，这些准则和价值被非常清楚地表述在一种连贯的理论和一种清晰的教育之中。但是，同样地，它们以不同的方式传播，但是它们有时是以分散的方式传播的。它们没有形成一套体系，而是构成了一个复杂的活动，其中各要素相互补充、相互纠正，在某些方面相互抵消，因此，这一活动容许妥协或规避之术。做出这些保留之后，我们可以把这一套规范称为"道德法规"。但是，人们还是把"道德"理解成与赋予他们的规则与价值相关的个体们的实际行为：它指的是人们完全服从一种行为原则的方式，人们遵循或反对一个禁忌或规范的方式，人们尊重或忽视一整套价值的方式；对道德的这一方面的研究必须确定个人或团体是怎样根据一套规范体系（它或明或暗地体现在他们的文化中，而且他们对它多少也有些清楚的意识）来行事的，其变化或违规的界限有哪些。我们把这一层面的现象称为"行为的道德性"。

这还不够。其实，行为的规则只是其中之一；而且，人们还要能够用这种规则来衡量行为。但是，还有另外一件事，即人们正当"行事"的方式，也就是说人必须根据法则的各种规范要素把自己塑造成行为的道德主体。即使给定了一种行为法则，对于一种确定的行为类型（可以根据它们与这一法则的符合或差别的程度来界定）来说，也存在着道德"行事"的不同方式，存在着行为个体不仅为了成为行为主体，而且为了成为这一行为的道德主体的不同方式。假定一种有关性规范的法则，它命令配偶双方保持一种严格和对等的忠诚以及生育意志；即使在这一同样严格的范围内，也可以有实践这一节制的不同方式和"对配偶忠诚"的不同方式。这些差异可能涉及许多方面。

它们牵涉到所谓的"伦理实体的规定"，也就是个体必须把自己的这一部分或那一部分构造成其道德行为的主要内容。因此，人们可以在要完成的行为中把忠诚实践的关键奠基于对禁忌和职责的严格尊重之上。但是，人们也可以认为忠诚的关键包括控制欲望、反对欲望的激烈斗争、抵制诱惑的力量：那么，构成忠诚的内容的，就是这一警觉和这一斗争。灵魂的矛盾运动在这些情况下，远远超过了实践行为本身，成了道德实践的内容，人们还可以认为它包括人们向他们的配偶表达的情感的强烈程度、连续性和相互性，包括永久维系夫妻关系的质量。

这些差异还可能涉及"服从的方式"，也就是个体如何确定与这一规则的关系，并且认识到有责任执行这一规则。比如，人们实践婚姻上的忠诚和服从强制性的戒律，可能是因为他们承认自己属于一个接纳他们的社会团体，它高声宣布遵守这一戒律，并且默默地保护着它的习俗。但是，他们这样做，也可能是因为他们自认为是一种精神传统的继承者，有责任维护或延续它；他们还可能通过满足要求、以身作则或寻求赋予自己个人生活一种符合荣耀、美丽、高贵或完善等标准的方式来实践这种忠诚。

在"塑造"自我的各种"道德努力"方面，也可能存在着差异。而且，这不仅仅是为了让他们的行为符合既定的规则，而是试图把自己转变成自己行为的道德主体。因此，性节制可以通过长期学习，记忆与领会一整套规则，并且有规则地控制自己的行为，看看自己是否准确地应用了这些规则来行事。人们可以以突然地、完全地和彻底地摒弃性快感的方式实现性节制，还可以坚持不懈地与性快感作斗争（即使出现波折甚至暂时的失败，它们也是有意义和价值的），从而实现性节制。性节制也可以通过对所有欲望活动（甚至是欲望隐匿自身的最含混的活动）尽可能仔细、持久和详尽的解释来实行。

最后，在所谓道德主体的"目的论"方面，也存在着其他一些差异。因为一个活动是否道德，不仅在于它本身及其独特性，而且还在于它在整个行为过程中的地位；它是这一行为过程中的一个要素和一个方面，而且，它是这一过程中的一个阶段和一个可能的进展。道德活动的目的是实现自己，但是它这样做是为了确定一种道德行为，让个体的各种活动不仅符合各种价值与规则，而且还符合一种道德主体特有的存在方式。在这一点上，可能存在着各种差异：夫妻间的相互忠诚可以属于愈来愈完全地控制自我的道德行为；它可以是一种突然表现出超凡脱俗的道德行为；它的目的可以是实现灵魂上的绝对宁静，对于各种激情的干扰无动于衷，或者是实现一种保证死后救赎和幸福不朽的净化。

总之，一种被认为是"道德的"活动不必归结为一种或一系列符合某种规则、法律或价值的活动。一切道德活动确实是与身处其中的现实有关，与它所依据的规范有关。但是，它还包含一种与自我的关系；这种关系不仅仅是"对自我的意识"，而是把自我塑造成"道德主体"，其中，个体限定了自身作为这一道德实践的对象的范围，明确了自己对所遵循的戒律的态度，以及把自我的道德实现作为自己的生存方式。为此，他开始影响、认识、控制、考验、完善和改变自己。其实，并不存在任何与整个道德行为无关的特殊的道德活动；不存在任何不要求把自我塑造成道德主体的道德行为；而且，如果不通过各种"主体化的方式"、一种"禁欲活动"或者各种支持它们的"自我的实践"，也就无法塑造出道德的主体。因而，道德活动是与这些针对自我的活动方式分不开的。这些活动在不同的道德中的差异并不少于包含各种价值、规则和禁令的体系。

这些差别不应该只有理论上的影响，它们还会对历史分析发生影响。志愿研究"道德"历史的人必须考虑到该词所涵盖的各种不同事实。首先，它是"道德性"的历史。它研究的是既定的个体或团体的各种活动在多大程度上是否符合不同权威所制定的规则与价值。其次，它是"规范"的历史。它分析的是在既定的社会或团体中起作用的各种不同的规则与价值体系，强调它们的各种权威或机构，以及它们多样的、差异的与矛盾的形式。最后，它是个体如何把自己塑造成道德主体的历史，即如何确立与发展各种与自我的关系、反思自我，通过自我认识、考察、分析自我从而改变自我的历史。我们可以把它称为一种"伦理的"和"禁欲的"历史，也就是有关各种道德主体化的方式以及为了确保道德主体化而进行的各种自我实践的历史。

如果一切广义上的"道德"真的包含我刚才指出的行为规范与主体化形式这两个方面，如果这两个方面真的是密不可分的（但是，它们有时会相对独立地发展的），那么我们也必须承认，在某些道德中特别强调的是规范、它的系统性、丰富性、随机应变和涵盖所有行为领域的能力。在这些道德中，重要的是研究那些强调这一规范、强迫人们学习与遵守它、惩罚违规行为的权威机构。在这些条件下，主体化主要是通过一种近似法律的方式实现的，其中，道德主体是与一种法律或一整套法律联系在一起，要避免违规而受到惩罚，他必须遵守法律。如果把基督教道德（毫无疑问，我们应该说"各种基督教道德"）归结为这一模式，那就大错特错了。不过，如果认为从 13 世纪开始直到宗教改革前夕，忏悔体系的形成与发展导致了道德体验的一种非常强烈的"法律化"（在严格的意义上，它是一种非常强烈的"规范化"），那么这也许并不算错。在宗教改革之前发展起来的许多禁欲的精神运动就是反对这种"法律化"的。

相反，我们还可以设想另一些道德，它们把对各种主体化形式与自我实践的探究作为自身强大而有活力的要素。在这种情况下，行为规范与规则的体系可能还未发展起来。如果与希望个体在与自身的关系中、在他不同的活动、思想或情感中把自己塑造成道德主体的要求相比，那么相对来说，严格地遵守行为规范可能是不重要的。因此，这些道德强调的是各种与自我发生关系的方式、人们为之设想的各种方法与技术、为使自我成为认识对象而做出的各种努力，以及使个体得以改变自己存在方式的各种实践。这些"以伦理为导向的"道德（它们并不十分符合所谓的禁欲道德）与那些"以规范为导向的"的道德相比，在基督教中是非常重要的。这两类道德有时相互并行，有时相互对立与冲突，有时相互妥协。

然而，至少初看上去，古代希腊或希腊—罗马的各种道德反思似乎更是以自我实践与修行（askesis）为导向的，而不是行为的规范化与对什么是被允许的、什么是被禁止的严格规定。如果认为《理想国》与《法律篇》是例外的话，那么我们在这些道德反思中很少提到详细界定正确行为的规范原则，很少提到负责监督人们遵守规范的权力机构存在的必要性，也很少提到惩罚各种违规行为的可能性。即使它们经常强调尊重法律与习俗（nomoi）的必要性，但是，它们看重的不是法律的内容及其应用的条件，而是促使人们尊重法律的看法。它们强调的是与自我的关系，它让人可以不受各种欲望与快感的左右，控制与战胜它们，保持神志清醒，让内心摆脱各种激情的束缚，而且能够以充分地自我享受或完美地控制自我的方式生活。

由此，不难明白我在这一有关古代异端的性道德与古代基督教的性道德的研究过程中所选择的方法：牢记道德规范的各个要素与禁欲的各个要素之间的区别；不忘记它们的共存方式、相互关系、相对自主性，以及在着重点方面的各种可能差异；考虑到在这些道德中表明自我实践具有优先性的一切方面，考虑到人们可能对它们发生的兴趣，考虑到人们为发展、完善和传授它们的努力，考虑到有关它们主题的争论。因此，我们有必要改变人们经常提出的有关古代哲学道德与基督教道德之间连续（或断裂）的问题。我们最好不再询问什么是基督教从古代思想中可能借用的各种规范要素，什么是它自己增加上去的，而是询问自我关系的各种形式（以及相关的各种自我实践）是怎样依据各种规范的连续、转换或变动而被界定、更动、转化和多样化的。

我们并不认为这些规范是不重要的，也不是说它们是不变的。但是，我们可以指出，它们最终是以十分简单的和数量很少的一些原则为中心的：也许，人们在禁令方面的发明并不比在快感方面多。这些规范的恒常性还是相当重要的：各种规范化（涉及地点、性伴侣、各种允许的或禁止的性姿势）的明显增长很晚才在基督教中出现。相反，在个体如何被要求去确认自己是性行为的道德主体方面，却存在一个复杂的历史领域。无论如何，这就是我要在此探究的假说。对它来说，重要的是搞清楚从古代希腊思想到基督教有关肉欲的学说与教士守则的形成，这一主体化是怎样被界定和转变的。

在这第一卷中，我想说明在古代希腊思想中性行为怎样成为道德评价与所选择的对象的一般特征。我将从"快感享用"（chrēsis aphrodisiōn）这一日常概念出发，阐明与之相反的各种主体化的方式：伦理实体、各种驯从方式、各种塑造自我与确立道德目的论的方式。然后，我每次都从在希腊文化早已存在、占有一定地位、具有各种规则的实践（养生法实践、家政管理实践、求爱实践）出发，研究医学的与哲学的思想是怎样确定这种"快感享用"的，又是怎样围绕四大经验轴线（与身体的关系，与妻子的关系，与男童的关系，与真理的关系）阐述了一些一再出现的节制主题的。

第一章

对快感的道德质疑

我们在希腊人（和拉丁人）那里难以找到一种与"性经验"和"肉欲"相似的概念。我是说一种指涉单一实体的概念，它允许重组各种不同的和看来彼此远离的现象，不仅包括行为，还有感觉、印象、欲望、本能和激情。①

当然，希腊人使用了一系列的词来指称我们称作"性"的不同的姿势或动作。他们用了一套词汇来指称各种具体的实践。他们使用一些非常模糊的术语一般地指称我们所谓的性"关系"、性"结合"或性"关联"：如 sunousia、homilia、plēsiasmos、mixis、ocheia。但是包含所有这些姿势、活动和实践的整体范畴是极难把握的。希腊人愿意使用一种形容词化的名词：ta aphrodisia，② 它较接近的拉丁文翻译词是 venerea。它是指"爱的事物"或"爱的快感""性关系""肉欲的活动""快感"，这是我们可能给出的它的法语对应词。但是，这两种语言在概念整体上的差异使人难以给出该术语准确的翻译。我们的"性经验"观念并不简单地包括一个更加广泛的领域，它涉及另一类型的现实；而且它在我们的道德和知识中有着完全不同的作用。相反，在我们这方面，我们并不使用一种界定清楚和把一种类似于快感的整体重组起

---

① E. 莱斯克：《古代的生育教育》，载《科学与文学科学院的论文集》，第十九册，梅延斯，1950 年，第 1248 页。

② 参见 K.J. 多维：《古代希腊人对性行为的态度》，阿莱素撒，6，1973 年，第一期，第 59 页；《希腊大众道德》，1974 年，第 205 页；《希腊同性恋》，第 83—84 页。

来的概念。如果我一再地使用希腊术语的原来词形，大家也许会原谅我的。

在本章中，我不想对从公元前 5 世纪到公元前 3 世纪关于一般的快感和特殊的性快感的各种不同的哲学理论或医学学说作出一种详尽的解释，也不想给出一种系统的概述。性行为的风格化有四种主要形式，分别表现在以身体为主题的养生法、以婚姻为主题的家政学、以男童为主题的性爱论和有关真理的哲学。在研究的一开始，我的意图仅仅是得出它们的一些普遍特征，因为这些特征是不同的快感反思所共同的东西。我们可以同意这样一种流行的看法，即那个时代的希腊人比中世纪的基督徒们或近现代欧洲人更容易接受某些性行为。我们还可以同意，教士制度或医疗制度在这一事物的秩序里越是没有规定什么是允许的或禁止的，什么是正常的或反常的，那么在这一领域里错误和恶行引起的丑闻和报复就越少。我们也同意，比起我们来，希腊人认为所有这些问题都不太重要。但是，即使我们同意或假定以上各点，但是有一点是无法消除的：他们对此是关心的。有许多思想家、道德家、哲学家和医学家认为城邦的法律规定或禁止的东西和一般习惯宽容或拒绝的东西都不足以按照规范来调节关心自我的人的性行为。他们在享受这种快感的方式中认识到一种道德问题。

在这几页中，我要明确的东西正是他们关心性快感的几个主要方面，以及他们探询"快感"的一般道德形式。为此，我将诉诸几篇极不相同的文本，主要是色诺芬、柏拉图和亚里士多德的文本；我要恢复的不是能够给每篇文本以它的特殊意义和不同价值的"理论背景"，而是作为它们共同的和分别使它们得以可能的"质疑领域"。这就是在这一领域的一般特征中让"快感"构成为道德关注的领域。我讨论了大家在反思性道德中通常碰到的四种概念："快感"的概念，通过它我们可以把握性行为中所认识到的"伦理实体"；"享用"的概念，使得我们可以把握这些快感实践为了在道德上受到好评而必须服从的约束形式；"enkrateia"（控制）的概念，它规定了我们为了被塑造成道德主体必须具有对自我的态度；最后是作为完善的道德主体的特征的"节制""智慧"和"sōphrosunē"（节制）的概念。由此，我们可以勾勒出性快感的道德经验的结构——它的本体论、义务论、禁欲论和目的论。

一

快　感

埃西谢吕斯（Hesychius）复述了《苏达》提出的定义：aphrodisia（快感）是"阿芙洛狄特的作品"和"活动"（erga Aphroditēs）。当然，我们不必在这类作品中期待一种十分严格的概念化的努力。但是事实上，希腊人在他们的理论思考和实践反思中都没有表现出一种对限定他们所理解的"aphrodisia"的迫切关注，而是要确定这种事物的本性、限定这一领域的外延，或者建立它的各种要素的一览表。他们决没有像后人那样在忏悔活动、坦白手册或精神病理学的著作中列出一长串可能的性活动的名单；也没有画出一个图表，规定什么是合法的，什么是可以允许的或什么是正常的，以及许多被禁止的举止。他们更没有专心地——这是有关肉欲或性经验的问题的特征——在无害的或纯真的表面下揭示一种潜伏在不定的界限和多重的面具之中的力量。他们既没有对各种快感进行分类，也没有揭示它们背后的本质。他们只是尽力确定结婚和生孩子的最佳年龄，以及性交活动的理由。他们决没有像一位基督教导师那样说过应该采取或避免什么姿势，什么预备性的爱抚是允许的，要摆出什么位置，或者在什么情况下可以中断性活动。对于那些毫无准备的人来说，苏格拉底建议他们避开美男子的目光，甚至应该为此离开一年。① 《斐德罗》提出情人要和自己的欲望作长期的斗争，但是它决没有像基督教的灵示那样说过，人们必须采取预防措施来阻止欲望偷偷摸摸地潜入灵魂之中，或者消除欲望的蛛丝马迹。也许，更令人惊奇的是：医生们详细地提出了"快感"体系的各个要素，他们对性活动可能采取的形式几乎只字不提；除了提到"自然的"位置之外，他们没有说过什么是符合或违反自然意志的。

这是因为他们羞于开口吗？也许是，因为人们可以归因于希腊人有着一种巨大的道德自由。他们在著作——甚至在性爱文学中——对性活动的描述看上去有相当大的保留，② 这与他们实际表现出来的样子或者我们可能重新发现的图片是不同的。③ 无论如何，我们感到色诺芬、亚里士多德和普鲁塔克都认为给合法夫妻之间的性交活动提供基督教作家们所大量谈论的有关夫妻性快感的可疑的和实用的建议，这是不体面的事。他们并不想像以后的良心导师们那样调节需求、拒绝、一开始的

---

① 色诺芬：《回忆录》，I，3，13。
② K.J. 多维对这种保留在古典时代里的不断强化有过注解，见《柏拉图和亚里士多德时代的希腊大众道德》，第 206—207 页。
③ 参见 K.J. 多维：《希腊同性恋》，第 17 页及次页。

爱抚、性交的样式、体验到的快感和适当结局之间的相互作用。

但是，我们在回溯历史时看到的这种"保留"或"审慎"，也有着一种肯定的理由。即人们思考"aphrodisia"的方式和对它们的探询完全不是研究它们深层的本质、它们的规范形式或者它们隐秘的力量。

1. "aphrodisia"是引起某种形式的快感的活动、举止和接触。当圣奥古斯丁在他的《忏悔录》中忆起他年轻时的爱情、激烈的情感、过去的快感、交谈、热情和笑声时，他问自己这些纯真的东西是否不属于肉欲和我们所落入的这个"陷阱"。[1]但是，当亚里士多德在《尼各马可伦理学》[2]中询问哪些人才配得上"放纵"的称号时，他的定义是作了小心限制的：唯有一些身体的快感是属于放纵（l'akolasia）的范围；其中，还必须排除视觉、听觉或嗅觉的快感。从色彩、姿势或绘画中"获取快感"（chairein）并不能叫做自我放纵，更不用说戏剧或音乐了。人们不能无节制地迷恋于花的芳香、玫瑰与乳香。正如《优台谟伦理学》[3]所说的，热衷于凝视雕像或聆听歌声的人为此失去了做爱的胃口或爱好，但是人们不能指责他是无节制的人，更不能指责受到美人鱼诱惑的人是放纵的。因为只有发生过触摸与接触，才有无节制的快感：即与嘴巴、舌头与喉咙

---

① 圣奥古斯丁：《忏悔录》，IV，第8、9和10章。

② 亚里士多德：《尼各马可伦理学》，III，10，1118a—b（R.-A. 高第叶和J.-Y. 诺利夫译）。

③ 亚里士多德：《优台谟伦理学》，III，2，8—9，1230b。

　　　　　　　　　性经验史第二卷：快感的享用

（为了饮食的快感）的接触，与身体其他部分的接触（为了性快感）。而且，亚里士多德还认为，怀疑人们通过皮肤感受到的某些快感（如在体育学校中因为按摩与发热引起的那些高尚的快感）是无节制的，这是不公正的。他说："在无节制的人那里，触摸不是遍及全身的，它只限于某些部位。"①

基督教的"肉欲"经验以及后来的"性经验"的典型特征之一就是，要求主体经常怀疑并很早就认识到某种阴暗的、灵活的与可怕的力量的种种表现，因为这种力量能够以各种不同于性行为的方式潜伏起来，所以了解它就显得更加必要。但是，这种怀疑并不是"快感"经验的一部分。当然，在有关节制的教育与训练中，人们建议要当心各种声音、意象与香味。但是，这不是因为对它们的喜爱只是性欲的伪装形式，而是因为存在着各种能够让人萎靡不振的音乐节奏，因为存在着各种能够像毒液一样侵蚀灵魂的景象，因为这种香味与意象能够让人"想起欲求之物"。② 而且，当人们嘲笑哲学家只要求爱慕

①　亚里士多德：《尼各马可伦理学》，III，10，1118a—b。另见亚里士多德的伪篇《问题》，XXVIII，2。然而，我们应该注意到，许多希腊文献都认为注视和眼睛在性欲望或爱情中是重要的；这不意味着注视的快感本身是放纵的，而是指它是通向灵魂的窗口。有关这一点，见色诺芬的《回忆录》I，3，12—13。至于亲吻，尽管它带有危险，但是被高度评价为一种肉欲的快感和心灵的交流（同上）。事实上，我们有必要对"快感的肉欲"及其变化做一番历史研究。

②　关于音乐的危险，参见柏拉图的《理想国》，III，398e（吕底亚的和声甚至对女人都是有害的，更不用说男人了）。关于气味和视觉形象的记忆作用，参看亚里士多德的《尼各马可伦理学》，III，10，1118a。

男童们的美好灵魂时，他们并不怀疑哲学家们怀有也许连他们自己都没有意识到的暧昧感情，而只是怀疑他们等到幽会时会把手伸进爱人的内衣里。①

这些活动有哪些形式与变种呢？对此，自然史提供了各种描述，至少在动物方面：亚里士多德指出，所有动物的性交不是千篇一律的，而且方式也不一样。②在《动物史》第 4 卷中，有一部分是用来详细讨论胎生动物的。其中，亚里士多德描述了可能观察到的各种交媾方式：它们是根据性器官的形状与部位、交配双方的位置、性交时间的不同而不同的。不过，他还提到带有性爱季节特征的各类性行为：野猪们做好了战斗准备；③大象们狂怒之下摧毁了主人的房屋，或者公马们在向情敌发起进攻之前，会把母马们聚集起来，在它们的四周划出一个大圆圈。④至于人类，如果说对各种性器官及其功能可能有详细的描述，那么亚里士多德对于性行为及其可能的变化形式，只是一笔带过。然而，这并不意味着在希腊医学、哲学或道德中，在人的性活动方面存在着一个必须严格保持沉默的地带。事实并不在于要避免谈论这些快感行为，而是在于，当人们探询它们的主题时，问题的对象不是它们所采取的形式，而是它们所表

---

① 我们可以在很晚出现的、归于吕西安名下的《爱情》一书中再次见到这种指责，53。
② 亚里士多德：《动物史》，V，2，539b。
③ 亚里士多德：《动物史》，VI，18，571b。
④ 亚里士多德：《动物史》，VI，18，571b 和 572b。

现的活动。换言之，是它们的活动而不是它们的形态。

这种活动是由一种把各种性活动（aphrodisia）、相关的快感和它们所引起的欲望联系起来的运动来界定的。快感所产生的吸引力和针对它的欲望力量，与"性活动"一起形成了一个牢固的统一体。这个统一体的解体（至少是部分的解体）后来成了肉欲伦理与性观念的基本特征之一。这一解体一方面是以对快感的某种"省略"（这种道德否定是基督教教士守则规定的，即不把快感享乐作为性行为的目的来追求；它还是一种理论否定，表明要在性观念中为快感保留地盘，是极其困难的）为标志的。同样，它还以对性欲的日益增强的质疑作为自己的标志（从中可以窥见人性堕落的原始痕迹或人类生存的结构）。相反，在有关性活动的经验中，性行为、性欲与性快感组成了一个整体，其中各要素当然是彼此不同的，但是相互又紧密地联系在一起。它们之间的紧密联系是这种活动形成的本质特征之一。人的本性要求（随后我们将会探讨它的原因）性行为的完成要伴随某种快感；而且，正是这种快感引发了性欲（epithumia），人的本性引导着这一性欲运动朝向"产生快感"的东西。根据亚里士多德提到过的原则，欲望总是"对令人愉悦的事物的欲望"（hēgar epithumia tou hēdeos estin）。[①] 的确，柏拉图也经常指出，如果没有医生，如果不缺乏欲求之物以及由此而伴有的某种痛苦，那么就不可能有欲

59

---

① 亚里士多德：《动物分类》，660b。

望。但是，柏拉图在《斐列布篇》中又说明，欲望只有通过对产生快感的东西的表征、意象或回忆，才能激发出来。他由此得出结论，欲望只能存在于灵魂之中，因为如果身体受到匮乏的影响，那么唯有灵魂可以通过回忆展现欲求之物并产生"欲望"（epithumia）。① 对于希腊人来说，在性行为方面成为道德反思的对象的，根本不是性行为本身（从它的不同样式来看），不是性欲（从它的来源或方向上看），甚至也不是快感（从可能产生快感的不同对象或实践来衡量），而是以循环的方式把三者连接起来的那种运动（性欲导致性行为，性行为与快感相关，快感又引发性欲）。所提出的伦理问题也不是：哪些性欲？哪些性行为？哪些性快感？而是：人们"通过快感与性欲"得到了什么力量？与这种性行为伦理相关的本体论至少从它的一般形式来看不是一种有关匮乏与欲望的本体论。它不是制定性行为规范的、有关人的本性的本体论，而是有关一种把性行为、快感与性欲联系起来的力量的本体论。正是这种运动关系构成了所谓的有关性活动的伦理经验的基本成分。②

---

① 柏拉图：《斐列布篇》，44 页及次页。

② 必须注意一些把快感与欲望紧密联系起来的语句的使用频率，它们表明 aphrodisia 的道德目标是控制与行为连为一体的欲望和快感所构成的运动整体。"欲望—快感"（epithumia-hedonai）这组词在柏拉图的著作中很常见。（见柏拉图的《高尔吉亚篇》，484d 和 491d；《会饮篇》，196c；《斐德罗篇》，237d；《理想国》，IV，430e 和 431c—d；IX，571b；《法律篇》，I，647e；IV，714a；VI，782e；VII，802e 和 864b；X，868b 等。另见亚里士多德《尼各马可伦理学》，VII，4，1148a。）常用的还有一些词句，它们把快感说成一种能说服人、引诱人和获胜的力量，如色诺芬的《回忆录》，I，2，23；I，4，14；I，8；IV，5，3 等。

这一运动可以根据两个主要变量来分析。一个是数量。它用性行为的次数与频率来表示性活动的程度。对于医学或道德来说，使人们相互区分开来的，不是他们追求的对象类型，不是他们喜爱的性行为的方式，而首先是性行为的强度。这种区分根据的是这种强度的大小：节制或纵欲。在描述一个人时，人们很少会强调他喜爱这种或那种性快感的方式；① 相反，要说明他的道德特性，重要的是指出在与女人或男童的交往中，他是否能够表现出节制，像阿格西劳斯那样，自我节制到拒绝他所爱的年轻人的亲吻，② 或者，他是否像阿尔西比亚德或阿尔塞西拉斯那样，戒除了可以从男女双方那里获得的快感欲望。③ 我们可能注意到，在《法律篇》第 1 卷中，对这一论题有一段著名的论述：在此，柏拉图确实非常明确地将为了生育目的而把男女维系起来的"符合本性"的性关系和男性之间、女性之间的"违反本性"的性关系对立起来。④ 但是，对于柏拉图来说，这种本性方面的对立是和节制与放纵之间这一更根

61

---

① 人们有时因叙述的需要，提到某个男人对男童们的特殊兴趣。色诺芬在《远征记》中谈到埃皮斯泰尼时，就是这么做的（色诺芬的《远征记》，VII，4）。但是当丑化梅农时，色诺芬责怪他的不是这种趣味，而是他误用了这些快感：年纪轻轻的就想掌握控制权，或者自己嘴上没毛，却已爱上了一个衰老的男童（同上，II，6）。

② 色诺芬：《阿格西劳斯》，V。

③ 关于阿尔塞西拉，见第欧根尼·拉尔修的《哲学家们的生平》，IV，6。普鲁塔克也指出过，伊皮里德沉迷于"性快感"之中。《十位演说家的生平》，849d。

④ 柏拉图：《法律篇》，I，636c。

本的区分相关的：各种违反本性和生育原则的性行为并没有被解释为由一种反常本性或一种特殊的性欲形式造成的后果；它们只是放纵造成的："快感放纵"（akrateia hēdonēs）是它们的根源。① 而且，柏拉图在《蒂迈欧篇》中还指出，淫荡不是灵魂中邪恶意志造成的后果，而是身体的某种疾病造成的，这种罪恶可以根据一种有关放纵的宏观病理学来描述：精液不再被关在骨髓与骨架里，而是向外溢出，开始流向全身；于是，身体就像一棵树一样，生长的力量超出了一切限度：这样，个人在一生的大部分时间里会被"过度的快感与痛苦"弄得发狂。② 在《尼各马可伦理学》第 3 卷中，我们也发现了这种从过度、剩余与放纵方面来说明性快感的非道德性的思想。亚里士多德认为，对于这些大家都有的自然欲望，人们可能犯的错误是在数量方面的：它们与"过度"（to pleion）有关。既然自然的欲望只在于满足需要，那么"不论吃什么、喝什么，一旦过度，这就在数量上（tōi plēthei）超过了本性的要求"。的确，亚里士多德也为个人的特殊快感保留了地盘；有时，人会犯各种错误，要么是"在适当的地方"没有享受快感，要么是"像群氓一样"行事，要么是没有"恰当地"享受快感。但是，亚里士多德又补充道："放纵的人在所有这些方面都很过分（huperballousi），要么他们享用了不该满足的

---

① 我们同样会发现，迪奥·德·普鲁斯也是用过度放纵来解释男童之爱的出现的。见《谈话录》，VIII，150。

② 柏拉图：《蒂迈欧篇》，86c—e。

快感，要么即使可以这样做，他们享用的快感也超过了大多数人的水平。"构成放纵的要素是在这一领域里的过度，"而且这是应该受到指责的东西"。① 由此看来，在性行为的领域里，道德评价的第一条界限，根据的不是性行为的本性及其可能的变化形式，而是性活动及其数量等级。

快感实践还与另一种变量有关，我们可以把它称为"角色"或"极性"。"aphrodisia"这一术语是与动词"aphrodisiazein"对应的；后者指的是一般的性活动：这样，人们讨论了到什么时候动物们才达到可以"进行性活动"（aphrodisiazein）的年龄；② 它还指任何形式的性行为的完成：为此，在色诺芬的笔下，安蒂斯泰尼提到他有时会有"进行性活动"的欲望。③ 但是，这个动词还可以根据它的主动意义来使用；在这种情况下，它以特殊的方式与性关系中的"男性"角色相关，而且与插入的"主动"作用有关。相反，人们可以根据它的被动方式来使用它；据此，它指的是性交中的另一个角色：即性交对象的"被动"角色。这一角色是大自

---

① 亚里士多德：《尼各马可伦理学》，III, 11, 1118b。然而，我们应该指出，亚里士多德多次谈到有些人会追求那些"可耻的快感"的问题。亚里士多德：《尼各马可伦理学》，VII, 5, 1148b；X, 3, 1173b。关于性欲望、它的自然对象及其变化的问题，参见柏拉图的《理想国》，IV, 437d—e。

② 亚里士多德：《动物史》VIII, 1, 581a。柏拉图在《理想国》(IV, 426a—b) 中也谈到一些病人，他们不遵守养生法，反而是不断地吃、喝和享受性快感。

③ 色诺芬：《会饮篇》，IV, 38；亚里士多德的伪篇：《论不育》，V, 636b。

然为女人保留的——亚里士多德谈到过年轻姑娘可以"进行性活动"的年龄。[1] 这一角色可以因为暴力被强加给已经降为其他人的快感对象的人。[2] 这一角色还可以被为性伴侣插入的男童或男人所接受——《问题》的作者就是这样探讨了某些人在"性活动"中获得快感的原因。[3]

毫无疑问，人们有理由说，在希腊语的词汇中，并不存在任何把男性性经验与女性性经验中可能存在的特殊东西囊括在一个共同概念之中的名词。[4] 但是，必须指出，人们在性快感的实践中明确区分了两种角色与两极，就像人们也能够根据生育功能来区分它们一样。这是两种地位的价值——主体的价值与对象的价值，主动者的价值与被动者的价值：正如亚里士多德所指出的，"女性作为女性，是一个被动的要素，而男性作为男性，他是一个主动的要素"。[5] 既然"肉欲"的经验被认为是男人与女人共有的一种经验（即使它在女人中的表现方式与在男人中并不一样），既然"性经验"是以男性性经验与女性性经验之间的巨大差异为标志的，那么"性活动"（aphrodisia）就被认为是一种包括两个各有自身角色与作用的活动者——一个是施动者、另一个是受动者——的活动。

---

[1] 亚里士多德：《动物史》，IX, 5, 637a; VII, 1, 581b。

[2] 色诺芬：《希爱罗》，III, 4。

[3] 亚里士多德的伪篇：《问题》，IV, 26。

[4] P. 马纽利：《希波克拉底论女性生理病理学》，1980 年，第 393 页及次页。

[5] 亚里士多德：《动物的繁衍》，I, 21, 729b。

由此看来，这种伦理（必须牢记，这是男人的道德，是男人为男人制定的）在男人与女人之间划出了一条分界线——因为在许多古代社会中，男人世界与女人世界是相当不同的。但是广而言之，它更是在快感场景中"主动的行为者"与"被动的行为者"之间的一条分界线：一边是性活动的主体（而且需要尽量有节制地、适度地进行性活动），另一边是性交对象，是性活动中的配角。前者当然非男人莫属，但是确切地说，他们是成年的自由人；后者包括女人，但是，她们只是一个十分广大的整体中的一个分子，因为这一整体有时指的是各种可能的快感对象："女人、男童、奴隶。"在著名的希波克拉底誓言中，这位医生保证当他进入所有房屋时，决不与任何人"发生性关系"（erga aphrodisia），不论是女人、自由的男人，还是奴隶。[①] 因此，是坚持自己的性角色还是放弃它，是作为性活动中的主体还是作为对象，是站在被动的一方（即使是一个男人）还是仍然站在主动的一方，这是第二个主要变量，此外，还有引起道德评价的有关"性行为数量"的变量。对于男人来说，过度与被动是性活动中不道德的两种主要形式。

2. 如果性活动因此应该是道德区分与评价的对象，那么原因并不在于性行为本身是一种罪恶，更不在于它身上带有原始堕落的标志。即使性关系与性爱的实际形式是与某种原初的悲剧——人的傲慢与诸神的惩罚——有关，像在《会饮

① 希波克拉底：《誓言》，载《著作集》，"勒布丛书"，I，第300页。

篇》中阿里斯托芬所指出的那样，但是，无论是性行为还是性快感，都没有因此被视为罪恶。相反，它们旨在恢复人们最完善的存在方式。① 性活动一般被认为是自然的（自然的与必需的），因为正是通过它，各种生物才能够自我繁衍，生物种群才得以免于死亡，② 而且，各个城邦、家族、姓氏与崇拜才能够超越注定要消失的个人，延续下去。柏拉图曾在各处最自然的与最必需的欲望中，列出了一类把我们引入"性活动"（aphrodisia）之中的欲望；③ 而且，根据亚里士多德的说法，它们之所以给我们提供快感，原因在于一些总体上关系到身体与身体生命的东西。④ 总之，正如埃费斯的鲁弗斯所说的，性活动是如此深深地扎根于自然之中，而且其方式又是如此自然，以致它无法被视为罪恶。⑤ 因此，有关"性活动"的道德经验完全不同于后来的肉欲经验。

尽管性活动是自然的与必需的，但是，它仍然是道德关注的对象。它要求一种可以确定在多大程度上和多大范围内适于进行性活动的限定。然而，如果它可能涉及善与恶，那么这不是因为本性，或者因为它的本性已经发生了变化，而是因为它

---

① 柏拉图：《会饮篇》，189d—193d。关于一个没有性生育的神话时代，参见柏拉图的《政治家篇》，271a—272b。
② 亚里士多德：《动物的繁衍》，II，1，731b；参见《论灵魂》，II，4，415a—b。
③ 柏拉图：《理想国》，VIII，559c。
④ 亚里士多德：《尼各马可伦理学》，VII，4，1147b。
⑤ 埃费斯的鲁弗斯：《著作集》，达伦默博格编辑，第318页。

性经验史第二卷：快感的享用

被本性支配的方式。其实，与它相关的快感有两个特征。首先是它的低级特征：不过，不要忘记，对于阿里斯提普与克兰尼学派来说，"各种快感之间并无差别"，[①] 人们一般认为性快感并不是罪恶的载体，而是在本体论上或性质上低级的东西。这是因为性快感是动物与人类共有的东西（而且，它也不是人类特有的标志），因为它伴有匮乏与痛苦（而且，它与视觉、听觉可能提供的快感是不同的），因为它依赖于身体及其需要，因为它旨在让机体恢复到需要出现之前的状态。[②] 但是，另一方面，这种有限的、从属的与低级的快感是一种极端冲动的快感。正如柏拉图在《法律篇》一开头所解释的，如果大自然做到了让男人与女人相互吸引，那么这是为了让生育成为可能，确保物种得以继续存在。[③] 然而，既然这一目标如此重要，而且人类繁衍后代又如此必不可少，那么大自然就把生育活动与一种极其强烈的快感联系在一起。这一切就好像通过与饮食相关的自然快感来提醒动物们注意饮食与确保个体生存的必要性，同样，也要不断地通过与性交相关的快感与性欲来提醒它们注意繁衍与在身后留下后代的必要性。《法律篇》因此提到

68

---

① 第欧根尼·拉尔修：《哲学家们的生平》，II, 8。
② 关于这种人类与动物共同拥有的快感，参见色诺芬的《希爱罗》，VII；关于肉体快感的混杂特征，参见柏拉图的《理想国》，IX, 583b 及次页；《斐列布篇》，44 及次页；关于在恢复身体的先前状态时产生的快感，参见柏拉图的《蒂迈欧篇》，64d—65a；亚里士多德的《尼各马可伦理学》，VII, 4, 1147b。
③ 柏拉图：《法律篇》，I, 636c。

存在着三种主要欲望，涉及饮、食、生育三个方面：它们都是强大的、急切的与激烈的，但是第三种欲望尤其如此，尽管它"出现最晚"，但是它却是"我们的爱中最活跃的"。① 在《理想国》中，苏格拉底曾问他的对话者是否知道"比爱的快感更重要、更活跃的快感"。②

当大自然把"性活动"的快感确定为一种低级的、从属的、有条件的快感时，正是这种快感的自然冲动及其对欲望的诱惑，让性活动逾越了大自然规定的各种界限。因为这种冲动，才导致人们颠覆了等级制，把这些欲望及其满足放在第一位，而且给予它们凌驾灵魂之上的绝对权力。还是因为这一冲动，才导致人们在满足各种需要之外，甚至在身体恢复之后还要继续寻找快感。因此，导致反叛与暴乱的是性欲"淤积的"潜力；导致放纵与过度的是性欲"放肆的"潜力。③ 大自然在人身上安排了这种必需的而又可怕的力量，后者总是准备着超出所规定的目标。由此，我们不难明白性活动在这些条件下为什么会迫切要求一种动态的（而非静态的）道德区分。如果像柏拉图所说的那样，必须给性活动强加三种最强有力

---

① 柏拉图：《法律篇》，VI，783a—b。
② 柏拉图：《理想国》，III，403a。
③ 关系快感的放肆（huperbole，huperballein），参见柏拉图的《理想国》，402e；《蒂迈欧篇》，86b；亚里士多德的《尼各马可伦理学》，III，11，1118b；VI，4，1148a；VII，7，1150b。关于快感的反叛（epanastasis，stasiazein），柏拉图的《理想国》，IV，442d；IV，444b；IX，586e；《斐德罗篇》，237d。

的限制——害怕、法律、真话；① 如果像亚里士多德那样，欲望能力必须像孩子服从老师命令一样服从理性，② 如果像阿里斯提普自己要求的那样，在不断地"享用"快感的同时，又保证不被快感所左右，③ 那么原因并不在于性活动本身是一种罪恶；这不是因为它有可能偏离某种规范模式的危险，而是因为它从属于一种力量，一种本身就会导致过度的"精力"（energeia）。根据基督教的肉欲学说，快感的放纵力量根源于有史以来人性的两个标志——堕落与匮乏。对于古典希腊思想来说，这种力量本性上就有放纵的潜在性，因此道德问题就是要知道怎样面对这种力量、怎样控制它与怎样确保对它进行恰当的管理。

性活动是通过大自然规定的、却又易于放纵的各种力量的相互作用表现出来的，这一点使得它与饮食及其可能提出的道德问题有关。性道德与饮食道德之间的联系在古代文化中是一个常见的事实。我们可以找出成百上千的例子来。当色诺芬在《回忆录》第一卷中想要指出苏格拉底的举例说明对他的门徒们是多么有益时，揭示了他的老师"有关饮、食与性爱快感"的各种教训与行为。④ 当《理想国》中的对话者们讨论卫士们的教育时，都同意节制（sōphros ūnē）要求对酒、性爱与

---

① 柏拉图：《法律篇》，VI, 783a。
② 亚里士多德：《尼各马可伦理学》，III, 12, 1119b。
③ 第欧根尼·拉尔修：《哲学家们的生平》，VI, 8。
④ 色诺芬：《回忆录》，I, 3, 15。

进食（potoi, aphrodisia, edōdai）的快感进行三重控制。[①] 亚里士多德也是如此：在《尼各马可伦理学》中，他给出的有关"共同快感"的三个例子正是有关吃、喝，以及对年轻男子与年富力强的男子来说，还有"床笫之欢"。[②] 他认为这三种形式的快感都有相同的危险，即超过需要的放纵危险。他甚至发现它们有一个共同的生理学根源，因为他发现三者都有接触与抚摸的快感（他认为，食物与饮料只有接触到舌头，特别是喉咙，才会引发各自的快感）。[③] 在《会饮篇》中，当轮到爱端克西马克医生说话时，他要求把能够提供怎样恰当地享用饮食快感与床笫之欢的建议作为他的专长。在他看来，只有医生才需要对人们说怎样从美味佳肴中获得快感而又不至于生病。他们还需要给那些做爱的人（"得了流行病的人"）规定他们怎样才能够获得快乐而不至于出现任何放荡行为。[④]

毫无疑问，通过各种学说、宗教仪式或养生规则来追寻饮食道德与性道德相互关系的漫长历史，这是一件很有趣的事。为此，我们必须搞清楚在一个漫长的时期里，各种饮食规范之间的相互作用是怎样与性道德的作用脱钩的：它们各自重要性的变化（性行为的问题比饮食行为的问题更令人担忧的时期出现得相当晚）与它们自身结构的逐步分化（在这一时期里，对

71

---

① 柏拉图：《理想国》，III, 389d—e；另见 IX, 580e。
② 亚里士多德：《尼各马可伦理学》，III, 11, 1, 1118b。
③ 亚里士多德：《尼各马可伦理学》，III, 10, 9, 1118a。
④ 柏拉图：《会饮篇》，187e。

性欲质疑所使用的术语不同于对食欲的质疑）。总之，在古典时代希腊人的反思中，对吃、喝与性活动的道德质疑看来是非常相似的。食物、饮料、与女人、男童的性关系构成了一种相似的伦理内容。它们让各种总是导致过度的自然力量相互作用；它们各自提出了同样一个问题：人们能够和应该怎样来"享用"（chrēsthai）这种动态的快感、性欲与性活动呢？这是一个正确用法的问题。正如亚里士多德所说的："在某种程度上大家都从吃、喝与性爱中获得快感，但是大家这么做的方式都不恰当（ouch'hōs dei）。"①

---

① 亚里士多德：《尼各马可伦理学》，VII，14，7，1154a。

二

享　用

　　怎样"恰到好处地"享用快感呢？调节、限制和规范这种活动的原则是什么呢？这些原则怎样才能有效地让大家接受约束呢？或者换言之，在这种对性行为的道德质疑中，隐含着什么约束方式呢？

　　关于"性快感"的道德反思，目的不在于建立一种确定性活动的规定形式的规则体系，划出各种禁忌的界限和把各种实践活动分门别类，而是阐明"享用"快感的各种条件和样式：即希腊人称作的"快感的享用"（chrēsis aphrodisiōn）的风格。"快感的享用"的流行说法一般是与性活动相关的（因此人们会说一生中的何年何月是享用快感的好时期）。① 但是，

这一术语还与个人进行性活动的方式、他在这一事物秩序中的举止方式、允许或强迫他这样做的养生法、他进行性活动的

---

① 亚里士多德：《动物史》，VII，1，581 b；《论动物的繁殖》，II，7，747a。

条件以及性活动在他的生活中所占的比重相关。① 这不是有关人们体验的欲望或进行的活动是允许的或禁止的问题，而是在人们安排和控制自己活动的方式中有关适度、反思和计算的问题。在快感的享用中，如果人们真的必须尊重国家的法律和习惯，不要触犯诸神，并且按照自然的要求行事，那么人们所遵从的道德准则就与能够构成一种接受确定规范的束缚的东西相去甚远。② 这是一个随机调整的问题，大家必须考虑到其中不同的要素：一个是需求和自然要求，另一个是机会的时间和背景，第三个是个体地位。怎样享用，必须考虑到这些不同的要素。在对快感享用的反思中，我们可以认识到对一种三重战略的关注：对需求的关注、对时刻的关注和对地位的关注。

1. 需求的战略。我们知道第欧根尼那臭名昭著的举动：当他需要满足一下自己的性欲时，他会在公共场合放肆。③ 像许多犬儒主义者的挑衅性言行一样，他的这一举动也需要作正反两方面的理解。其实，这一挑衅性的言行有关事物的公开性，在希腊，它违反了一切习俗。人们都认为性爱活动必须

----

① 柏拉图：《理想国》，V，451c。谈到过正确地"拥有和使用"女人和儿童的标准，因此这也是大家可以与他们发生的全部关系和关系形式。波利比乌斯（Polybe）提到，快感的享用是以华贵的服饰和饮食规定了世袭君主的道德的，并且引起了不满和革命（《历史》，VI，7）。

② 亚里士多德的《修辞学》（I，9）把节制定义为让我们自己"像规范要求的那样"对待身体的快感的东西。关于"规范"概念，参见 J. 德·罗米利：《希腊思想中的法律观念》。

③ 第欧根尼·拉尔修：《哲学家们的生平》，VI，2，46。还参见迪翁·德·普鲁斯：《言论》，VI，17—20，以及伽利安：《骚动的地方》，VI，5。

避人耳目，这是只在夜里做爱的根据。而且，在不让人看见这种性关系的提醒中，我们发现了一个迹象，即快感实践不崇尚人类的高贵品质。第欧根尼用他的"举动"对这一非公开性法则进行了批评。其实，第欧根尼·拉尔修要说的是，他习惯于"公开地做一切事情，包括吃饭和做爱"，而且他还这样推论道："如果吃饭没有什么不好的话，那么在大庭广众面前吃饭也没有什么不好。"[1] 但是，与饮食相比较，第欧根尼的这一举动还有另一种意义：因为快感实践是自然的，所以它们不是可耻的，它们只是满足需要；而且正如犬儒们寻找能够果腹的食物（他们曾试图吃生肉）一样，他发现手淫是减轻性欲的最直接的手段；他甚至对无法同样简单地满足饥渴的欲望感到遗憾。他说过："老天，要是搓搓肚皮就不饿了，该多好啊。"

在这方面，第欧根尼只是把"快感的享用"（chrēsis aphrodisiōn）的主要戒律之一推至极端。他把安蒂斯泰尼在色诺芬的《会饮篇》中说明的行为降到最低限度。安蒂斯泰尼说："我一旦被激发起某种求爱的欲望，那么我会从先来的女人那里获得满足。我追求的女人们给了我足够的温柔，因为没有其他人愿意亲近她们。而且，所有这些快感对我来说都是非常强烈的，以致我在享受其中任何一种快感时，希望得到的不是强烈的快感；我想得到的是不强烈的快感，因为其中一些快感超出了有益的范围。"[2] 安蒂斯泰尼的这一养生法原则上

---

① 第欧根尼·拉尔修：《哲学家们的生平》，VI，2，69。
② 色诺芬：《会饮篇》，IV，38。

（即使实际后果非常不同）离色诺芬所说的苏格拉底给他的门徒们规定的许多戒律或范例相差不远。因为如果他曾建议那些对性爱快感没有做好防备的人回避美男童的目光，而且如果需要的话，还得逃之夭夭，那么他无论如何都没有规定完全的、彻底的和无条件的性节制。至少，色诺芬是这样阐述苏格拉底的教诲的："灵魂只有在肉体的需要是迫切的和满足这一需要不会带来危害的条件下，才能享受这些快感。"①

但是，在这种通过需求来调节的快感享用中，目的不是消除快感；相反，它旨在通过引发欲望的需求来延续它。我们知道，如果快感不能满足活泼的欲望，那么它就会衰退。在苏格拉底转述的普劳迪库斯的演说中，德性（la vertu）说道："我的朋友们从饮食中享受到了快感（hdeia... apolausis），而且毫无痛苦（apragmōn）：因为他们需要感受到这种欲望。"② 苏格拉底在一次与欧西德谟斯的讨论中，提到"饥饿、口渴、性爱欲望（aphrodisiōn epithumia）、熬夜是人们从吃、喝、做爱、休息与睡眠中获得快感的唯一原因。在这种情况下，人们一开始是期待与支持这些需求，直到最后尽可能愉快地满足它们（hōs eni hēdista）为止"。③ 但是，如果说人们必须通过欲望来维持快感感受，那么反过来则不行，人们不应该通过求助于各种非自然的快感来增加欲望：在普劳迪

---

① 色诺芬：《回忆录》，I, 3, 14。
② 色诺芬：《回忆录》，II, 1, 33。
③ 色诺芬：《回忆录》，IV, 5, 9。

库斯的演说中，他还说过，产生睡眠欲望的应该是疲劳，而不是因为无事可做。而且，如果一旦有了各种性欲望，人们能够满足它们，那么人们不应该制造一些超出需求之外的欲望。需求应该成为这一战略中的指导原则。从这一需求战略中，我们看出，它不可能具有一种在一切情况下对所有人都同样适用的法律或明确的规范。它可以在动态的快感与欲望中保持平衡：为了防止快感与欲望"激动起来"，无法无天，它用满足需求作为它们的内在界限；而且，它还没法避免让这种自然的力量发生暴乱，侵占不是自己的地盘，因为它只提供了自然应允的和身体必需的东西，除此之外，别无其他。

　　这一战略可以让人避免放纵。总之，放纵是一种没有需求限度的行为。这就是为什么它能够具有两种道德的快感养生法必须反对的形式。一是可以称作"过度"和"多余"的放纵：① 它甚至在身体感受到快感需要之前，就给身体提供了一切可能的快感，同时不让身体有时间体验"饥饿、口渴、性爱欲望与熬夜"，甚至因此压抑一切快感感受。还有一种可以称为"人为的"放纵，它是第一种放纵的结果：它试图在满足各种并非自然的欲望中寻找快感。它"为了吃得快乐去寻找厨师，为了喝得高兴设法弄到昂贵的好酒，而且在短暂的夏日里四处寻雪"；它为了在"性活动"中发现各种新的快感，利用

⁷⁷

---

① 见柏拉图的《高尔吉亚篇》，492a—b，494c，507e；《理想国》，VIII，561b。

"看上去像女人的男人"。① 由此看来，节制不可能具有服从一种法律体系或一套行为规范的形式。它也不可能等同于一种取消快感的原则。它是一种艺术，一种有能力"享用"建立在自我限制的需求之上的快感的实践。苏格拉底认为："唯有节制才让我们忍受我所说的各种需求，同样，唯有节制才让我们体验到一种值得回味的快感。"② 如果我们相信色诺芬的话，那么苏格拉底在日常生活中就是这样做的。据色诺芬说："他只在有了需要吃饭的快感之后，才去吃东西，而且，胃口只是他饮食中的调味品。因为他不感到口渴是不会喝饮料的，所以任何饮料都会令他感到愉悦。"③

2.另一个战略是确定恰当的时机（kairos）。这是快感
享用的技艺中最重要和最棘手的目标。柏拉图在《法律篇》中提到过它：在这方面知道应该"适时与适量地"做些什么的人（无论是个人还是国家）是幸福的；相反，"不明事理"（anepistēmonōs）、"不合时宜地"（ektos tōn kairōn）行动的人过着"一种完全不同的生活"。④

我们必须牢记，对于希腊人来说，这一"恰当时机"的论题不仅是道德问题，而且是科学和技术问题，它一直占有一个

---

① 色诺芬：《回忆录》，II，1，30。
② 色诺芬：《回忆录》，IV，5，9。
③ 色诺芬：《回忆录》，I，3，5。
④ 柏拉图：《法律篇》，I，636d—e。关于"时机"及其在希腊道德中的重要性，见 P. 奥本格的《论亚士多德的"审慎"》(*La prudence chez Aristotle*)，巴黎，1963 年，第 95 页及次页。

重要的地位。根据一种非常传统的比较，医学、治理、航海术这些实践知识意味着人们不满足认识各种一般的原则，而是要有能力确定介入现实的恰当时机和因地制宜的方式。而且，在各种不同的领域（无论是城邦还是个体、身体或灵魂）里，表现出恰当地实行"时机策略"的才干——其中重要的是抓住时机，——这恰恰是审慎德性的主要方面之一。在快感的享用中，道德还是一种抓住"时机"的艺术。

要确定这一时机，可以有许多标准。可以用人的一生作标准。医生们认为，年纪太轻就开始享用这些快感并不好；他们还认为，如果上了年纪的人还继续快感的实践，那么它可能是有害的。在人的一生中，快感的实践是有季节性的：它一般被确定在这样一个时期里，其间不仅生育是可能的，而且后代是健康的，发育良好，身体强壮。[1] 还有以年份与季节为标准：以后我们将会看到，养生法非常看重性活动与气候变化、热与冷、潮湿与干燥之间的关系。[2] 另外，还要选择一天中的恰当时机：普鲁塔克的《桌边闲谈》之一就是讨论这一问题的，它提出了一种传统的解决办法。不过，他认为，养生法、体面方面的论据和宗教原因都建议人们最好选在晚上，因为对于身体

---

[1] 这一时期很晚才开始。亚里士多德认为，21岁之前的精液是没有生育力的，但是要想得到一个优秀的后代，人们要等到很大年龄："21岁后，这是女人生孩子的好时候，而男人却有待发育。"（见亚里士多德的《动物史》，VII，1，582a。）

[2] 我们将在下一章中讨论这一切。

来说，它是最有利的时机，那时，黑暗遮住了各种不雅的形象，而且它使得人们在第二天上午的宗教活动之前可以增加一夜的时间。① 时机（kairos）的选择同样还取决于其他一些活动。如果色诺芬可以把他的居鲁士作为节制的榜样，那么这不是因为他摒弃快感，而是因为他知道在他的一生中怎样恰当地安排它们，不让它们干扰他的工作，而且只在做好通向高尚娱乐的准备工作之后，才允许享用它们。②

《回忆录》中有一段有关乱伦的话，它非常清楚地说明了"最佳时机"在性伦理中的重要性。苏格拉底毫不含糊地提出："禁止父女、母子之间发生性关系"，这是一条普遍的戒律，而且是诸神确立的。证据在于，违反这一戒律的人会受到惩罚。不过，这一惩罚就是，不论乱伦父母的秉性如何，他们的后代是不受欢迎的。为什么呢？因为他们不了解"时机"原则，而且不合时宜地把两个年龄相差很大的生育者的精液搅和在一起。当人们过了"年轻力壮"的年龄之后还要生育，这就是"在恶劣的条件下生育"。③ 色诺芬或苏格拉底没有说过，只有"不合时宜的"乱伦才值得惩罚，但是，值得注意的是，乱伦的罪恶所表现的方式及其结果是与不了解时机一样的。

3. 享用快感的技艺还应该根据享用的人及其身份的不同而有所变化。被归在德谟斯泰尼名下的《性爱论》一书的作

---

① 普鲁塔克：《桌边闲谈》，III，6。
② 色诺芬：《居鲁士的教育》，VIII，1，32。
③ 色诺芬：《回忆录》，IV，4，21—23。

者，继《会饮篇》之后，提到了这一点：明智的人都知道男童的各种性爱关系不是"绝对道德的或不道德的"，"它们完全是因当事人的不同而不同"；因此，"在所有情况下都遵循同样的道德准则是不明智的"。①

毫无疑问，性行为的各项准则要根据年龄、性别、个人的条件的不同而不同，而且，责任与禁令也不是以相同的方式强加给大家的，这一点对各个社会来说是一个共同的特征。但是，对于基督教道德来说，要在整个体系范围内做出性行为的规范，根据各种普遍原则来界定性行为的价值，指出在什么条件下，根据是否结婚、是否受誓言的约束来确定它是否正当。这里，重要的是一种可变的普遍性。在古代道德中，除了几条一体适用的戒律外，性道德总是生活方式的一部分，是根据人接受的地位和选择的目标来决定的。在德谟斯泰尼的伪篇《性爱论》中，作者对埃皮克拉底说过一段话，"就如何让他的行为更受人尊敬，提出了一些建议"。其实，他并不想让这个年轻人作出"不听从最好意见"的决定。而且，这些好建议的作用不是重申一般的行为原则，而是强调各种道德标准之间的正当差异。"对于出身卑贱的人，我们并不批评他，即使是做了不光彩的错事。"相反，如果像埃皮克拉底这样的人"成了名人，那么对有关荣誉的事稍有忽视，都会让他蒙上羞辱"。② 因此，一个人愈是有名，愈想在别人面前有威信，那么他就愈要努力把他

①②　柏拉图：《会饮篇》，180c—181a；德谟斯泰尼的伪篇：《性爱论》，4。

的生活变成一件光彩夺目的作品，让自己的声望传得很远、很久，这样，强迫自己自觉地根据严格的性行为原则作选择就愈发必要，这是普遍接受的原则。西莫尼德在"饮、食、睡眠与性爱"方面给希爱罗提出这样的建议：这些"享乐是一切动物共有的"，而喜爱荣誉与赞颂却是人特有的；而且这种爱好让人可以忍受诸如贫困之类的危险。① 据色诺芬说，这还是阿格西劳斯面对"控制了许多男人"的快感时的做法；他认为"领袖与普通人的区别不应该在于他的软弱，而在于他的忍耐力"。②

节制经常被排在那些属于（或者至少应该属于）城邦中有地位、身份和责任的人特有的（不是一切人都有的）品质之列。当苏格拉底在《回忆录》中向克里托布勒描述一位值得结交的善人时，他把节制列入一个受到社会尊重的人应该具有的品质表之中：准备为朋友出力、准备有恩必报、处事随和。③ 据色诺芬说，苏格拉底有一个门徒阿里斯提普，"行为极其放纵"，苏格拉底为了说明节制的好处向他提了一个问题：如果他需要培养两个学生，一个应该过一种随心所欲的生活，另一个要以节制为目的，那么为了不妨碍学生做自己应该做的事，他要教育其中哪一个成为"自己性爱欲望的主宰"呢？④ 此外，《回忆录》还说，我们喜欢拥有一些有节制的奴隶；更何

---

① 色诺芬：《希爱罗》，VII。
② 色诺芬：《阿格西劳斯》，V。
③ 色诺芬：《回忆录》，II，6，1—5。
④ 色诺芬：《回忆录》，II，1，1—4。

况，如果我们想为自己选一个领袖，那么"我们会选择一个受制于饮食、性爱快感、软弱与睡眠的人吗？"①的确，柏拉图想赋予整个国家节制的德性；但是，他并不因此要求所有的人都要有相同的节制。在一个有节制的国家里，应该接受领导的人要服从，而应该领导别人的人要切实地发挥领导作用：于是，我们在儿童、女人、奴隶以及没有价值观的群氓中发现了大量的"欲望、快感与痛苦"，"而我们只有在少数本性最善良、又受过最好教育的人那里才找到受到理智与正确意见引导的简单适度的欲望"。在有节制的国家中，邪恶群氓们的激情得到了"少数德行高尚的人的激情与理智"的控制。②

这里远不是一种苦修的形式，后者会使所有人，不管是最高傲的人还是最卑贱的人，都以同样的方式受制于一种普遍的法规，而这种法规的应用只能通过个案分析来调节。相反，这里的一切是调整的问题，是环境的问题，是个人立场的问题。当然，城邦、宗教或自然共同的一些主要法则是存在的，但是它们好像远远地画出了一个很大的圆圈，其中，实践思想必须界定什么是应该做的。为此，它需要的不是像法律文献之类的东西，而是"技艺"（technē）或修养（pratique），也就是一种本领，在兼顾一般原则的前提下在适当的时机、背景下根据自己的目的采取行动。因此，在这种道德形式中，为了把自

① 色诺芬：《回忆录》，I，5，1。
② 柏拉图：《理想国》，IV，431c—d。

己塑造成伦理主体，个体不是通过把自己的行为准则普遍化，而是通过一种使自己的行为个性化并不断调整行为的态度与追求，它们甚至可以通过这一道德赋予他的合理而审慎的结构让他光彩夺目。

三

控　制

　　人们通常把基督教道德的内在性与一种异端道德的外在性对立起来，后者只考虑各种行动的现实的完成、它们可见的和明显的形式、它们与规则的一致和它们在自己留下的看法或回忆中可能表现出来的样子。但是，这一传统的对立可能会抓不住本质。所谓基督教的内在性是一种自我关系的特殊样式，具有注意、怀疑、破译、记录、坦白、自我批评、抗拒诱惑、禁欲、精神斗争等等各种明确的形式。所谓异端道德的"外在性"也包含着改造自我的原则，但是它的形式却大不相同。异端与基督教之间极为缓慢的演变不在于一种规则、行动和错误的逐步内在化，而是进行了一种自我关系的诸形式的重新构造和一种自我关系所依赖的实践与技术的转变。

　　在古典语言中，有一个术语被用来指示这种自我关系的形式，这种对快感道德必不可少的并且表现在正确享用快感的活动之中的"态度"，它就是"enkrateia"。事实上，这个词长久以来一直与"sōphrosunē"相当接近，我们常常发现它们是一道或者轮番被使用的，意义非常接近。为了指称节制——它与虔诚、智慧、勇气、正义一起构成了人们通常所说的五种德性，色诺芬时而使用"sōphrosunē"一词，时而使用"enkrateia"一词。[1] 柏拉图也提到这两个词的意义相近，当伽利克勒向苏格拉底询问什么是"自制"（auton heauton archein）时，苏格拉底回答道：这就是"要有智慧、要自己控制自己（sōphrona onta kai enkratē auton heautou）、要控制自己的快感和欲望（archein tōn hēdonōn kai epithumiōn）"。[2] 而且，当他在《理想国》中一遍遍地考察四种基本德性——智慧、勇气、正义和节制（sōphrosunē）时，他给节制的定义是"enkrateia"："节制（sōphrosunē）是一种针对某些快感和欲望的秩序和控制（kosmos kai enkrateia）"。[3]

然而，我们能够指出，即使这两个词的意义是十分接近的，但是它们还远不是同义词。两者分别指涉有点不同的自我关系的样式。"sōphrosunē"的德性是用来描述一种非常一般的境界，它确保人的行为"是恰当地导向诸神和人类的"，也就是说，人不仅是节制的，而且还是虔诚的、公正的

---

[1] 色诺芬：《居鲁士的教育》，VIII，1，30。关于"sōphrosunē"概念及其演变，参见 H. 诺斯：《Sōphrosunē》；作者强调"sōphrosunē"和"enkrateia"二词在色诺芬那里是意义相近的（第123—132页）。

[2] 柏拉图：《高尔吉亚篇》，491d。

[3] 柏拉图：《理想国》，IV，430b。亚里士多德在《尼各马可伦理学》（VII，1，6，1145b）中提起过节制的人是"enkrates"和"karterikos"。

和勇敢的。① 相反，"enkrateia"被规定为一种自我控制的主动形式，它使得抵制和斗争得以可能，并且确保了它在欲望和快感领域里的支配地位。根据 H. 诺斯的看法，亚里士多德是最早把"sōphrosunē"和"enkrateia"完整地区分开来的人。② 在《尼各马可伦理学》中，前者的特征在于，主体慎重地选择了各种符合理性的行动原则，他能够遵循它们并且应用它们，他在自己的行动中采取介于冷漠与过激之间的"适度的立场"（le juste milieu，适度的立场不是等距离，因为节制离这一边比另一边更远），而且适度地享用快感。"sōphrosunē"是与放纵（akolasia）相对立的，在放纵中，人是自愿和经过慎重选择来遵循恶的原则，放纵自己的欲望，甚至是最微弱的欲望，在错误的行为中纵情享乐，因而放纵既无悔意也无法改正。"enkrateia"及其对立面"akrasia"都是处在斗争、抵制和战斗的轴线之中：它是克制、张力、"节欲"。"enkrateia"支配了快感和欲望，但是同时又需要为了战胜它而斗争。与"节制"的人不同，"节欲"的人体验了不同于符合理性的快感。但是，他不会任由这些欲望摆布，这些欲望愈是强大，他的价值就愈大。相比较而言，"akrasia"不像放纵那样是一种对错误原则的慎重选择，而必须把它比作一些拥有良好法律却无法应用它们的城邦。尽管节

88

---

① 柏拉图：《高尔吉亚篇》，507a—b。同样请参见《法律篇》，III，697b。注意："当节制出现在灵魂中时，它们是灵魂首要的和最珍贵的善。"
② 参见 H. 诺斯：《sōphrosunē》，同上，第 202—203 页。

欲的人具有自己的理性原则，但是他无法自制，或者是他没有实行这些理性原则的力量，或者是他没有对此进行足够的反思：正是这一点使得节欲的人能够恢复和达到对自我的控制。[①] 因此，"enkrateia"是"sōphrosunē"的条件，是个人为了成为节制的人（sōphrōn）而必须作用和控制自己的形式。

无论如何，"enkrateia"这个术语在古典词汇中一般指的是自我控制的动力和自我控制所要求的努力。

1. 这种控制的活动首先包含着一种对抗的关系。在《法律篇》中，雅典人对克里尼亚斯说：如果天生勇敢的人真的只是"他本身的一半"，因为他没有经过战斗的"考验和训练"，那么我们可以认为，如果"人没有对许多快感和欲望作斗争（pollais hēdonais kai epithumiais diamemachēmenos），没有在博弈或行动中，经过理性思考、训练、艺术（logos，ergon，technē）而获得胜利"，[②] 那么他就无法成为有节制的人（sōphrōn）。智者安提丰也从自己的立场出发说过相近的话："不希望（epithumien）丑陋和罪恶，又没有经历过这些的人不是明智的（sophron）；因为他什么也没有战胜（kratein）过，也没有什么可以让他证明自己是有德性的（kosmios）。"[③] 人们只有树立起一种对快感关系的战斗的态

89

---

① 亚里士多德：《尼各马可伦理学》，III，11 和 12，1118b—1119a，以及 VII，7，849，1150a—1152a。

② 柏拉图：《法律篇》，I，647a。

③ 安提丰：载斯多佩的"诗选"，V，33。这是安提丰著作中第 16 号残篇。

度，才能按道德行事。人们发现，"aphrodisia"不仅是可能的，而且通过起源和目的都是自然的各种力量的相互作用还是可以期望的，不过由于这些力量自身的效能，它们有着导向反叛和过激的各种潜在性。如果人有能力反对、抵制和控制这些力量，那么他就可以适当地享用它们。当然，如果必须与它们发生对抗，这是因为它们是我们与动物共有的低级的欲望——饥饿和口渴。[①] 但是，这种低级的本性本身并不是必须与之战斗的一个原因，只有当这些低级的欲望席卷了一切，控制了整个人，最终奴役了他，它们才是危险的。换言之，这不是它们内在的本性，不是它们贬低要求对自己保持"论战"态度的原则，而是它们最终控制和支配了一切。在欲望上，道德行为是以一种追求权力的战斗为基础的。这种把"hēdonai"（快感）和"epithumiai"（欲望）当作可怕的力量和敌人的观察，以及把自我当作老谋深算的对手（它对抗各种欲望、与之作斗争并且力图驯服它们）的相关构造，却被传统翻译成一系列用来规定节制和放纵的表达：反对快感和欲望，不要向它们让步，抵制它们的进攻，或者相反，让快感和欲望控制自己，[②] 战胜

90

---

① 色诺芬：《希爱罗》，VII；亚里士多德：《尼各马可伦理学》，III，10，8，1117b。

② 我们因此找出了一系列的词语，如 agein、ageisthai（引导、被引导）。柏拉图：《普罗泰戈拉篇》，355a；《理想国》，IV，431e；亚里士多德：《尼各马可伦理学》，VII，7，3，1150a。如"kolazein"（克制）：《高尔吉亚篇》，491e；《理想国》，VIII，559b；IX，571b。"Antiteinein"（反对）：《尼各马可伦理学》，VII，2，4，1146a；VII，7、5和6，1150b。"Emphrassein"（阻止）：安提丰，《残篇》，15。"Antechein"（抵制）：《尼各马可伦理学》，VII，7、4和6，1150a和b。

它们，或者被它们战胜，① 武装好或准备好来反对它们。② 它还通过一些隐喻表现出来，如与武装了的对手战斗；③ 或者，灵魂的卫城受到敌军的攻击，需要一支坚强的部队来保卫它；④ 或者，一群大胡蜂袭击那些明智的和有节制的欲望，如果人们尚未驱除它们，那么它们会杀死或驱除这些欲望。⑤ 它还同样表现在以下论题中：如果灵魂没有事先为保护自己而采取必要的防备措施，那么欲望的野蛮力量就会在灵魂入睡的时候侵犯灵魂。⑥ 人与欲望、快感的关系被认为是一种战斗的关系：在它们看来，人们必须站在敌对的位置上，扮演敌对的角色，或者以战士为榜样，或者以竞技中的斗士为榜样。我们不要忘记，《法律篇》中的那位雅典人，在谈到遏制三种基本欲望的

91

---

① 征服（Nikan）：柏拉图，《斐德罗篇》，238c；《法律篇》，1，634b；VIII，634b；亚里士多德，《尼各马可伦理学》，VII，7，1150a；安提丰，《残篇》，15。控制（Kratein）：柏拉图，《普罗泰戈拉篇》，353c；《斐德罗篇》，237e—238a；《理想国》，IV，431a—c；《法律篇》，840c；色诺芬，《回忆录》，I，2，24；安提丰，《残篇》，15和16；亚里士多德，《尼各马可伦理学》，VII，4c，1148a；VII，5，1149a。被征服（Hettasthai）：《普罗泰戈拉篇》，352e；《斐德罗篇》，233c；《法律篇》，VIII，840c；《第七封信》，351a；《尼各马可伦理学》，VII，6，1，1149b；VII，7，4，1150a；VII，7，6，1150b；伊索克拉底，《尼古克勒》，39。

② 色诺芬：《回忆录》，I，3，14。

③ 色诺芬：《家政学》，I，23。

④ 柏拉图：《理想国》，VIII，560b。

⑤ 柏拉图：《理想国》，IX，572d—573b。

⑥ 柏拉图：《理想国》，IX，571d。

71

必要性时，祈求"缪斯和竞技之神"的帮助。① 精神斗争的悠久传统（应该表现为许多不同的形式）在古希腊的思想中已经有了清楚的表述。

2. 这种与对手的斗争关系还是一种与自我的角斗关系。开战、获胜、可能的失败都是发生在自我与自身之间的过程与事件。个体必须反对的对手们不仅仅在自身之中，或最靠近自己，它们就是他的一部分。当然，我们必须考虑到对必须斗争的自我部分与必须被克服的自我部分之间差异的各种理论说明：难道灵魂的各部分必须尊重相互之间的一种等级制关系吗？难道身体与心灵是两个起源不同的实在，而且双方都努力摆脱对方吗？方向不同的各种力量是否像一辆套车中的两匹马一样相互反对呢？但是，为了界定这种"禁欲"的一般风格，必须记住的是，需要克服的对手虽然本性上与灵魂、理性或德性相去甚远，但是它并不代表另一种本体论上不同的力量。基督教肉欲伦理的本质特征之一就是，在淫欲活动的各种最隐秘的形式与他者（l'Autre）的狡计、虚幻力量之间，存在着本原上的关系。不过，在性快感的伦理中，斗争的必要性与困难性则相反，它表现为一种与自我的斗争：与"欲望和快感"作斗争，就是与自我较量。

在《理想国》中，柏拉图强调过自己多次引用的一句熟悉的说法是多么奇怪，甚至有点可笑和迂腐，② 这就是有关人比

① 柏拉图：《法律篇》，IV，783a—b。
② 柏拉图：《斐德罗篇》，232a；《理想国》，IV，430c；《法律篇》，I，626e，633e；VIII，840c；《第七封书信》，VI，337a。

自身"更强"或"更弱"(kreittōn, hēttōn heautou)的说法。其实，硬说人比自身更强，这是自相矛盾的，因为这意味着根据同样的事实，人同时比自身更弱。但是，对于柏拉图来说，这一说法依据的事实是，它假定了灵魂中存在两个不同的部分，其中一个是较好的，另一个是不好的，而且，如果从自我战胜自身或自我被自身打败出发，那么这就是站在前者的立场上看问题："当本性较好的部分控制了不好的部分，那么我们就说'比自身更强'，而且这是一句赞语。相反，由于教育不良或交友不慎，较好的部分较为虚弱，被邪恶的力量打败了，于是我们就说这类人是自身的奴隶，是放纵的，这是一种指责。"① 而且，这种自我与自身的对抗必须塑造个体对待欲望与快感的伦理态度，这在《法律篇》的开头得到了明确的肯定：为什么每个国家都有行政与立法，这是因为即使是和平时期，所有国家相互之间都是处于战争状态之中的；同样，必须考虑到，如果"在公共生活中大家彼此都是敌人"，那么在私人生活中，"每个人对于自身来说也是敌人"。而且，在可能取得的所有胜利之中，"重要的和最光荣的"就是人战胜了"自我"，而"最可耻"和"最卑劣的"失败"就是被自身打败了"。②

　　3.这种对待自我的"斗争"态度是以取胜为目的的，这

---

① 柏拉图：《理想国》，IV, 431a。
② 柏拉图：《法律篇》，I, 626d—e。

是十分自然的,《法律篇》说,这种胜利比在角斗与竞赛中的胜利要好得多。[1] 有时,这种胜利带有完全消除或驱除欲望的特征。[2] 但是在大多数情况下,它的目的是要确定自我对自身的牢固而稳定的控制;欲望与快感的冲动并没有消失,不过,有节制的主体对它实施了全面的控制,从而不让冲动左右自己。有关苏格拉底能够不受阿尔西比亚德的诱惑的著名考验,并不表明他已经"净化了"对男童的一切欲望:它表明了他能够在恰当的时刻、以恰当的方式抵制诱惑。对此,基督徒们是谴责这种考验的,因为它证实了要维护欲望的存在,而这对于他们来说是不道德的。不过,早在他们之前,波里斯泰尼的比翁就嘲笑这一点,他强调,如果苏格拉底对阿尔西比亚德有欲望,那么要消除这种欲望是愚蠢的,而且如果他不体验一下的话,那么他就毫无价值可言。[3] 同样,在亚里士多德的分析中,"enkrateia"被定义为控制与胜利,它假定了欲望的存在,而且,因为它最终控制了冲动的欲望,所以它就更有价值。[4] 不过,亚里士多德把"sōphrosunē"界定为一种德性状态,并不意味着压抑欲望,而是控制它们:他把它放在介于放纵(akolasia,这是一种人任由自己的欲望摆布的状态)与无动

---

① 柏拉图:《法律篇》,VII, 840c。
② 柏拉图:《理想国》,IX, 571b。在《尼各马可伦理学》中,这是"摆脱快感"的问题,如同特洛伊的老人们想对海伦做的那样(II, 9, 1109b)。
③ 第欧根尼·拉尔修:《哲学家们的生平》,IV, 7, 49。
④ 亚里士多德:《尼各马可伦理学》,VII, 2, 1146a。

于衷（anaisthesia，这是一种人不体验任何快感的极为罕见的状态）之间的中间位置上。有节制的人不是不再有欲望，而是指他的欲望是"有节制的，不超过他该得到的，也不有违恰当的时机"。①

由此看来，在快感领域中，德性不是一种贞洁状态，而是被看成一种统治关系、一种控制关系。为了界定节制，人们使用了不同的术语来说明（如柏拉图、色诺芬、第欧根尼、安提丰或亚里士多德）："控制欲望与快感""对它们行使权力""支配它们"（kratein, archein）。不过，阿里斯提普的快感理论与苏格拉底的相当不同，他的这句名言很好地说明了节制的一般概念："最好是控制自己的快感而不受制于它们；但是，这不是说不需要它们（to kratein kai mē hēttasthai hēdonōn ariston, ou to mē chrēsthai）。"② 换言之，为了在快感的享用中把自己塑造成有节制的道德主体，个体必须与自我建立一种"支配—服从""指挥—屈从""控制—驯服"的关系（而不是像在基督教的神修中那种"澄清—否弃""解释—净化"的关系）。这就是快感的道德实践中主体的"自决"结构。

4. 这种自决形式是根据许多模式发展出来的：柏拉图提出了套车与马夫的模式，亚里士多德提出了儿童与成人的模

---

① 亚里士多德：《尼各马可伦理学》，III, 11, 1119a。
② 第欧根尼·拉尔修：《哲学家们的生平》，II, 8, 75。

式（我们的欲望能力应该符合理性的规范，"就像儿童应该根据老师的指令生活一样"）。[1] 但是，它与其他两种主要图式特别有关。首先是家庭生活的图式：只有在等级制与主人的权威在家庭里得到了尊重，家政才能被管理得井井有条，同样，人只有像控制仆人一样能够控制自己的欲望才是有节制的。反过来说，放纵可以被理解成一个管理不善的家庭。在《家政学》（它正好讨论的是一家之主的作用和管理妻子、家产与仆人的技艺的问题）的一开始，色诺芬描述了失序的灵魂；这同时既是家庭必须得到很好的管理的反例，也是那些无法自制、断送自己家产的主人的画像。在无节制的人的灵魂中，"邪恶的"和"固执的"主人有贪食、酗酒、好色和野心，它们把本应是主宰的降为奴仆，而且在他年轻时穷奢极欲之后，将会有一个悲惨的晚年。[2] 其次，为了界定节制的态度，人们还诉诸公民生活的模式。柏拉图有一个著名的论点，欲望可以比作贱民，如果不控制他们，他们就会躁动不安，一直寻求反叛。[3] 但是，个人与城邦之间严格的相互关系支持了《理想国》中的思想，让柏拉图得以发展出了有关节制与放纵的"公民"模式。快感伦理学在此与政治结构性质相同："如果个体类似于城邦，那么在他身上必然会发生相同的事情吗？"当人缺少让他可以

---

① 亚里士多德：《尼各马可伦理学》，VII，2，1119b。

② 色诺芬：《家政学》，I，22—23。

③ 柏拉图：《法律篇》，III，689a—b。"灵魂中痛苦的部分和享乐的部分就是城邦中的平民和大众。"

克服、支配（kratein）各种低级力量的权力结构（archē）时，他就是无节制的。于是，"奴性与极端的无耻"就会充斥他的灵魂。其中，"最善良的"部分被奴役，而"由最邪恶和最过分的部分构成的少数却成了主宰"。① 在《理想国》倒数第二卷的末尾，在提出了城邦模式之后，柏拉图承认哲学家在现实世界中不可能遇上完美的国家并在其中发挥作用；不过他又补充道，城邦的"典范"对于思考它的人来说是在天上的；而且，哲学家在考虑它的同时，可以"建立自己个人的治理"（heauton katoikizein）："无论这个国家在哪里实现，还是有待实现，哲学家只遵守它的法律。"② 个人的德性必须像城邦那样塑造起来。

5. 为了类似的斗争，训练是必要的。比武、体育竞赛或战斗之类的比喻不仅仅是用来表示人与欲望、快感及其一直准备反叛的力量的关系的性质，而且还与经受住这种对抗的准备工作有关。柏拉图说过，如果人缺乏训练（agumnastos），③ 那么他就无法与它们对抗，也克服不了它们。在这种情况下，训练与人所需要的其他手段相比，同样是必不可少的。如果不依靠训练（askēsis），单凭学习（mathēsis）是不够的。这是苏格拉底的主要教导之一；它没有违背人不能明知故犯的原则；它认为这种知识归根结蒂不是对一种原则的唯一认识。针对苏

---

① 柏拉图：《理想国》，IX，577d。
② 柏拉图：《理想国》，IX，592b。
③ 柏拉图：《法律篇》，I，647d。

格拉底的种种指责，色诺芬小心地把他的教导与哲学家们的教导区分开来，对于这些"所谓的哲学家们"来说，一旦人学会了什么是正直或节制（sōphrōn），那么他就无法变成不正直的和放纵的人。像苏格拉底一样，色诺芬反对这种理论：即如果人不训练他的身体，那么他就无法完成身体的功能（ta tou sōmatos erga）；同样，如果人不训练灵魂，那么他就无法完成灵魂的功能：于是，人就不能"做应该做的事，戒除应该回避的事"。① 这就是为什么色诺芬不同意人们要苏格拉底为阿尔西比亚德的恶行负责的原因：阿尔西比亚德不是所受教育的牺牲品，而是在他成功地与男人、女人、所有人打成一片并成为优胜者之后，他像许多运动员一样：一旦获胜，他就认为可以"忽视训练"（amelein tēs askēseōs）了。②

柏拉图经常提起苏格拉底的这一训练原则。他提到苏格拉底曾向阿尔西比亚德或卡里克勒指出过，如果他们首先没有进行必要的学习，如果他们没有训练过自己，那么他们就不能要求治理城邦和治理其他人："在我们完全经过这种训练（askēsantes）之后，如果效果不错，那么我们就可以从事政治了。"③ 而且，他还把这一训练要求与治理自我的必要性联系了起来："关注自我"（epimeleia heautou）作为能够治理和领导其他人的先决条件，不仅包含认识的必要性（认识

---

① 色诺芬：《回忆录》，I，2，19。
② 色诺芬：《回忆录》，I，2，24。
③ 柏拉图：《高尔吉亚篇》，527d。

未知的东西，认识到人是无知的，认识到人是什么），而且切实地关注自我、训练自我与改变自我。[①] 犬儒主义者们的学说与实践也十分强调"训练"的重要性，甚至犬儒生活都完全是一种永恒的训练。第欧根尼要求人同时训练身体与灵魂：这两种训练的任何一个"缺了另一个都是不起作用的，健康与力量在用处上并不比其他的差，因为与身体有关的东西也与灵魂有关"。这一双重训练的目的是，既要在贫困出现时能够毫无痛苦地面对它们，也要不断地把快感降低至各种需要的基本满足。总之，训练就是回归自然，战胜自我，以及对一种产生真正快乐的生活的自然节制。第欧根尼说："如果不训练，那么我们在生活中将无能无力，而且，训练可以让人克服一切（pan eknikēsai）……在抛弃了我们具有的各种没有意义的痛苦，并且训练自己顺从自然之后，我们一定能够幸福地生活……如果我们训练过自己，那么对快感的蔑视会给我们带来许多快乐。如果习惯在快感中生活的人一旦必须改变生活方式，就会感到痛苦，那么那些经受过艰苦训练的人就会毫无痛苦地蔑视各种快感（hēdion autōn tōn hēdonōn kataphronousi）。"[②]

后来的哲学传统也没有遗忘训练的重要性。而且，训练的内容很丰富：人们增加了训练，规定了训练的步骤、目标和

---

① 关于训练与关注自我的关系，见柏拉图的《阿尔西比亚德篇》，123d。
② 第欧根尼·拉尔修：《哲学家们的生平》，VI，2，70。

可能的变化形式；人们讨论它们的有效性；各种不同形式的训练（锻炼、沉思、思想考验、良心审查、节制排场）成为教育的内容和指导灵魂的主要手段之一。相反，在古典时代的文本中，有关道德训练可能采取的具体形式语焉不详。毫无疑问，毕达哥拉斯学派的传统确定了许多训练形式：食物养生法、每天结束前反省自己的错误，或者入睡前必须进行沉思，从而消除噩梦、便于看到可能来自诸神的景象。在《理想国》中，柏拉图有一段谈及侵犯灵魂的欲望冲动的话，明确提到了这些晚间的精神准备。① 但是，除毕达哥拉斯学派的这些修行外，我们找不到——如在色诺芬、柏拉图、第欧根尼或亚里士多德那里——把"训练"当作禁欲锻炼的说法。当然，这有两个原因。首先，训练被理解成实行必须为之锻炼的东西；训练与它要达到的目标相比并没有什么特殊之处；通过训练，人们习惯于以后必须采取的行为。② 因此，色诺芬称赞斯巴达的教育通过定量分配食物让孩子们学会忍受饥饿，通过只给他们穿一件衣服让他们学会耐寒，通过经历各种肉体惩罚让他们学会忍受痛苦，这一切就像通过强迫他们接受最严格的举止标准（走路时不要说话，眼睛向下看，双手放入外套中）来学会怎样禁欲一样。③

---

① 柏拉图：《理想国》，IX，571c—572b。
② 柏拉图：《法律篇》，I，643b。"不论一个人将来有什么专长，他应该从孩提时代起就在这方面训练自己（meletan），在一切与此有关的事情上找到自己的快乐和位置。"
③ 色诺芬：《斯巴达的政治制度》，2 和 3。

同样，柏拉图设想过让年轻人经受各种勇敢的考验，也就是让他们经受各种虚构的危险；这是让他们适应危险、完善自身和评定他们的价值的一种手段。这就好像有人牵着"小马驹到喧哗和嘈杂的地方，看看它们是否害怕"一样，因此，最好"在我们的战士们还年轻的时候，让他们置身于可怕的事物之中，然后又把他们置身于各种快感之中"；这样，我们就有办法来考验他们，"用比火炼真金还要多的细心来了解他们是否抵制了各种诱惑，是否在一切情况下都不失体面，是否忠实地保卫了自己和自己所接受的音乐教育"。① 在《法律篇》中，他甚至想象出一种尚未发明的药，吃过这种药的人可以看到所有可怕的东西；而且，人们可以用它来培养勇气：如果认为"在训练有素之前，不应该让人丢人现眼"，那么就让他独自经受这种考验；或者，要想了解一个人是否能够控制"这种药剂必然产生的翻肠倒胃的作用"，就让他到一群人中去，甚至让他在公共场合"与许多宾客"在一起。② 正是根据这种人为的和理想的模式，各种会饮就可以作为各种节制的考验被人接受、组织起来。亚里士多德简要地说明了道德学习与人们学到的德性之间的循环："人们是通过回避快感成为节制的人；但是，正是在成为有节制的人之后，人才能更好地回避快感。"③

至于另一个可以说明并不存在训练灵魂的特殊技艺的原

---

① 柏拉图：《理想国》，III, 413d 及次页。
② 柏拉图：《法律篇》，I, 647e—648c。
③ 亚里士多德：《尼各马可伦理学》，II, 2, 1104a。

因，它根据的事实是，控制自我与控制其他人被认为具有相同的形式；因为人应该像管理他的家庭和在城邦中发挥自己作用一样管理自己，所以个人德性的培养，特别是"控制"（enkrateia）德性的培养，在本性上与培养人凌驾于其他人之上并且领导他们的活动并没有什么不同。同一种学习既可以让人有德性，又可以让人行使权力。确保对自我的指引、实施对家庭的管理以及参与城邦管理事务，是三种同类实践。色诺芬的《家政学》很好地指出了这三种"技艺"之间的连续性、同构性以及在个人生活中的前后相继性。年轻的克里托布勒断言，从今以后，他能够控制自我，不再让他的欲望与快感左右自己（而且，苏格拉底提醒他，这些欲望与快感就像他应该管制的仆人一样）；因此，对于他来说，这是他结婚并与妻子一道管理家庭的时候；而且，色诺芬多次强调，一旦人们以恰当的方式致力于这种家政管理（被理解为管理家务和开发田地，维持或发展家产），那么它对于想履行公民义务、树立公共权威与接受领导任务的人来说就成了一种很好的身体训练与道德训练。一般地说，一切有助于公民政治教育的东西，也有助于他的德性训练，反之亦然。这两者是相辅相成的。道德"训练"（askēsis）属在城邦中起一定作用并与其他人交往的自由人的"教化"（paideia）的一部分。它没有必要使用不同的方法；体操与耐力考验、音乐与刚劲有力的节奏、打猎与战斗、对在公众面前举止得体的关注、让人通过尊重他人而达到自尊的"尊严"（aidos）教育，所有这些既是培养对城邦有用的人，也是对愿意自我控制的人的道德训练。柏拉图在提到他所推荐的各种人为设计的恐怖考验时，发现了一种从年轻人中确定哪些人最能够成为"对自己与国家都有用的"人的方法。他们将被挑选出来管理城邦："我们把经过儿童时期、青年时期与成人时期的所有连续考验而完好无损（akēratos）的人确定为城邦的领袖与卫士。"^①而且，在《法律篇》中，当那位雅典人想界定他所理解的"教化"（paideia）时，他把它规定为"从儿时起就培养德性"、激发人"渴望成为一个知道如何公正地统治与服从的完美公民"的东西。^②

总之，我们可以说，"训练"论题作为个体把自己塑造为道德主体的必不可少的实践训练，在古典希腊思想中，至少在源自苏格拉底的传统中是重要的，甚至是一再被强调的。然而，这种"苦行"（ascétique）并没有被构成为也没有被理解为包含各种特殊实践的总和，而且这些特殊实践以自己的手段、步骤、秘诀构成了一种特殊的灵魂技艺。一方面，它与德性实践并无二致；它只是把德性实践预演了一遍。另一方面，它使用的训练方式是与培养公民的方式相同的：控制自我与控制他人是同时被培养出来的。不久之后，这种苦行开始有了自己的独立性，或者至少有了一种部分的与相对的自主性。而且，它以两种方式表现出来。一是让人学会治理自我的训练与

---

① 柏拉图：《理想国》，III，413e。
② 柏拉图：《法律篇》，I，643e。

为了治理他人所必需的学习脱离开来；二是训练本身与作为训练目的的德性、适度与节制也脱离开来。这些训练的步骤（考验、审查、自我控制）旨在构成一种比简单地重复他们要达到的道德行为更复杂的特殊方法。于是，自我的技艺就通过构成其背景的"教化"和作为其目标的道德行为而显现出来。但是，对于古典时代的希腊思想来说，让人把自己塑造成道德主体的"苦行"，甚至它的形式，都被纳入一种德性生活的训练之中，而且，这种德性生活也是"自由"人的生活（在"自由"一词完整的、积极的与政治的意义上）。

105

四

自由与真理

1."告诉我，欧第泰姆，你相信自由对个人或国家来说是一106种高贵的和伟大的善吗？——欧第泰姆回答道：要是可能拥有它，那是最好不过的事了。——但是，你认为听从身体快感的支配和无力实践善的人是自由人吗？——欧第泰姆答道：决不是。"①

"sōphrosunē"是人们力图达到的境界，即在快感的实践中控制和把握快感的活动，它的特征就是一种自由。如果它的重要之处就是管理好欲望和快感，如果大家的快感享用构成了一种具有如此代价的道德目标，那么这不是要保存或重新发现一种本原的纯真，这不是一般地为了保存一种纯洁——当然，这要把毕达哥拉斯学派的传统除外。② 这是为了获得自由

---

① 色诺芬：《回忆录》，IV，5，2—3。

② 显然，这不是说纯洁的主题在古典时代的希腊快感道德中是缺乏的。它在毕达哥拉斯学派中占有很大的地位，而且对柏拉图来说，也相当重要。然而，对于物质的欲望和快感来说，道德行为的目标尤其被视为一种控制。纯洁道德的崛起和发展，以及与此相关的自我实践，将是一个大范围里的历史现象。

和能够保持它。如果大家还需要这种自由，那么我们可以发现证据，在希腊思想中，自由不是简单地被视为独立于整个城邦的，相反，公民们只是无个体性和内在性的各个要素。适合恢复和保存的自由，当然是处在集体中公民们的自由。但是，对于每个人来说，这也是个体与自身关系的一种形式。城邦的宪法、法律的特征、教育的形式、领袖的行为方式对于公民们的行为来说都是重要的因素。但是，反过来说，作为有能力自控的个人的自由，也是整个国家不可或缺的。我们不妨听听亚里士多德在《政治学》中说的话："一个城邦之所以是有道德的，是因为参与管理城邦的公民自身是道德的；然而，在我们的国家中，所有的公民都参与了城邦的管理。因此，要考虑的一点是：一个人怎样才是有道德的？因为，即使公民们的整体可能是道德的，而且每个人都不是自行其是的，但是人们喜欢的应该是个人的德性，因为社会整体的德性理应跟随每位公民的德性。"[①] 个人对自身的态度、自由支配自己欲望的方式和主宰自我的形式，都是城邦幸福和秩序良好的构成要素。

然而，这种个人自由不应被理解成一种独立的自由决断。它面对的另一极既不是一种自然决定论，也不是一位万能者的意志，而是一种奴役——自我对自我的奴役。面对各种快感而保持自由，这就是不听它们的使唤，不做它们的奴隶。"性快感"（aphrodisia）所带来的危险远远超过了污点，

---

① 亚里士多德：《政治学》，VII, 14, 1332a。

它带来的是奴役。第欧根尼说仆人们是他们主人的奴隶，而不道德的人则是他们欲望的奴隶（tous de phaulous tais epithumias douleuein）。[1] 为了反对这种奴役，苏格拉底在《家政学》[2]的开场白中告诫克里托布勒（Critobule），以及在《回忆录》的一段赞颂作为自由的节制的对话中告诫欧第泰姆时说："你真的认为实践善就是自由，而自己决定不去行善就是奴隶吗？——他回答道：我真的是这样想的。——那么，对你来说，放纵的人真的是奴隶……——你认为什么才是奴役的罪恶呢？——在我看来，这就是那里有最坏的主人。——那么，奴役的罪恶就是放纵的人的罪恶……——苏格拉底，如果我理解正确的话，那么你是主张屈服于感官快感的人与任何德性都是毫无共同之处的吗？——苏格拉底说道：是的，欧第泰姆，因为放纵的人凭什么就比最愚蠢的傻瓜强呢？"[3]

但是，这种自由超过了一种非奴役的状态，超过了一种让个体独立于一切内在的或外在的束缚的解放。从其整体和肯定的形式来看，它是一种个人在自己施加于其他人的权力中约束自我的权力。因为，一个因自己的地位而处于别人统治之下的人，不要指望从自己身上找到节制的原则；他只要遵从所给

109

---

① 第欧根尼·拉尔修：《哲学家们的生平》，VI，2，66。快感的奴役是一种十分常见的表达方式。色诺芬：《家政学》，I，22；《回忆录》，IV，5。柏拉图：《理想国》，IX，577d。
② 色诺芬：《家政学》，I，1，17及次页。
③ 色诺芬：《家政学》，I，1，17及次页。《回忆录》，IV，5，2—11。

的命令和教导就够了。这正是柏拉图对工匠的看法：工匠的卑微之处在于，他心灵中最好的部分"生来太过虚弱，以致无法控制住自己内心的兽性，他纵容它们，所能学会的只是奉承它们"。那么，怎样才能让这种人受制于一种类似于"管理上等人"的理性原则呢？唯一的解决方法是把他置于这种上等人的统治和权力之下："他应该成为受神支配的人的奴仆。"① 相反，应该去领导别人的人必须是有能力完全彻底地控制自己的人。这是因为，从他的地位和行使的权力来看，他要满足自己的所有欲望并屈从于欲望是很容易的；同时还由于他的放纵行为会对所有人和城邦的集体生活产生影响。为了不至于过度和产生暴力，也为了避免产生（对他人）暴政和（自己的欲望）对灵魂的暴政，政治权力的施行需要管理自我的权力，这是政治权力内在调整的原则。节制作为控制自我的一个方面，它与正义、勇气或审慎一样，是准许一个人控制别人的一种德性。最高贵的人是自身的国王。②

快感道德看重的是道德宣传中的两个重要人物。一边是坏暴君，他不能控制自己的激情，发现自己总是易于滥用权力和粗暴对待（hubrizein）臣民。他给自己的国家带来了麻烦，发现公民们起来反抗他。当独裁者糟蹋公民们的孩子（男孩或女孩）时，他的性放荡通常是人们密谋推翻暴政和获得自

---

① 柏拉图：《理想国》，IX，590c。
② 柏拉图：《理想国》，IX，580c。

由的起因。雅典的皮西斯忒拉蒂德、阿姆勃拉西亚的佩瑞安德和亚里士多德在《政治学》第 5 卷中提到的其他僭主，就是如此。[①] 另一边是快感道德所描绘的正面的领袖形象，他能够在统治其他人时严格地约束自己。他的自我节制缓和了他对其他人的控制。色诺芬的居鲁士就是一个例证。他本来比其他任何人都更可以滥用权力，但是他却在朝廷上表现出对自身情感的控制："在朝廷上，这种行为还让下属们对自己的地位有了正确的看法，即不仅下级要服从上级，而且相互之间要尊重与有礼。"[②] 同样，当伊索克拉底的尼古克勒赞颂自己的节制与对婚姻的忠诚时，这是出于他的政治地位的需要：如果他不能控制自己的欲望，那么他如何能够要求别人听命于自己呢？[③] 亚里士多德根据节制劝告专制君主不要完全放纵自己，而应该考虑到善良的人们珍爱的是自己的荣誉。为此，如果他用肉体的惩罚来侮辱他们，那么这是不恰当的。因此，他一定要防止"各种令年轻人害臊的事发生"。"他与年轻人的亲密关系不是由为所欲为的观念决定的，而是由情感方面的原因决定的。而且一般来说，他要通过不断增加荣誉来补偿一切不顾荣誉的事。"[④]大家可能记得这是苏格拉底与卡利克勒争论的目的：那些统治别人的人对于自己来说，应该是"统治者还是被统治者"

111

---

① 亚里士多德：《政治学》，V，10。
② 色诺芬：《居鲁士的教育》，VIII，1，30—34。
③ 伊索克拉底：《尼古克勒》，37—39。
④ 亚里士多德：《政治学》，V，11，1315a。

（archontas ē archomenous）呢？这种自我控制是通过成为"有节制的人"（sōphrōn）与"自制的人"（enkratēs）（即"控制自我的欲望与快感"）这一事实来界定的。①

后来，最常用来说明性道德的范式却是有关女人或少女的范式。面对有权支配自己的男人的各种侵犯，她们要自卫。于是，保护纯洁与童贞、忠于承诺与誓言成了对德性的考验。当然，这种形象在古代并不是不为人所知的，但是，对于希腊思想来说，那些在自己对别人的权力可以让他随意享用快感时却能够控制自己的欲望的男人、领袖与主人，更能代表一种节制德性的典范。

2. 通过这种作为主动自由的控制概念，节制的"男性"特征得到了证实。这就像在家庭中发号施令的是男人一样；这也像在城邦中行使权力的是男人，而不是奴隶、儿童与女人一样；同样，每个男人都应该强调自己的男子气概。自我控制是一种使自己成为男人的方式，即控制必须被控制的东西，约束不能自我引导的人，把理性原则强加给缺乏理智的人。总之，相对于生性被动而且必须一直如此的人来说，这是一种成为主动的方式。在这种为男人制定的男人道德中，把自我塑造成道德主体，就是确定一种自我对自我的男性结构。只有使自己成为男人，人才能控制与主宰在性实践中对其他人施行的男性活动。这是在与自我的竞赛与控制欲望的斗争中一定要达到的目

① 柏拉图：《高尔吉亚篇》，491d。

的，其中，与自我的关系将与人们以自由人的名义确定的对下属们的统治、等级制与权威的关系是同一类型的；而且，正是在这种"伦理的男子气概"的条件下，人们可以根据一种"社会的男子气概"的典范来给"性的男子气概"的实践提供恰当的尺度。男性在快感的享用中，必须自己具有男子气概，就像在自己的社会角色中是男性一样。节制完全是一种男人的德性。

显然，这并不意味着女人是不需要节制的，她们是没有能力"自我控制"的，或者，她们忽视了"节制"（sōphrosunē）的德性。但是，这种德性在她们身上总是以某种方式与男子气概相关。它是与体制相关的，因为强迫她们节制的是她们依赖于自己家庭与丈夫的地位，以及她们让姓氏得以延续、财产得以继承与城邦得以生存的生育功能。但是，它还与结构相关，因为一个女人要想成为一个有节制的人，她必须建立一种对自己的优势和支配关系，这种关系从定义上来说是阳刚的。有意思的是，在色诺芬的《家政学》中，苏格拉底在听完伊斯索马克夸耀他所培养的妻子的种种优点之后，指出（前面已经提到过严肃婚姻的女神）："凭赫拉起誓，你这是在说你妻子有一种男子气概的灵魂（andrikē dianoia）。"对此，为了介绍他如何教导妻子举止大方，毫无媚态，他又做了补充回答。这一回答说明了妻子身上这一合乎道德的男性气概的两个基本要素——个性灵魂的力量与对男人的依赖："我还想向你说一下她的灵魂的其他一些特征（megalophrōn），并且让你明白她对我是多么言听计从。"①

114　　大家知道，亚里士多德明确反对苏格拉底有关德性本质上是统一的论点，以及德性在男人与女人那里是相同的论点。然而，他并没有描述过严格来说属于女性的女性德性；他承认的女性德性还是根据一种在男人那里具有完满形式的基本德性来界定的。而且他发现，原因在于男人与女人之间的关系是"政治的"：即统治与被统治的关系。为了安排好这种关系，必须让双方分有各种相同的德性，但是都以各自的方式进行。因此，统治者——男人——"拥有整个伦理德性"，而对于被统治者（和对女人）来说，只要有"适合每个人的整个德性"就足够了。男人的节制与勇气是完满的"统治"德性；至于女人的节制或勇气，它们是"服从"的德性，也就是说，它们在男人身上的表现既是完美的典范，又是实践它们的原则。②

　　如果说节制属于男性气概的基本结构，那么这就会产生另一种后果，它与前一个后果既对称又相反：这就是说，放纵从属于一种与娘娘腔类似的被动性。其实，放纵就是不抵制快感力量，表现出软弱与顺从；也就是无法表现出比自己更强大的男子气概来。在此意义上，具有各种快感与欲望的男人、不自控（akrasia）的男人或无节制（akolasia）的男人就是所谓的娘娘腔男人，但是这对于他自己要比对其他人更重要。根据

115

---

① 色诺芬:《家政学》，X，1。
② 亚里士多德:《政治学》，I，13，1260a。

我们的性经验，男性与女性是根本不同的，人们认为男人的娘娘腔就是确实地或潜在地违反了自己的性角色。对于一个因爱恋女人而导致放纵的男人，没有人会说他是女性化的，除非对他的欲望进行一番破译工作，从中揭示出隐藏在他与女人的不稳定的和多样的关系之中的"潜在的同性恋"。与此相反，对于希腊人来说，主动性与被动性之间的区分才是基本的，它强调性行为的领域就是道德态度的领域。因此，我们明白了为什么一个男人可以喜欢男性之爱而没有人会怀疑他是女性化的，只要他在性关系中是主动的，而且在对自我的道德控制中也是主动的。相反，如果一个男人没有完全控制自己的欲望，那么无论他选择的对象是什么，他都被认为是"女性化的"。在一个有男子气概的男人与一个女性化的男人之间的界限并不对应于我们有关异性恋与同性恋之间的区分，也不可以归结为主动的同性恋与被动的同性恋之间的区分。它指的是对待快感的态度的不同；而且，这种女性化的种种传统标志——懒惰、麻木、拒不参加稍微有点剧烈的体育活动、喜爱香气与打扮、软弱无力……（malakia）——并不必然影响到 19 世纪的"性倒错者"，而是影响到了听任引诱自己的快感摆布的人。当看到一位过分打扮的男童，第欧根尼就发怒了；但是他认为，这种女性化的样子暴露了他对女人和男人同样感兴趣。[1] 在希腊人看来，在伦理上尤其要否定的显然不是对男女两性的爱情，

116

---

[1]　第欧根尼·拉尔修：《哲学家们的生平》，VI, 2, 54。

也不是对自己的性别的喜爱胜过对另一个性别的爱恋，而是对于快感的被动性。

3. 这种规定有节制的男人的生活方式的自由—权力是与真理相关的，非此，则无法想象。控制自己的各种快感并让它们服从"逻各斯"，这只是形成了唯一相同的东西：亚里士多德说，有节制的人只想要"健全理性（orthos logos）所规定的东西"。① 众所周知，从苏格拉底的传统开始，围绕着认识在一般德性与特殊的节制中的作用展开了长期的争论。在《回忆录》中，色诺芬提到过苏格拉底有关人无法区分科学与节制的论点：对于那些提出存在知道应该做什么但是又反其道而行之的可能性的人，苏格拉底的回答是，无节制的人同时就是无知者，因为无论如何，人们总是"在所有行为中选择他们认为是最有利的行为"。② 亚里士多德曾经用很多篇幅来讨论这些原则，不过，他的批评并没有终结以他为中心的、一直延续到斯多葛主义的争论。但是，无论人们是否承认明知故犯的可能性，也不管那些无视所认识到的原则而自行其是的人有着怎样的认识方式，有一点是无可争议的：即如果没有至少是节制的基本条件之一的某种认识方式，那么人们就无法实行节制。如果不同时把自己塑造成认识的主体，那么人们也无法在快感的享用中把自己塑造成道德主体。

---

① 亚里士多德：《尼各马可伦理学》，III, 12, 1119b。
② 色诺芬：《回忆录》，III, 9, 4。

　　　　　　　　　　　性经验史第二卷：快感的享用

公元 4 世纪的希腊哲学认为快感实践中与逻各斯的关系具有三种主要形式。一是结构形式：节制意味着"逻各斯"在人的一生中是说一不二的，它可以让各种欲望听命于自己，而且能够控制行为。在无节制的人那里，欲望力量篡夺了首要的地位，实行暴政，而在"有节制的"（sōphrōn）人那里，却是理性按照人类生存的基本结构来发号施令的："苏格拉底问道，让理性发号施令难道不是因为它是明智的而且负有监督整个灵魂的责任吗？"由此，他认为在"有节制的人"那里，灵魂中的各个不同部分是友善的与和谐的，发号施令的部分与服从命令的部分一致认为要让理性来发号施令，对它的权威毫无异议。① 尽管柏拉图对于灵魂的三部分划分与亚里士多德在《尼各马可伦理学》时期的思想有着种种不同之处，但是在《尼各马可伦理学》中，亚里士多德却是根据理性对欲望的优势地位来规定"节制"（sōphrosunē）的："快感欲望是贪得无厌的，而且不遗余力地激发缺乏理性的人的快感。"因此，"如果一个人不顺从权威的话"，那么欲望就会过度地增长。而且，这种权威就是"逻各斯"的权威，"欲望能力"（to epithumētikon）必须服从它。②

但是，"逻各斯"在节制中的运用还有一种工具的形式。其实，既然对快感的控制确保了一种知道适应不同的需要、时

---

① 柏拉图：《理想国》，IV，431e—432b。
② 亚里士多德：《尼各马可伦理学》，III，12，1119b。

机、环境的用法，那么一种实践理性是必不可少的，用亚里士多德的话来说，它可以确定"人应该在恰当的时间、以恰当的方式做什么"。① 柏拉图则强调，对于个人与城邦来说，重要的是不要"在不恰当的地方（ektos tōn kairōn）和毫无所知（anepistēmonōs）的情况下"享用快感。② 色诺芬的看法与此十分接近，他指出节制的人还是懂得辩证法的人（能够发号施令与进行讨论，可以成为最优秀的人），因为正如苏格拉底在《回忆录》中所解释的，"唯有有节制的人才能够在各种事物中发现什么是最好的，并且在实践上与理论上把它们分门别类，挑选好的、摒弃坏的"。③

最后，在柏拉图那里，"逻各斯"在节制中的运用是以第三种形式表现出来的：即自我对自身的本体论认识。这是一种苏格拉底式的论点，即为了实践德性与控制欲望，必须认识自我。但是，关于这种自我认识应该采取什么形式，像《斐德罗篇》（它叙述了灵魂的旅程与爱情的诞生）这样的长篇大论有着明确的说明，毫无疑问，在古代文学中，这是对后来成为"精神斗争"的东西的第一次描述。在此，我们发现了灵魂与自身斗争和反对自身欲望冲动的全部剧情，它与《会饮篇》中阿尔西比亚德所说的苏格拉底表现出的镇定自若、忍耐或节制的优点相去甚远。这些不同的要素注定在精神史上有一段漫长

---

① 亚里士多德：《尼各马可伦理学》，III, 12, 1119b。
② 柏拉图：《法律篇》，I, 636d—e。
③ 色诺芬：《回忆录》，IV, 5, 11。

的经历：占据灵魂的错乱让灵魂连它的名字都不知道；担忧则让灵魂保持警觉；神秘的激情、痛苦、不断变化与混杂着的快感，支配人的快感运动，敌对力量之间的斗争，堕落、创伤、痛苦、补偿与最终的慰藉。然而，这一叙述展现了既是人的又是神的灵魂的真正本性，而且从头到尾与真理的关系起着一种根本的作用。其实，灵魂因为思考过"天外的真实存在"，并且看到了它在世俗美中的反映，所以突然感到爱情的狂热，好像灵魂出壳，无法控制自己。但是，这也是因为灵魂的记忆把自己引向"真实的美"，因为灵魂"再次目睹了伴有智慧并且立足在它的神圣基础之上的真实的美"，所以灵魂克制自己，开始控制肉体的欲望，努力摆脱一切可能连累自己和妨碍自己重新发现它曾见到的真理。[1] 灵魂与真理的关系既在它的运动、力量与强度中确定性爱，同时又帮助它摆脱一切肉体的享乐，让它成为真正的爱情。

由此可见：如果是以人类生存的等级制结构的形式出现，如果是以审慎实践的形式出现，或者是以灵魂对自身存在的认识的形式出现，那么与真理的关系就成了节制的一个基本要素。它对于有分寸地享用快感是必不可少的，对于控制快感冲动也是必不可少的，但是，必须看到，这种与真理的关系从不采取通过自我解释自我的方式和欲望解释学的方式。它是有节制的主体的存在方式的构成成分，它并不等同于让主体说出自

---

① 柏拉图：《斐德罗篇》，254b。

身真相的义务，它从没有把灵魂展现为一种可能认识的领域，其中欲望的各种难以察觉的蛛丝马迹必须被解读出来。与真理的关系是把个体确定为有节制的和过一种节制生活的主体的一种结构的、工具的与本体论的条件，但是它并不是让个体根据自己的独特性承认自己是欲望主体和让他能够自我净化已经暴露出来的欲望的一种认识论条件。

4.然而，如果这种与真理的关系（它是有节制的主体的构成要素）没有导致一种欲望解释学，像它在基督教精神中的情况一样，那么它反而开启了一种生存美学。而且，我们必须把它理解成一种生活方式，其道德价值并不取决于它与行为方式的一致，也不取决于一种净化工作，而是取决于在快感的享用中、在快感的配置中、在人们所遵守的各种限定中、在人们所尊重的等级制中某种形式或某些一般的形式原则。通过"逻各斯"、通过理性与支配理性的对真理的关系，这种生活被纳入对一种本体论秩序的维护或再生产之中；另一方面，它沐浴在某种美的光辉中，目睹这种光辉的人能够思考它或把它保存在记忆之中。这种有节制的生活，其标准是以真理为基础的，既尊重某种本体论的结构，又显现出美的形象。色诺芬、柏拉图与亚里士多德都经常论述过它。比如，在《高尔吉亚篇》中，苏格拉底是这样来描述这种有节制的生活的，他面对沉默的卡利克勒自问自答："每个事物（如家具、身体、灵魂、动物）自身的性质，不是杂乱无章地出现在它的身上：它的性质源于适合它的本性的某种秩序、公正、艺术

(taxis, orthotēs, technē)。真的是这样吗？我的回答是肯定的。——那么，每个事物的德性就在于一种源于秩序的、恰到好处的布局与安排吗？我同意这个说法。——因此，每个事物本性所具有的某种秩序美（kosmos tis）就使得这个事物成为好的东西吗？我认为是这样。——同样，一个具有适合自身的秩序的灵魂是不是比没有这种秩序的灵魂更好呢？必然如此。——然而，一个有秩序的灵魂难道就是一个秩序井然的灵魂吗？毫无疑问，确实如此。——而且，一个秩序井然的灵魂难道就是有节制的和明智的吗？必然如此。——那么，一个有节制的灵魂就是好的……对于我来说，这就是我要肯定的并确信无疑的东西。如果真是这样，那么我们每个人要想幸福，就必须要追求节制和实行节制（diōkteon kai askēteon）。"①

为了回应这篇把节制与灵魂的美（灵魂的有序是符合它自身本性的）联系起来的文献，《理想国》反过来指出灵魂与身体的光辉和快感的过度与冲动的不相容达到了何种程度："如果一个人同时把自己灵魂中一种美的特性（kala ēthē）和自己外表中符合这一特性并与之协调的各种特征统一起来，因为它们都有着相同的模式，那么对于能够目睹到它的人来说，这难道不是最美的景象吗？——当然是。——然而，最美丽的景象难道不也是最可爱的景象（erasmiōtaton）吗？——毫无疑问……但是，请告诉我，滥用快感是否符合节制呢？——这

————
① 柏拉图：《高尔吉亚篇》，506d—507d。

怎么可能呢？因为它对灵魂的折磨一点也不比痛苦少。——那么，它符合一般的德性吗？——不。——它与冲动、无节制（hubris, akolasia）一致吗？——没有比它们更一致的了。但是，你能指出一个比性爱快感更大、更活泼的快感吗？——不能，没有比它更猛烈的了。——相反，理性支配下的性爱难道是一种明智的、受秩序与美调节的性爱吗？——当然是。——因此，不要让疯狂和无节制的东西靠近有理性的性爱。"①

我们还可能记得色诺芬对居鲁士宫廷的理想化描述，它通过描述每个人对自我的完美控制，展现了一幅美丽的景象。君主公开表现出自制与克制，所有的人则以此为表率，根据自己地位的高低，行为有度，尊重自我与他人，小心控制灵魂与身体，举止大方，以致不会有任何不由自主的、强烈的欲望冲动来干扰人们精神中的美的秩序："我们决不会听到有人因愤怒而吼叫，因喜悦而大笑，相反，一旦看到他们，我们会说他是以美为榜样的。"② 个体最终在一种经过恰当控制的塑造行为中把自己塑造成道德主体，这一点有目共睹，也值得人们长久地保存在记忆之中。

*

这只是对一些一般特征的初步勾勒，这些特征体现了

---

① 柏拉图：《理想国》，III，402d—403b。
② 色诺芬：《居鲁士的教育》，VIII，1，33。

性实践在古希腊思想中被反思的方式和被构成为一个道德领域的方式。这一领域——"伦理实体"——的各种要素是由"aphrodisia"形成的，即由自然所属意的并且通过自然而与一种强烈的快感结合起来的各种行为形成的，而且，自然向它们施加了一种总是易于过激和反叛的力量。人们无法规范这种活动所依据的原则和"约束方式"并不是由一种普遍的立法来定义的，规定什么行动是许可的和禁止的，而是通过一种手段、一种根据不同的变量（需求、时刻、地位）来规范快感享用的各种方式。个人对自己应该施加的影响是必要的禁欲，它具有战斗的形式，目的在于通过胜利而依据一种家庭的或政治的权力模式来建立一种自我对自身的控制。最后，人们通过这种自我控制而达到的存在方式，其特征就是一种积极的自由，它与一种结构的、工具的和本体论的真理关系密不可分。

现在我们将看到，这种道德反思已经形成了关于身体婚姻、男童之爱的节制主题，这与后世的戒律和禁令不无相似之处。但是在这种连续性的表面之下，我们必须牢记，道德主体不会是被同样的方式所塑造的。在基督教的性行为道德中，伦理实体不是被"aphrodisia"定义的，而是由隐匿在内心奥秘之中的欲望领域和一整套在形式和条件上被精心规定的行为来定义的。约束不再以才能（savoir-faire）的形式，而是对律令的承认和对牧师权威的顺从。因此，自我对自我的最佳控制不再是通过一种规定道德主体的男性形式的活动，而是摒弃自我，其纯洁的典范就是追求贞洁。由此出发，我们可以理解在基督教的道德中，以下两种既相互对立又互为补充的实践的重要性：一种是日益精确的性活动的规范化，另一种是有关欲望和分析自我的程序的解释学。

大致说来，古代对快感的道德反思不是旨在把行为规范化，也不是形成一种主体的解释学，而是达到一种态度的风格化和一种生存美学。风格化的原因在于，性活动的稀有性表现为一种开放的要求；我们不难看出，提供快感方式的建议的医生们、要求丈夫们尊重自己配偶的道德家们、那些建议良好行为在于保持男童之爱的人，他们都没有非常确切地说过在性活动或实践的范围之中什么是应该做的或不应该做的。无疑，这并不是因为作者们的羞耻或保守，而是因为问题并不在此，相反，性节制是一种带有自我控制形式的自由的应用。自我控制表现为主体在自己的男性活动中自制的方式，以及他在与其他人的关系中与自己发生关系的方式。是这种态度而不是人们实行的活动或人们隐匿的欲望，引起了各种价值判断。道德价值也是一种审美价值和真理价值，因为这同时是达到满足真实的需要，尊重人的真实的等级制，以及决不忘记人们确实可以采取维护自己名誉的值得回味的行为。

现在，我们有必要考察某些具有一种超越希腊文化的历史命运的性节制的重要主题，它是如何在公元前 4 世纪的思想中形成和发展的。我将不从一般的快感理论或德性理论出发，而诉诸一些男人们借以形成自己行为的著名的生存实践：养生法的实践、家庭治理的实践、恋爱行为中的求爱实践。我力图指出这三种实践是怎样在医学和哲学中被反思的，以及这些反思怎样提出了"风格化"性行为（而不是精确地规范它）的不同方式：在《养生法》一章中，风格化是指个体与自己身体发生日常关系的技艺，在《家政学》一章中，风格化是指作为一家之长的男人的行为技艺，在《性爱论》一章中，风格化是指男人与男童在恋爱关系中互动的技艺。①

---

① 亨利·诺里的著作《柏拉图的革命》举出了材料例证，我们可以借此分析希腊思想中实践领域与哲学反思之间的关系。

第二章

养生法

希腊人对性行为的道德反思没有去证明各种禁忌的正当性，而是让自由风格化：即"自由的"人在自己的活动中所进行的道德反思。因此，这一矛盾首先是希腊人实践、接受和高度评价男人与男童之间的关系，而他们的哲学家们却对此构想着一种禁欲的道德。希腊人完全赞同一个已婚的男人可以寻找婚外的性快感，然而，他们的道德家们却提出了婚姻生活的准则，其中丈夫只能与他的配偶发生关系。他们从没有想过性快感本身就是一种罪恶，或者性快感会带有自然污点的错误的一部分。然而，他们的医生们却对性活动与健康的关系感到不安，他们对性活动所带来的危险进行了深入的反思。

让我们从这最后一点入手。我们必须立即指出他们的反思本质上不是针对性活动的不同病理学后果的分析。它不是去把这一行为当作一个领域，从中我们能够区分出正常的行为和不正常的、病态的行为。毫无疑问，这些主题并没有完全消失。

但是，这没有构成探询性快感、健康、生命和死亡相互关系的一般主题。这一反思主要关心的是根据一种关心他的身体的方式来规定快感的享用——它的可行的条件、有用的实践和必要的稀有性。这种关心不仅是"医疗性的"，而且更是"养生性的"：其目的就是调整一种对于健康有着重要性的活动。对性行为的医疗质疑与其说是出于要消除其病态形式的关心，不如说是出于尽可能好地把它整合到对健康和肉体生命的管理之中的意志。

一

一般养生法

　　为了说明希腊人赋予养生法的重要性、赋予"饮食法"的一般意义和把养生实践与医学联系起来的方式，我们可以参考两种有关它们起源的说法。一种在希波克拉底的文集中，另一种则在柏拉图的著作中。

　　《古代医学》的作者并不认为养生法是一种与医疗技艺相近的实践（作为它的一种应用或延伸），相反，他主张医学是作为对养生法的首要的和基本的关注而产生的。[①] 他认为，人类就是通过一种饮食革新而脱离了动物生活。其实，人们最初的进食方式是与动物相似的，吃的都是肉、生的与未经加工的植物。这种相似的饮食方式可以使最强壮的人增添抵抗力，但是对于体质最弱的人来说却是严峻的。简言之，人们要么夭折，要么老死。于是，人们开始探寻一种很好地适合"他们本

---

① 希波克拉底：《古代医学》，III。

性"的养生法，这种养生法至今还规定着人们的生活方式。但
是，多亏了这种较为柔和的饮食法，一些疾病就不会是直接致
命的。因此，人们就会发现，身体健康的人的饮食不可能适用
于病人，病人必须吃其他食物。这样，医学就是作为病人们特
有的"饮食法"而出现的，它一开始就是对适用于病人的专门
养生法的探究。根据这一起源说，最初出现的是养生法，它产
生了作为它的特殊应用之一的医学。

出于政治上的和道德上的原因，柏拉图对养生实践相当
轻视，或者至少对他所担忧的各种过分的养生行为非常轻视。
他认为，对养生法的关注源于医学实践中的一次变化：① 最
初，阿斯克勒庇俄斯神教人怎样用烈性药物和有效的手术治
愈各种疾病和创伤。据柏拉图说，荷马在讲述在特洛伊城墙
下治疗墨涅拉斯和欧律匹勒时，提供了有关这类简单的医疗
实践的证据：吸去伤兵们身上流出的血，给伤口敷上一些软
化剂，让他们喝下撒有面粉和碎干酪的酒。② 后来，在远离
了古代野蛮的和健康的生活之后，人们开始"步步"紧跟各
种疾病，用一种冗长的养生法来养护病人，因为他们成了各
种顽疾的牺牲品，无法正常生活。发生这一变化之后，养生
法作为放纵时代的一种医术出现了。这对付的是各种误入歧
途并想延年益寿的人。但是，我们看得明白：对于柏拉图来

---

① 柏拉图：《理想国》，III，405e—408d。
② 事实上，柏拉图的描写与《伊利亚特》(XI，624 和 833) 一书中的描写
　　不完全一样。

说，如果说养生法不是一种原始的技术，那么这不是因为养生法（diaitē）不重要，而是因为在阿斯克勒庇俄斯或他首批后继者的时代里，人们没有注意到养生法，这也就是说人们实际上遵循的"养生法"以及他们饮食和锻炼的方式都是顺乎自然的。① 由此看来，养生法就是医学的一种变化形式；但是，只有在作为生活方式的养生法脱离了自然之后，养生法才成了治疗技术的延伸。而且，如果它一直是医学必要的辅助手段，那么这是因为不改正致病的生活方式，人是无法治疗病人的。②

总之，无论是把养生知识当作一种原始的技艺，还是视为一种派生物，养生法显然是人们用来认识人类行为的一个基本范畴。它规定了人们的生活方式，而且使得人们可以为行为确定一整套的准则：一种根据必须保留和应当遵从的自然本性对行为的质疑方式。养生法就是一种生活艺术。

1. 一种构思得当的养生法应该包括的范围有一个目录，随着时间的流逝，它具有了一种几近宗教规范的价值。我们在《流行病学》第六卷中找到了这一目录；它包括"锻炼（ponoi）、食物（sitia）、饮料（pota）、睡眠（hupnoi）、性关系（aphrodisia）"——这一切都必须是"有分寸的"。③

134

---

① 柏拉图；《理想国》，III，407c。
② 关于养生法对治疗疾病的必要性，还可参见柏拉图的《蒂迈欧篇》，89d。
③ 希波克拉底：《流行病学》，VI，6，1。关于古代对这本书的不同解释，参见希波克拉底的《著作集》（科特雷译），第 4 卷，pp.323—324。

　　　　　　　　　　　　　　性经验史第二卷：快感的享用

养生法思想拓展了这一目录。人们把锻炼分成自然的锻炼（步行、散步）与剧烈的锻炼（赛跑、摔跤），而且根据一天的时辰、一年的季节、锻炼者的年龄和他吃的食物来确定他适宜于进行哪些锻炼，强度如何。人们还把锻炼与沐浴联系起来，是洗热水浴还是洗冷水浴，这也取决于季节、年龄、进行的活动和吃过的或将要吃的饭菜。食物养生法——食物与饮料——必须考虑到摄取物的质与量、身体的一般状况、气候与所从事的活动。排泄——通便与呕吐——是为饮食行为及其过度纠偏的。睡眠也有养生法可以调节的各种不同方面：睡眠的时间、所选择的时刻、床的质量、硬度与热度。因此，养生法必须考虑到一个人（或者至少是一个自由人）的肉体生活的许多要素；而且每天都如此，从早起到就寝。一旦细究养生法，它看上去真像一个时间表：因此，迪奥克勒提出的养生法紧随每天的时间变化，从一觉醒来直到晚餐和就寝，首先经过第一轮锻炼、沐浴、按摩身体与头部、散步、个人活动、体育锻炼、午餐、午睡，然后是新一轮的散步、体育锻炼、抹油、按摩和晚餐。对于人的一生及其每次活动，养生法质疑的是与肉体的关系，而且详细说明一种生活方式，这种生活方式的形式、选择和变化都取决于对肉体的关心，但是，肉体不是养生法唯一关心的对象。

2. 在需要养生法的不同领域里，养生法必须确定一种尺度。在柏拉图的对话《情敌》中，有一个对话者说过，"连猪都知道这一点，对于与肉体相关的东西来说"，有用的东西都

135

是"有着恰当尺度的东西"，^①而不是数量上大或小的东西。然而，这种尺度不仅要从肉体方面，而且要从道德方面来理解。在养生法的发展过程中起过重要作用的毕达哥拉斯学派的人，非常强调对肉体的照顾和对保持灵魂的纯洁与和谐的关心之间的关系。如果他们真的要求用医学来净化肉体和用音乐来净化灵魂，那么他们还认为歌声和乐器会对机体的平衡产生各种有益的影响。^②他们规定的许多食物禁忌都有各种文化意义和宗教意义。而且，他们对在饮食、锻炼和性活动方面的一切恶习的批评，既有道德戒律的价值，又有有效的健康忠告的价值。^③

甚至在严格意义上的毕达哥拉斯学派之外，养生法也是从这两个方面被界定的：即身体健康方面和照顾灵魂方面。而且，这不仅是因为它们相互吸引，而且还因为人们遵循一种有理有节的养生法的决心和对它的应用，都体现了一种不可或缺的道德坚定性。色诺芬笔下的苏格拉底在建议年轻人通过体操

---

① 柏拉图的伪篇：《情敌》，134a—d。

② 参见 R. 诺里：《对希波克拉底〈养生法〉的注释》，载希波克拉底的《养生法》（法国大学丛书），p.XI。

③ "他针对身体的疾病，制定了一些康复的曲调。他的歌声使得病人们恢复了健康。其他则使得病人忘掉了病痛，平息了怒火，驱除了迷乱的欲望。现在他的饮食法如下：中饭吃蜂蜜，晚饭吃饼干和蔬菜，偶尔也吃肉……因此，他的身体一直保持同样的状态，就像是一条直线一样，不会时而健康，时而生病；也不会时而发胖，时而消瘦；而且，他的灵魂总是通过他的目光表现出同样的特征。"（参见波菲利的《毕达哥拉斯的生平》，34）毕达哥拉斯好像还对运动员的养生法提出一些建议。（同上，15）

活动来锻炼身体时，很好地说明了这两方面的关系。他从中发现体育锻炼保证人们能够在战争中更好地保护自己，像士兵一样避免被人指为懦夫，从而更好地报效祖国，赢得很高的奖赏（从而给自己的后代留下财产和地位）；他希望这种体育锻炼可以防止各种疾病和身体缺陷。但是，他同样强调这种体育锻炼的各种好效果；他说过人们别想在思想中做到这一点，因为不健康的身体会引起遗忘、气馁、心情不好和发疯的后果，甚至会导致所获得的知识最终从灵魂中被驱除出去。①

但是，肉体养生法的严格性和人们遵循它所需要的决心还要求一种必不可少的道德坚定性，而且让人们可以实行它。在柏拉图看来，这正是人们试图获得力量、美和身体健康的实践活动的真正正当的理由：在《理想国》第 4 卷中，苏格拉底说一个明智的人不仅"不会让自己沉溺于没有理性的兽性快感之中"，不仅不会"关注这个方面"，而且还进一步想到："如果他不是要借此成为有节制的人，那么他不会关心自己的健康，也不会把强壮、健康和美看得很重要。"肉体养生法应该符合一般生存美学的原则，其中，身体的平衡是恰当的灵魂等级制的条件之一，"他将为维护灵魂的和谐而建立身体的和谐"，这将使他可以像真正的音乐家（mousikos）一样行事。② 因此，肉体养生法不应该为了自己而费太多的功夫。

①　色诺芬：《回忆录》，III，12。
②　柏拉图：《理想国》，IX，591c—d。

希腊人认识到在"养生"实践中可能存在着一种危险。因为如果养生法的目标是避免过度，那么希腊人可能夸大了赋予它的重要性和自主性。这种危险一般表现为两种形式。一种是所谓的"运动的"过度，它是由于反复的锻炼造成的，它过分锻炼了身体，最后让灵魂在一个过于有力的肌体中昏睡不醒。柏拉图多次指责这种让运动员筋疲力尽的锻炼方式，表示不希望城邦中的年轻人这样做。① 但是，还有一种所谓的"掏空身体"的过度：这就是每时每刻都对自己的身体、健康和小毛病保持警惕。柏拉图认为，关于这种过度，被人们认为是养生法的奠基人之一的希罗迪柯斯提供了最好的例子。他十分注意不违反自己制定的养生法，哪怕是最细小的规则；他就这样"过了"好多年濒临死亡的生活。柏拉图对这种态度有两种指责。它是对城邦没有用处的闲人的做法；我们可以顺便把他们与那些认真的工匠做一番比较，后者即使得了头痛病，也不会把自己的头包扎一下，因为他们不会为了一点点健康而浪费时间。但是，它还是那些为了不浪费时间而试图尽其所能推迟自然安排好的生命年限的人的做法。养生法的实践自身就带有——不仅在道德上，而且还在政治上——过分关心身体（perittē epimeleia tou sōmatos）的危险。② 阿斯克勒庇俄斯不仅

---

① 柏拉图：《理想国》，III，404a。亚里士多德也批评了运动养生法和一些训练过度，参见他的《政治学》，VIII，16，1335b；VIII，4，1338b—1339a。

② 柏拉图：《理想国》，III，406a—407b。

138

时时关心药剂和手术，而且还是一个政治智者：他知道在一个管理良好的国家里，没有人会有闲暇让自己的生命在生病和治疗中度过。[①]

3. 对各种过度养生法的怀疑表明，饮食的目的不是尽可能地延长生命，也不是尽可能地提高各种生命机能，而是让生命在它命定的年限中成为有用和幸福的东西。养生法不应该一次性地为自己规定生存的一切条件。如果一种养生法只允许人生活在一个地方和吃一种食物，不让人能够冒险去做什么改变，那么它就不是好的养生法。确切地说，养生法的用处就在于让个人有可能面对各种不同的处境。因此，柏拉图把运动员的养生法和他希望士兵们所接受的养生法对立起来，前者十分严格，一旦放弃了它，运动员们就会"重病袭身"。后者则要士兵们像狗一样一直保持警惕；一旦参战，他们应该能够"经常变换水和食物""时而经受太阳的曝晒，时而经受冬天寒冷的考验"，一直保持着一种"永恒的健康"。[②] 当然，柏拉图的士兵们有着特殊的职责。但是，那些较一般的养生法也遵循与此相同的原则。希波克拉底文集中的《养生法》一书的作者竭力强调，他不是向几个享有特权的闲人而是向最大多数的人提供建议，也就是给"那些工作的人、出门旅行、航行、经受日

---

① 柏拉图：《理想国》，407c—e。在《蒂迈欧篇》中，柏拉图强调任何生物的寿命都是由命运决定的（89b—c）。

② 柏拉图：《理想国》，III，404a—b。

晒与严寒的人"提供建议。[①] 人们有时认为这段话表示了一种对各种积极的和职业的生活方式的特殊兴趣。而我们尤其应该从中看出道德和医学对帮助个人适应多种多样的环境的共同关心。人们不能而且也不应该要求养生法改变命运或自然。人们只能希望它让人能够不盲目地对各种无法预见的事件作出反应。养生法应该让人能够以理智的和有效的方式对各种境况作出反应，在此意义上，它是一种战略艺术。

因为养生法要求对身体及其活动保持警惕，所以从个人方面来看，它需要两种特殊的关注方式。它要求的是所谓的"连续的"关注，一种对连续活动的关注：身体的活动本身无所谓好或坏，它们的价值部分是由先于它们的活动和紧随它们的活动决定的，而且，同样一件东西（某种食物，一种运动方式，热水浴或冷水浴）根据人们是否或者是否应该进行这种或那种活动（各种前后相继的实践活动应该在效果上相互补充，但是，它们之间的对比不要太强烈）而被推荐或劝阻。养生法的实践还包含一种对"环境"的警惕，即一种应该对外部世界及其各种要素和感觉保持非常敏锐的和非常广泛的关注：这里面当然有气候，还有季节、时辰、潮湿与干燥的程度、炎热与凉爽的程度、风、当地的特点和城市的布局。希波克拉底的养生法提出的那些比较详细的说明应该有助于熟悉它们的人根据所

① 希波克拉底：《养生法》，III，69，1。参见 R. 诺里：《对希波克拉底〈养生法〉的注释》，载希波克拉底的《养生法》（法国大学丛书），p.71。

　　　　　　　　　　　性经验史第二卷：快感的享用

有这些变量调整自己的生活方式。养生法不应该被看成是包括各种普遍的和统一的规则的大全；它只是一种人们如何对自己所处的环境作出反应的手册和一篇根据不同环境来调整自己行为的论文。

4.最后，养生法不满足于向个人传达医生的各种建议，使人被动地应用它们，在此意义上，它是一种生存技术。在此，我们不要介入到医学与体操为了各自规定养生法的能力而相互争论的历史中，而应该记住不要把养生法理解成对其他人的知识的完全服从。从个人方面来看，养生法应该是一种有关自我和他的身体的审慎实践。当然，要想按照恰当的养生法去做，听取专家们的意见是必要的；但是，这种关系应该采取说服的方式。身体养生法要想成为合理的，并且恰当地根据环境和时机来调整自己，还必须与思想、反思和审慎打交道。如果说药剂或手术作用的是人的身体，而且身体要忍受，那么养生法针对的是灵魂，而且反复向它灌输各种原则。因此，柏拉图在《法律篇》①中区分了两种医生：一种是适合给奴隶们看病的医生（他们本身通常也是奴隶），他们只限于开处方，不做任何说明；另一种是自由民出身的医生，他们只给自由民看病；他们不满足于开处方，他们还与病人交谈，从病人及其朋友那里了解情况；他们开导、鼓励病人，用各种方法来说服他，一旦他被说服了，就能够让他过上正常的生活。除了各种

————

① 柏拉图：《法律篇》，IV，702b—e。

治疗的手段外，自由民还应该从高明的医生那里接受对他的整个生活的一种合理安排。① 在《回忆录》中，有一小段话很好地说明了养生法是一种有关自我的具体而积极的实践。我们从中发现，苏格拉底竭力让他的弟子们在他们的地位上"能够自我满足"。为此目的，他吩咐他们（要么向他本人，要么向另一位老师）学习一个善良的人应该掌握的对他有用的知识，而且仅限于此：学习在几何学、天文学和算术方面的必要知识。但是，他还要他们"关心自己的健康"。而且，这"关心"应该切实地依靠所学到的知识，还应该变成一种对自我的精心照顾：不仅观察自我，而且重要的是，还要写下来和做记录。"人人要观察自己，而且记录什么食物、饮料、锻炼适合他，以及他应该怎样用它们来保持最健康的状态。"要想成为一种生存的艺术，对身体的有效管理应该让主体自己写自己；这样一来，他就能够获得自主性，而且在对自己有利的东西和有害的东西之间做出恰当的选择。苏格拉底对他的弟子们说："如果你们是这样观察自己的，那么你们就难以找到一位医生比你们更能发现什么是有益于你们的健康的。"②

总之，作为生活艺术的养生法实践不同于一整套旨在避免患病或治愈疾病的防治措施。这是一整套把自己塑造成一个对

---

① 见柏拉图的《蒂迈欧篇》，89d。在本书中，柏拉图就这样概括了他对养生法的看法："它是以维护整个生物及其身体部分，是管理他人或管理自己的最佳途径。"

② 色诺芬：《回忆录》，IV，7。

自己的身体有着恰当的、必要的和充分的关心的主体的方式。这种关心渗透在日常生活中，使得各种重要的或普遍的生存活动同时成了健康和道德的目标。它在身体与其周遭各种因素之间界定了一种环境战略，而且最终旨在赋予个人一种合理的行为。那么，在这种对生活的合理的和自然的管理中，大家同意给予"性活动"（aphrodisia）什么地位呢？

二

快感养生法

在希波克拉底的文集中，有两篇流传至今的有关养生法的
论著。较早的一篇也是最短的：这就是《健康养生法》（Peri
diaitēs hugiainēs），它长期以来被人们认为是《人类的本
性》^①一书的最后部分。第二篇是《养生法》（Peri diaitēs），
它的解释最详尽。此外，奥里巴斯在他的《医学文集》中收入
了迪奥克勒的一篇讨论卫生学的文献，它十分细致地提出了一
种日常生活的准则；^②最后，人们还把一篇收在埃热尼的保罗
的著作中的非常简短的文章归在这位生活在4世纪末的迪奥克
勒的名下：^③这篇文章的作者解释了怎样发现自己生病的最初

---

① 参见 H.S. 琼斯：《希波克拉底的〈著作集〉第四卷的导言》，收在《勒布
  古典丛书》之中。
② 奥里巴斯：《医学文集》，第三卷，pp.168—182。
③ 埃热尼的保罗：《外科学》，R. 布里劳译。关于古典时代的养生学，参见
  W.D. 史密斯：《古典养生理论的发展》，载《希波克拉底》（1980年），
  pp.439—448。

征兆，而且还提出了季节养生法的几条一般规则。

虽然《健康养生法》没有谈到"性活动"问题，但是，《养生法》对此却有一系列的建议和规定。该书的第一部分反思了那些支配养生法结构的一般原则。因为作者强调，在他的许多前辈中，有些人已经对各种特殊的问题提出了很好的建议，但是还没有人对他要讨论的问题给出过一个完整的说明。因此，要"正确地撰写人类养生法"，就必须能够"了解和确认"人的一般本性、他的原始构成（hē ex archēs sustasis）和控制肉体的原则（to epicrateon en tōi sōmati）。[①] 作者还把饮食与锻炼作为养生法的两个基本要素。其中，锻炼会引起消耗，而食物与饮料则起着补偿的作用。

该书的第二部分通过讨论养生法各个要素的属性和效果阐述了养生法的实践。作者先是考虑到不同的地区——高的或低的，干的或潮的，刮这样或那样的风；随后开始考察食物（大麦或小麦，要想法把它们磨得精细，注意揉面的时间和加入水的量；各种肉，要按照它们的不同来源进行分类；水果和蔬菜，要考虑到它们不同的品种）；接着是沐浴（在饭前或饭后进行热水浴或冷水浴）、呕吐、睡觉、锻炼（如看、听、说、冥想或散步等自然的锻炼；剧烈的运动，如短跑或长跑、搏击、摔跤、打球、拳击；在尘土中进行的运动，或者在身上抹完油后进行的运动）。在列举养生法的各种要素时，性活动

145

146

---

① 希波克拉底：《养生法》，I, 2, 1。

（Lagneiē）仅仅在从沐浴和抹油谈到呕吐之间被提到过；而且提到它，只是为了讨论它的三种效果。其中两种是质的方面：发热是由于剧烈的性活动（ponos）和排泄一种湿性成分引起的；湿润则相反，它是因为性活动使得一些肌肉融化了。第三种结果是量的方面：排泄使人消瘦。"性交令人消瘦、湿润和发热。它引起发热是因为运动和分泌水分；它引起消瘦是因为排泄，它引起湿润则是因为被运动融化的肌肉留在了身体之中。"①

与此相反，我们在《养生法》的第三部分中却找到了有关"性活动"（aphrodisia）的一些规定。这部分在前几页中提出了一种宏大的健康日历和一种有关各种季节以及与之相应的养生法的连续的年历。但是作者强调，不可能为确定锻炼与食物之间的恰当平衡而提供一种普遍的公式。他指出必须考虑到事物、个人、地区和时机之间的各种差异。② 因此，这种日历不应该被当作一套强制的养生法来阅读，而应该作为人必须掌握的如何去适应各种环境的战略原则。总之，该书的第二部分论述了养生法各个要素的性质以及它们的内在属性（而且，"性活动"只是被提到过），而该书的第三部分则从一开始就致力于讨论环境的不同变化。

一年当然分成四季。但是，季节依次被细分成更短的周

①　希波克拉底：《养生法》，II，58，2。
②　希波克拉底：《养生法》，III，67，1—2。

期，只有几星期、甚至几天。这就是说，每个季节的特征通常是逐渐演变的；而且，一直存在着突然改变养生法的危险：像过度的行为一样，突然的变化会产生有害的后果；"一点一点地变（to kata mikron）是一个安全的规则，特别是在从一种事物转变成另一种事物的情况下。"为此，"在每个季节里，人们必须一点一点地（kata mikron）改变养生法的每一个构成要素"。① 因此，冬季养生法应该根据季节本身的要求，被细分成 44 天一个周期，从昴星团的隐没到二至点，接着是一个时间相同的周期，随后是一个 15 天的暖和期。春天以 32 天的一个周期开始，从大角星的升起和燕子的归来一直到二分点；从这时开始，这个季节应该被分成以 8 天为单位的 6 个周期。随后是包括两个阶段的夏季：从昴星团的升起直到二至点，接着从二至点到二分点。从这个时候开始直到昴星团的隐没，人们应该用 48 天的时间为"冬季养生法"做准备。

作者没有为这些每一个细小周期都提供一套完备的养生法，而是制定了一套较为详细的整体战略，它随着一年中每个时期的特点而有所变化。这一战略遵循的是一种对立、抵制或至少是补偿的原则：在寒冷的季节里，为了防止身体过分受凉，应该用使人发热的养生法来平衡；与此相反，气候炎热则

148

---

① 希波克拉底：《养生法》，III，68，10。还参见希波克拉底的《人类的本性》，9；以及《格言》，51。这一论题还见于亚里士多德的伪篇《问题》，XXVIII，1；以及迪奥克勒的《养生法》，收在奥里巴斯的《医学文集》，III，p.181。

需要一种使人降温和凉快的养生法。但是，这一战略还应该遵循一种模仿和符合的原则：在一个逐渐变暖的季节里，需要一种温和和渐进的养生法；当植物准备生长的时候，人们应该做同样的事，为身体发育做好准备；就像树在严冬里不怕寒冷而变得坚强一样，人也要"勇敢地"经历寒冷，而不是逃避它，这样他就会变得生机勃勃。①

根据该书第二部分中的普遍公式，在这种一般背景下，人对各种"性活动"的调节要考虑到它们对冷与热、干与湿之间的相互作用可能产生的各种影响。与此相关的各种建议一般都处在食物规定与有关锻炼或排泄的劝告之间。冬天是从昴星团的隐没到春分，在这个季节里，养生法应该是使人干燥和发热，因为这是一个寒冷和潮湿的季节：因此要吃烤肉而不是煮熟的肉，吃小麦面包、少量干蔬菜和少量稍微稀释过的酒；要进行大量的各种各样的运动（跑步、摔跤和散步）；跑步锻炼总是让人特别热，所以随后要洗冷水澡，而在其他运动之后则要洗热水澡；要更频繁地进行性交，特别是那些年纪较大的人，因为他们的身体容易发冷；湿性体质的人每月要催吐三次，而干性体质的人则要每月两次。② 在春季，气候比较炎热和干燥，人应该为身体的发育做准备，这时，人应该吃同样多煮熟的肉和烤肉，吃有水分的蔬菜，洗澡，减少性交和催吐

---

① 希波克拉底：《养生法》，III，68，6和9。
② 希波克拉底：《养生法》，III，68，5。

的次数；每月只呕吐两次，以后还要更少，这样身体就保持了"一种纯洁的肉体"。在昴星团升起之后，当夏季到来时，养生法特别应该对付干燥：要喝稀释的低度白酒；要吃大麦蛋糕、煮熟的或生的蔬菜，原因是它们没有使人发热的危险；不要催吐和尽可能地减少性活动（toisi de aphrodisioisin hōs hēkista）；减少运动，不参加消耗身体水分的跑步，不在阳光下走路，要喜欢在尘土中摔跤。[①] 随着大角星的升起和秋分的到来，人们应该采用比较温和和潮湿的养生法；不过，对于性的养生法，该书没有特别说明。

迪奥克勒的《养生法》比希波克拉底的《养生法》要简单得多。不过，它在每天的作息时间表方面却非常详细，这方面的论述占了该书很大的篇幅：早起后应该立即擦身，不要让身体变得僵硬，到了晚上就寝时，应该在床上采取适当的姿势（"不要太舒展，也不要太弯曲"，而且特别不要仰睡），一天从早到晚的所有主要时段，以及如何恰当地沐浴、擦身、抹油、排泄、散步和进食，都被研究过。[②] 有关性快感及其调整的问题只是针对各种季节的变化而提出来的，随后才引出了几个普遍的平衡原则："我们身体的力量不要被另一种力量打败，这对于健康十分重要。"但是，作者只是做了一些泛泛的论述：首先，任何人都不应该"频繁地和连续地性交"；性交比较适

150

---

① 希波克拉底：《养生法》，III，68，11。
② 奥里巴斯：《医学大全》，III，pp.168—178。

合于"那些寒性的、湿性的、抑郁的和消化不良的人"，而对那些消瘦的人却很不好；在一生中的某些时期，性交是很有害的，像对那些上了年纪的人或正"从儿童时期过渡到青少年时期"的人。① 至于很晚才出现的一篇文献，它被认为是迪奥克勒写给安提戈涅国王的一封信，其中，迪奥克勒提出的对性快感的管理总体上非常接近希波克拉底的观点：冬至是人最容易患重伤风的时期，其间性行为不应该受到限制。在昴星团升起的时候，正是苦胆汁在身体内占上风的时候，人应该很有节制地进行性活动。到了夏天，那时黑胆汁在身体中占上风，人应该完全断绝性活动，而且一直到秋分，都不要进行任何性活动和呕吐。②

在这种快感养生法中，有许多值得注意的特征。首先，如果我们比较一下的话，性关系问题在该书中所占的地位比锻炼、特别是饮食要小。在养生法看来，根据食物的属性和人食用它们的环境（包括一年的四季或机体的特殊状态）来进食的问题，要比性活动重要得多。另一方面，必须指出，养生法关心的决不是各种性行为的同一方式：不关心性关系的类型、"自然的"性交姿势或不恰当的性行为，也不关心手淫，更不关心那些日后变得十分重要的、有关中断性交和避孕方法的

① 奥里巴斯：《医学大全》，p.181。
② 埃热尼的保罗：《外科学》。这种性养生法的季节性节奏长期以来为人们所接受。在罗马帝国时期，塞尔斯也提到过这种说法。

问题。① 养生法大体上是这样来理解"性活动"的，即在这种活动中，它的重要性不是由它可能采取的各种不同形式决定的。人们应该询问的只是是否应该进行性活动、频率多少和在什么情况下进行。对性活动的质疑主要是根据数量和环境来进行的。

而且，不要以精确的数学规定来理解这种数量。人们总是停留在粗略估计的水平上："较大量地"（pleon）、较小量地（elasson）或者尽可能少地（hōs hēkista）享用快感。但是，这并不意味着十分精确地注意快感享用的程度是无用的，而是说不可能预先一次性地规定好在身体和它的环境之间引起各种因素——干、热、湿、冷——相互作用的性活动的节奏。如果性行为确实是养生法的对象，并且需要加以"节制"，那么这是因为它们——通过身体的运动和排出精液——产生了各种发热、发冷、发干和发潮的效果。它们降低或提高了保持身体平衡的各种要素的水平；它们也因此改变了这一平衡与这些要素在外部世界相互作用之间的关系：发干或发热可能对湿性和寒性的身体有好处，但是如果所处的季节和气候本身就炎热和干燥，那么发干或发热就没有什么好处了。养生法不需要确定性活动的数量和规定它的节奏：它需要在人们只能界定其整体特征的性关系中协调各种质的变化和各种必要的调整。我们

152

---

① 然而，请注意迪奥克勒关于仰睡姿势的解释，他认为它在睡眠时造成遗精。见奥里巴斯的《医学大全》，III，p.177。

可能顺便注意到，亚里士多德的伪篇《问题》的作者似乎是唯一从这种体质生理学最著名的原则之一（即女人一般是寒性和湿性的，而男人则是热性和干性的）中得出了性交的活跃期对于男女两性来说是不同的结论：这就是说，女人特别爱在夏天进行性交，而男人则特别喜欢在冬天性交。①

因此，养生法质疑性实践，不是把它当作在方式与价值方面各不相同的全部性行为，而是当作一种"活动"，人们应该根据时间标准大致决定是对它放任还是限制。在这一点上，这一养生法接近于后来在基督教教士守则中出现的某些规则。因为后者为了限定性活动，也是从时间方面来规定某些标准的。但是这些标准不仅更加明确，而且使用的方式也完全不同：它们规定了在哪些时候可以进行性活动，在其他什么时候不可以进行性活动；而且，这种严格的安排是根据各种变量来确定的：包括礼拜年份、月经期、孕期或坐月子时期。② 与此相反，在各种古代医学养生法中，变化是渐进的；它们不是按照允许和禁止的二元方式来安排性活动的，而是建议不断地在性活动的多与少之间上下浮动。它们并不认为要根据各种时间限定来决定性行为是合法的还是非法的实践：相反，性行为被认为是

---

① 亚里士多德的伪篇《问题》，IV，26 和 29。参见希波克拉底：《养生法》，I，24，1。

② 关于这一点，应该参阅 J.L. 弗兰德林的著作《拥抱的时间》（1983 年）。它从 7 世纪的资料出发，说明区分允许和禁止性活动的时间的重要性，并且提供了这个节奏规律所具有的多种形式。由此，人们可以知道这种时间上的分配与希腊养生法的环境战略是多么的不同。

这样一种活动，即在个人与世界、体质与气候、各种身体因素与各种季节因素之间的交点上，它或多或少会带来一些有害的后果，因此，它应该服从一种多少有点限制性的管理。这是一种需要反思和审慎的实践。因此，问题不是为所有人确定统一的享用性快感的"工作日"，而是很好地测算出进行性交活动的各种恰当的时机和频率。

三

冒险与危险

　　"性活动"（aphrodisia）的养生法以及节制性活动的必
要性，并不假定性行为本质上就是不道德的。性行为不是原则
上要被否定的对象。它们的问题在于享用方面，在于如何根据
身体的状态和外部环境来调节享用。然而，人们之所以必须求
助于一种细心的养生法并且警惕地关注性实践，是有两组原因
的，其中表现出某种对性活动的后果的担忧。

　　1. 第一组原因与性行为对个人身体的影响有关。毫无疑
问，人们承认性活动对于一些体质是有利的：对于那些受黏液
过多折磨的人就是如此，因为性活动可以把那些变质后会产生
这种黏液的体液排出体外，而且，对于那些因消化不良而使身
体日趋衰竭、腹部又冷又干的人来说，也是如此；① 相反，对
于其他一些体内和头脑里充满体液的人来说，性活动产生的后

---

　　① 　希波克拉底：《养生法》，III，80，2。

果倒是有害的。①

　　然而，尽管这在原则上是中立的，而且前后不一致，但是性活动还是经常遭到怀疑的对象。第欧根尼·拉尔修转述了毕达哥拉斯的一句格言："冬季要多性交，夏天则不宜；而且春秋季的性活动要非常节制，因为它在整个季节里对健康都是不利的和有害的。"在这句格言中，季节养生法的普遍规则是与一种不断减少性活动的要求、一种认为性活动具有内在危害性的观点直接相关的。而且，第欧根尼还引用了毕达哥拉斯对询问什么时间做爱更好些的人的回答："当你想掏空身体的时候。"②但是，毕达哥拉斯学派的人根本不是唯一表示类似怀疑的人；在一些医学或卫生学的著作中，还提到"尽可能少"的规则和"较少损害"的要求：迪奥克勒的《养生法》提出要确立快感享用引起"最少危害"（hēkista enochlei）的各种条件；③而且，亚里士多德的伪篇《问题》把性行为的后果比作拔起一棵植物总会伤害到它的根部，④建议人们只在有紧急需要的情况下才发生性关系。通过这种规定什么时候享用性快感是有益的、什么时候是有害的养生法，我们看到一种严格管理性活动的总体倾向出现了。

　　这种对性活动的怀疑还表现在这样一种看法中，即许多最

---

① 希波克拉底：《养生法》，III，73，2。
② 第欧根尼·拉尔修：《哲学家们的生平》，VIII，1，9。
③ 奥里巴斯：《医学大全》，III，181。
④ 亚里士多德的伪篇：《问题》，IV，9，877b。

重要的器官都受到性活动的影响，而且可能因为性放纵而受到磨损。亚里士多德认为大脑是第一个受到性行为影响的器官，因为它是全身中"最冷的部分"。精液的排泄在让身体摆脱了一种"纯粹和自然的热量"之后，产生了一种发冷的一般效果。① 迪奥克勒把膀胱、肾脏、肺、眼睛和脊髓排在特别容易受到快感放纵影响的器官之列。② 根据《问题》一书的观点，眼睛和腰部特别容易受到损害，可能是因为它们在性行为中的消耗要比其他器官大，也可能是因为过多的热量会使它们产生液化现象。③

这些器官之间的多重关系说明了性活动如果不遵循必要的节欲准则就会引起各种不同的病理后果。我们应该注意到，人们没有经常提到完全禁欲可能引起的心烦意乱——至少对男人来说是这样。④ 因性活动安排不当而产生的各种疾病通常都是纵欲之病。这就是希波克拉底在《论疾病》中界定的著名的"背部肺结核"，而且，对其病因的描述长期以来在西方医学中

比比皆是。这种疾病"特别爱侵袭年轻的新郎"和"热衷性交的人"（philolagnoi）。它起源于骨髓（我们将会看到，骨髓被认为是身体中储藏精液的部位）；它让人感到整条脊柱都麻

---

① 亚里士多德：《动物的繁衍》，V，3，783b。
② 奥里巴斯：《医学大全》，III，p.181。
③ 亚里士多德的伪篇：《问题》，IV，2，876a—b。
④ 我们将会发现，性交反被认为是妇女的一种健康因素。不过，《问题》的作者指出，一个营养不错的强壮男子，如果没有性活动，就会产生胆汁过剩（IV，30）。

痪了；人在入睡时，精液会不知不觉地流入小便和大便中；于是，病人就失去了生育能力。一旦病人疼痛时伴有呼吸困难和头痛，那么他可能要死了。一种有关软性食物和排泄的养生法能够治愈这种疾病。但是必须是在整整一年的戒除饮酒、锻炼和"性活动"之后。① 同样，《流行病学》也提到一些因快感放纵而引起重病的病人：亚布代尔的一个居民因为性交和饮酒而发烧，开始时伴有恶心、心痛、口渴、黑尿和舌干；高烧经过多次减退和复发，② 直到第 24 天才告痊愈。与此相反，一个来自美里贝的年轻人在长期的狂饮和性放纵之后，一开始感到肠道和呼吸道不舒服，然后一连病了 24 天，最后在完全昏迷中死去。③

　　虽然人们经常指责运动员的养生法太过分了，但是它却被引用为性节制能够产生好效果的例证。在《法律篇》中，柏拉图在谈到一位奥林匹克的优胜者塔伦特的伊索斯时，提到过这种养生法：他雄心勃勃，"拥有技艺、力量和节制"，为了投身训练，"他绝不接触一个妇女，也不碰一个男孩"。据说克里申、亚斯蒂卢斯和迪奥庞普也是这样。④ 毫无疑问，关于这种实践的原则，有很多不同的论点：如在比赛和战斗中，正式的禁欲是成功的条件之一；还有，如果运动员希望能够确保对于

---

① 希波克拉底：《论疾病》，II，51。
② 希波克拉底：《流行病学》，III，17，第 10 个病例。
③ 希波克拉底：《流行病学》，III，18，第 16 个病例。
④ 柏拉图：《法律篇》，VIII，840a。

其他人的优势，那么他应该在道德上战胜自己；最后，如果运动员要想保存性行为所浪费的体力，那么他同样必须管理好他的身体。虽然女人为了让自己的身体能够按时进行必要的排泄活动，需要发生性关系，但是男人至少在某些情况下能够保留他们所有的精液。他们的严格节欲不会危害到自己，而会让他们的力量整个地保存在自身中，积累它、集中它，最后让它达到一个前所未有的程度。

因此，在这种对养生法的担忧中，存在着一种悖论，即人们既要公平地安排性活动（它本身不能被视为一种邪恶），又要限制它（性活动"愈少"总比性活动"愈多"好）。如果身体激发起了一种能够生育的生命物质是自然现象，那么把这种生命物质排出体外的性行为既在原则上符合自然的要求，又会产生危险的后果。整个身体，无论是它的最重要的器官，还是最脆弱的器官，都有着为这种自然所要求的消耗而付出高昂代价的危险。而且，保留这种想流出体外的物质可能是一种赋予身体以最大能量的手段。

2. 对后代的关心也促使人们应该对性快感的享用保持警惕。因为如果认为大自然为了确保个人能够繁衍后代和人类得以生存下去而已经安排好了两性的结合，如果认为它为了这一原因把性关系与如此强烈的快感结合在一起，那么我们要认识到这种后代是脆弱的，至少在他的质量或价值上是如此。对于个体来说，盲目地享用他的快感是危险的。但是，如果他盲目地和不择手段地生儿育女，那么他的家庭将来就有危险。柏拉图在《法律篇》中就严肃地强调过为了这一与父母和整个城邦都有利害关系的目的而应该采取的预防措施的重要性。当新婚夫妇发生第一次性关系时，需要采取一些措施。以下是传统认为的第一次性行为的全部价值和危险：在结婚当天和夜里，必须避免在这方面犯任何错误，"因为开端是一个神，如果每个崇拜它的人都向他顶礼膜拜，那么他会拯救万物"。但是，在整个婚姻生活中，人每天还要小心谨慎：因为没有人知道神会"在哪个夜里或白天"来助人生育；而且，人要"在一年和整个一生"中，特别是在易于生育的年龄上，"小心不要去做引起疾病的事，也不要做放荡和不义之事，因为这会渗透到和印刻在孩子的灵魂与肉体之中"；人很可能"生养出不幸的后代"。①

161

人们怀疑的各种危险以及为此而提出的各种预防措施针对的是三个重要问题。首先是父母的年龄，人们认为男人能够生育出最好的后代的年龄相对较晚：柏拉图认为是从 30 岁到 35 岁，而他认为少女能够结婚的年龄在 16 岁到 20 岁之间。② 在亚里士多德那里，这种年龄差距也是必不可少的。他认为这对于养育健壮的后代是必要的。他测算出，有了这种年龄差距，夫妻双方将会一起进入生育力下降和可能不再生育的阶段。此外，在这个时期里受孕的孩子，其优势在于，一旦他们的父母进入

---

① 柏拉图：《法律篇》，VI，755e。
② 柏拉图：《法律篇》，IV，721a—b；VI，785b。在《理想国》(V，460e) 中，男人的"合法的"生育期被规定为从 25 岁到 50 岁。女人则从 20 岁到 40 岁。

老年，他们恰好到了接父母班的年龄。"这就是为什么最好把女孩的婚龄确定在 18 岁，把男人的婚龄确定在 37 岁或再小一点；男女就是要在这个时期结婚，此时，他们的身体最强壮。"[①]

另一个重要问题有关父母的"养生法"：当然要避免纵欲，小心不要在喝醉的时候受孕，而且还要实行一种一般的和持久的养生法。色诺芬赞扬过利库尔戈为了确保后代的健康而制定法律和采取各种措施让父母强壮起来：将要做母亲的女孩不应该喝酒，如果要喝，那么也只喝掺了水的酒；她们所吃的面包和肉食要适量；她们应该像男人那样进行各种身体锻炼；利库尔戈甚至"像他在男人之间所做的那样，在女人之间组织各种赛跑和力量比赛，他相信如果男女双方身体强壮，那么他们的后代就会更强壮"[②]。亚里士多德则不喜欢一种过于强制的运动员养生法；他偏爱适合于公民并确保他们的公民活动（euexia politikē）所必需的健康的养生法："锻炼身体应该达到疲劳的程度，但是这些锻炼不是剧烈的，也不能只像运动员那样，而是适宜于自由男人的活动。"他希望女人要有一种带给她们相同体质的养生法。[③]

---

① 亚里士多德：《政治学》，VII，16，1335a。关于雅典的结婚年龄，参见 W.K. 拉塞的《古希腊的家庭》，pp.106—107，p.162。

② 色诺芬：《斯巴达的政治体制》，I，4。在《法律篇》（VI，775c—d）中，柏拉图论述了在性交时父母醉酒的影响。

③ 亚里士多德：《政治学》，VII，16，1335b。根据色诺芬的说法，双方的欲望必然会增强，他们这时得到的孩子一定会比他们纵欲时获得的孩子更加强壮。参见色诺芬：《斯巴达的政治体制》，I，5。

至于每年或每个季节中什么时候最有益于得到一个好的后代，人们认为这取决于各种复杂的因素；柏拉图认为，那些女检察官们应该特别关注这方面的预防措施，而且在需要和允许夫妻生育的 10 年时间里监督他们是否保持了良好的品行。① 163亚里士多德则一笔带过，认为他那个时代的医生和博物学家们能够传授这方面的知识。在他看来，夫妻应该对这些忠告了然于胸，"因为关于什么时候身体适宜于生育，医生们会提供充分的说明"（根据一般的习惯，冬天适宜于生育）；至于"自然科学家们"，他们"认为北风比南风更适宜于生育"。②

通过所有这些必不可少的预防措施，我们看到，如果人们想要消除所有威胁生育活动的危险并获得预期的成功，那么生育活动需要加倍小心，甚至需要整个道德态度。柏拉图一再强调，夫妻双方应该牢记（dianoeisthai）他们需要向城邦奉献"最美、最好的孩子"。他们应该根据以下原则来深入地思考这一使命：即"当他们小心地把他们的精神落实到自己的实践之中时"，他们就会取得成功，而"如果他们没有落实他们的精神或者缺乏这一精神，"那么他们就会失败。因此，"丈夫要关心（prosechetō ton noun）妻子和生育，同样，妻子也要如此，特别是在生第一个孩子之前"。③ 在这方面，大家可能记得亚里士多德的伪篇《问题》中的一段解释：如果经

---

① 柏拉图：《法律篇》，784a—b。

② 亚里士多德：《政治学》，VII, 16, 1335a。

③ 柏拉图：《法律篇》，VI, 783e。

常出现孩子长得不像他们的父母的事，那么这是因为他们的父母在做爱时精神过于兴奋，没有只专注于他们正在做的事情上。① 后来，在肉体世界里，有了一条对于证明性行为是正当的、必不可少的法规，即赞同性行为的意图只是为了生育。在此，要使性关系不会成为一种致命的错误，这种意图也是没有必要的。然而，这一意图要想能够达到自己的目的，并且让个人可以通过自己的孩子来延续生命，为城邦的安全做出贡献，那么灵魂要全力以赴：一直要小心地排除那些在快感享用方面威胁到自然赋予他们的目的的各种危险。②

---

① 亚里士多德的伪篇《问题》，X，10。

② 为了有助于孩子的道德教育，柏拉图在《法律篇》中要求孕妇过一种避免过分激烈的快感和痛苦的生活（VII，792d—e）。

四
性行为、消耗、死亡

然而，如果在个人与其身体的关系中，快感的享用成了问题，并且影响到对他的身体养生法的界定，那么原因并不仅仅在于人们怀疑这种享用是否会是某些疾病的病因，或者人们担心它对后代的各种影响。当然，希腊人并不认为性行为是一种罪恶；对于他们来说，它不是一种伦理否定的对象。但是，当时的文献表现出了对这种活动的一种担忧。而且，这种担忧围绕三个中心：性行为的方式、它付出的代价、与之相关的死亡。如果我们在希腊思想中只看到了对性行为的一种积极的推崇，那就错了。希腊人的医学反思和哲学反思认为性行为由于自己的激烈性威胁到了人对自我的恰当控制和节制，认为它耗尽了个人应该保存和维护的体力，而且表明个人在确保人类延续的同时必然会死亡。如果快感养生法如此重要，那么这不仅是因为纵欲会产生疾病，而且是因为在一般的性活动中，这关系到人的节制、体力和生命。因而，为这种活动提供一种独特风格的养生法，就是预防将来的各种疾病；也就是把自己培养、锻炼和考验为一个有能力控制激烈的性行为、让它在恰当的范围内进行、把它的能量来源保留在自身中并且在预见到自己后代降世的同时接受死亡的个人。"性活动"的肉体养生法是保护健康的一种预防措施；同时，它也是一种生存的训练（askēsis）。

（一）性行为的激烈性

在《斐列布篇》中，柏拉图在思考"性快感"时，描述了当性快感在很大程度上与痛苦交融时的各种后果：性快感"让整个身体都挛缩起来，有时使身体痉挛得乱颤，以致颜色陡变，手舞足蹈，发出各种喘息声，乱喊乱叫，陷入一种极度迷狂之中……而且，病人最后是这样说自己的，或者别人是这样描述他的，当他享受所有这些快感时，他快乐得要死了。因为他愈是放纵，毫无节制，他就愈是不断狂热地追求这些快感"。①

人们认为希波克拉底曾说过，性快感带有一种小癫痫的形式。至少，奥鲁—热勒是这样记载的："这就是神人希波克拉底关于性关系（coitus venereus）的看法。他认为性关系是我们称之为癫痫的这种可怕疾病的一部分。有人转述过他这样一句话：'性交是一种小癫痫'（tēn sunousian einai

---

① 柏拉图：《斐列布篇》，47b。

mikran epilepsian)。"① 其实，这是德谟克里特的格言。希波克拉底在他的论著《论生育》中，一开始就对性行为作了详细的描述，这本论著可以被归入另一种传统、即阿波罗尼的第欧根尼的传统之中。这种传统所指的典型（也得到了亚历山大的克莱蒙的证实）不是癫痫病的病理特征，而是一种发热的和泡沫化的液体的机械现象。《教育者》是这样记载的："有些人认为生物的精液是一种血泡沫物质。当男女拥抱时，血液受到了很大的搅动，因男性的自然发热而升温，形成了泡沫，流入输精管中。阿波罗尼的第欧根尼认为这种现象解释了'性快感'。"② 关于液体、搅动、发热和流出的泡沫这一总的论题，希波克拉底著作集中的《论生育》所作的描述是完全围绕所谓的"射精图式"展开的；这一图式是原封不动地从男人转向女人的，它不仅根据冲撞与斗争来解释男性作用与女性作用的相互关系，而且还用一方对另一方的控制与规范来解释这种关系。

性行为从一开始就被解释成一种旨在射精的激烈的机械行为。③ 首先是性器官的摩擦和全身运动，产生了一种全身性的发热效果；再加上搅动，这就让体液剧烈地流动起来，流遍全身，最终"泛起了泡沫"（aphrein），"像所有被搅动的

168

---

① 奥鲁—热勒：《雅典之夜》，xix，2。

② 亚历山大的克莱芒：《教育者》，I，6，48。参见 R. 诺里：《希波克拉底〈著作集〉的导言》，卷六，法国大学丛书。

③ 希波克拉底：《论生育》，I，1—3。

第二章 养生法

流体都起泡沫一样"。这时，一种"分离"（apokrisis）的现象就出现了。这个泛起泡沫的体液中最强烈的、"最有力的和最浓厚的"（to ischurotaton kai piotaton）部分被带入大脑和脊髓之中，然后顺势流入腰部。于是，这股热泡沫就进入了肾脏，并由此通过睾丸直达阴茎，然后在这里经过一阵剧烈的痉挛（tarachē），它被排出体外。在性交和"性器官摩擦"时，这一过程一开始是有意识的，但是它也可以是完全不由自主的。这就是《论生育》的作者引述过的在梦遗情况下发生的事：一旦工作或其他活动在入睡前让身体发热，那么体液就会自发地泛出泡沫：它"表现得像在性交时一样"。而且，伴随着各种梦象，出现了射精，当然，它遵循的是人们经常提到的原则，即各种梦，或者至少其中有些梦，反映了当时身体的状况。①

根据希波克拉底的描述，男人的性行为与女人的性行为在整体上具有同构性。它们的过程是相同的，女人因为子宫在性交过程中受到男性性器官的刺激而开始发热："在性交时，女人的性器官被摩擦，子宫运动起来，我认为子宫的运动引起了一种心痒，它把快感和热量传遍身体的其他部位。女人也从身体中射精，有时候射在子宫里，有时候射出体外。"②男女射出的物质不仅类型相同，而且其构成也一样（血液因受热和分离

---

① 希波克拉底：《论生育》，I，3。
② 希波克拉底：《论生育》，IV，1。

而产生出来的一种精液）；他们射精的机制及其终极行为都是一样的。然而，作者强调的男女性行为的某些差异，不是在性行为的本质方面，而是在它的激烈程度以及伴随而来的快感的强度和持续的时间。在性行为方面，女人的快感远没有男性的快感那么强烈，因为在男人那里，体液的排泄是突然发生的，而且十分激烈。女人则相反，从性行为的一开始，她就有了快感，而且一直持续到性交活动的结束。在整个性交过程中，女人的快感取决于男人；只有当"男人放了女人"，它才停止。而且，如果有时候女人先于男人达到了性高潮，那么她的快感并不因此而消失；它只是以另一种方式继续着。①

希波克拉底的这本著作认为在男女这两种具有同构性的性行为之间，存在着一种既是因果又是对抗的关系：可以说是一种较量，其中，男人是煽动者而且理应获得最后的胜利。为了说明男人的快感对女人快感的各种影响，该书像希波克拉底所收录的其他古代章节一样，求助于水与火这两种元素，以及冷与热的相互作用。男人的体液时而起着刺激的作用，时而又起到冷却的作用；至于女人的身体要素，它总是热的，有时候像火焰，有时候是一种体液。如果女人的快感"在精液射入子宫的时候"变得强烈起来，那么它就像当有人向火焰上泼酒时，火焰会一下子蹿得很高一样。相反，如果说男人的射精导致了女人快感的终结，那么这就像有人向沸水中倒入冰冷的液

---

① 希波克拉底：《论生育》，IV，1。

体一样：水立即不再沸腾了。^① 因此，这两种相似的性行为射出的是类似的物质，但是性质却不同；而且这两种性行为在性交活动中是相互冲撞的：针尖对麦芒，冷水对沸水，烧酒对火焰。但是，不管怎样，总是男人的性行为起着决定、调节、煽动、支配的作用。它自始至终决定了快感。而且，它还在保证各种女性器官正常运作的同时，确保了它们的健康："如果女人们与男人们发生了性关系，那么她们的身体就会更好；否则，就不好了。一方面，这是因为子宫在性交中会变得湿润而不干燥；然而，一旦它干燥了，那么它就会收缩得比平常更厉害，而且，在剧烈收缩时，它会让整个身体痛苦不堪。另一方面，性交在使血液发热和湿润的同时，会让月经来得更通畅；不过，一旦月经不调，那么女人的身体就有病了。"^② 对于女人的身体来说，男人的插入和吸收精液是维持体质平衡的根据，也是她的体液进行必要流动的关键。

　　人们用来看待一切性活动——而且是男女的性活动——的这一"射精图式"清楚地表明了男性模式占有几乎绝对的支配地位。女性的性活动并非男性性活动的补充，而是它的副本，而且这个副本还是柔弱的，无论是在健康方面，还是在快感方面，都取决于男性性活动。人们在集中关注这一射精——把泡沫排出体外，这是性行为的主要部分——时刻的同时，认为

171

---

① 希波克拉底：《论生育》，IV，2。
② 希波克拉底：《论生育》，IV，3。

性活动的核心就是一个表现出激烈性和不可压抑的机械性的过程，而且还有一种无法控制的力量；但是，人们还提出了一个有关节制和消耗的问题，认为它是快感享用中的重要问题。

（二）消耗

性行为把一种能够繁衍生命的物质排出体外，但是这种物质只是因为它与个人的生存相关，而且是后者的一部分，才繁衍生命。在排出精液时，人并不高兴排泄一种过剩的体液：因为他失去了对于他的生存来说十分珍贵的要素。

关于精液的这种珍贵特性，各位作者的说法不一。《论生育》似乎提到了两种有关精液来源的观点。一种观点认为，精液来自头部：它在大脑中形成，然后顺骨髓而下，直达身体下面的各个部位。按照第欧根尼·拉尔修的说法，这是毕达哥拉斯学派观点的一般原则：精液被认为是"自身包含一种热气的滴状脑浆"，随后，才从这种大脑物质的碎片中形成了整个身体及其"神经、肌肉、骨头、头发"；从它所包含的热气中，产生了胎儿的灵魂和感觉。[①] 希波克拉底的这本著作对于头脑在精液形成中的这一优先权作出过解释，它提到那些耳边有一条切口的男人——如果他们还可能发生性关系和射精的话——有着少量的、虚弱的和没有生育力的精液："因为绝大部分的精液都来自头部，顺着耳部到达骨髓；而且这条通道在切口结

172

---

① 第欧根尼·拉尔修：《哲学家们的生平》，VIII，1，28。

成疤之后，就硬化了。"①但是，在《论生育》一书中，头部具有的这种重要性并不排斥精液来自全身这一普遍原则；人的精液"来自身体中的体液"，而且这多亏了"从全身到性器官的各种血管和神经"。②它是"从全身、从身体的硬组织、软组织和全部体液"中分泌出来的，有四个种类。③女人射出的精液也是"来自全身"。④而且，如果男孩和女孩在青春期之前不能够分泌出精液，那么这是因为在这个年龄，血管太细太小了，"无法让精液通过"。⑤总之，无论精液来自全身，还是绝大部分来自头脑，它都被认为是分离、隔离和浓缩了体液中"最强有力的"（to ischurotaton）部分的过程的结果。⑥这种力量表现在精液浓厚的泡沫性上，以及排出精液的激烈性上。它还表现在，即使排出的精液量很少，人总是在性交过后感到虚弱。⑦

其实，在希腊人的医学文献与哲学文献中，精液的来源一直是一个讨论的主题。不过，不论它们提出了哪些解释，这些解释应该考虑到是什么让精液繁衍了生命、生出了另一个人。而且，如果不是来自产生精液的个人的生命之源，那么精液物质能够从哪里获得它的生育力呢？精液产生的生命应该是

173

---

① 希波克拉底：《论生育》，II，2。
②⑦ 希波克拉底：《论生育》，I，1。
③ 希波克拉底：《论生育》，III，1。
④ 希波克拉底：《论生育》，IV，1。
⑤ 希波克拉底：《论生育》，II，3。
⑥ 希波克拉底：《论生育》，I，1和2。

精液从产生精液的生命那里借来和分离出来的。在所有射精中，从人体那些最珍贵的要素中会产生出某种东西，流出了体外，因此，《蒂迈欧篇》中的造物主把精液注入人类的肉体与灵魂、死亡与不朽的接合点上。这个接合点就是骨髓（人的圆形颅骨是不朽灵魂的中枢所在，而难免一死的灵魂则寄居在背部长长的骨髓部分）："把灵魂与肉体连接起来的各种生命纽带就是在骨髓中相互维系，让人类扎根其中。"① 由此通过两条主要的背部血管产生出了身体所需要的水分，而且这些水分一直被保存在体内；此外，由此还产生出了被性器官排出体外的、生出另一个人的精液。人及其后代只有同种生命之源。

174

亚里士多德的分析迥然不同于柏拉图和希波克拉底的分析。不同之处在于精液的定位和机制上。然而，我们发现在亚里士多德那里也有着性交会排出珍贵物质的这一相同的原则。在《动物的繁衍》中，精液被解释为营养的剩余产物（perittōma）：即经过浓缩的数量很少的终极产物，而且它像机体从食物中所吸收的生长的各种营养成分一样，是有益的产物，因为对于亚里士多德来说，在最后消化完食物带给身体的营养之后，就会产生一种物质，其中一部分被送到身体的各个部分，让它们每天在不知不觉中生长，而另一部分则等待着被排出体外，一旦被排出体外，它就可以在女人的子宫中产生

---

① 柏拉图:《蒂迈欧篇》, 73b。

出胚胎。^①因此，个人的发育及其生育都是以这些要素为基础的，而且它们的根源都在这同一种物质之中。生长的各种要素和精液是相辅相成的物质，它们都来自一种维持个人生命和生出另一个人来的食物消化。根据这些条件，我们明白了射精对于身体来说是一个重要的事件：射精把一种珍贵的物质排出了体外，因为这种物质是机体经过长期消化的终极产物，因为它浓缩了各种能够"到达身体的各个部分并且只要不排出体外就能促进身体生长的要素"。我们同样也明白了为什么这种排泄——它到了人只需要更新机体而不需要发育的年纪时，才是完全可能的——不会发生在青少年时代，因为这时所有的食物来源都被用来发育了；亚里士多德说，在这个年纪，"一切都被提前消耗掉了"。由此，我们还明白了，到了老年，精液的生产放慢了："机体不再进行充分的消化。"^②在人的一生中——从需要发育的青少年时代直到连维持生命都十分困难的老年，在生育力与发育或生存的能力之间一直表现出了这种相互补充的关系。

不论精液是从整个机体中被提取出来的，还是它源于身体与灵魂的接合部，或者它是体内对各种食物长期消化的终极产物，把它排出体外的性行为对于生命来说都是一次代价高昂的消耗。快感可以像自然要求的那样，伴随着性行为，以便让人

---

① 亚里士多德：《动物的繁衍》，724a—725b。
② 亚里士多德：《动物的繁衍》725b。

产生生儿育女的念头。但是，它对人来说是一次沉重的打击，因为人失去了包含生命本身的那部分东西。亚里士多德就是这样来解释人在性交之后会感到"明显的"虚弱。① 而且，《问题》的作者还因此说明了年轻人为什么会对与他发生性关系的第一个女人感到反感；② 尽管排出体外的精液非常少（不过，它在人身上所占的比例要比其他动物大），但是人失去了对于自身生存至关重要的那部分要素。③ 由此，我们明白了在性快感的享用中，纵欲在某些情况下怎样会像希波克拉底所描述的背部肺结核那样导致人的死亡。

（三）死亡与不朽

希腊人的医学反思与哲学反思不仅是因为害怕消耗过度，才把性活动与死亡联系在一起，而且还在于生育的原则，因此它们认为生育的目的就是掩饰生命个体的消失，从总体上赋予人类个人无法得到的永恒性。如果动物们是通过性交结合在一起的，而且如果这种关系给他们带来了后代，那么正如《法律篇》所说的，人类是与无止境的时间进程相伴而行的。这就是它避免死亡的方式：通过"传宗接代"，人类始终存在，它"通过繁衍而融入永恒之中"。④ 对于亚里士多德和柏拉图来

---

① 亚里士多德：《动物的繁衍》725b。同时参见亚里士多德的伪篇《问题》，IV，22，879a。
② 亚里士多德的伪篇《问题》，IV，11，877b。
③ 亚里士多德的伪篇《问题》，IV，4 和 22。
④ 柏拉图：《法律篇》，IV，721c。

说，性行为就处在一种注定要死亡的个人生命（而且，性行为让个人生命失去了它最珍贵的那部分力量）与一种具体表现为人类持续存在的不朽性之间的交叉点上。在这两种生命之间，为了让它们相互融合，为了前者以自身的方式融入后者之中，性关系就像柏拉图所说的那样，成了确保个人生出"后代"（apoblastēma）的一种"人为的方法"（mēchanē）。

柏拉图认为，这种既是人为的又是自然的联系，是通过一切注定要死亡的生物都有的让自己永续存在和不朽的欲望来维持的。① 在《会饮篇》中，第奥提姆指出这种欲望存在于动物身上，它们感受到了生育的渴望，"为这些爱欲而苦恼"，进而"为了拯救自己的后代，随时准备牺牲自己的生命"。② 人类身上也存在着这种欲望，没有人希望死后成为一个不为人知的"无名无姓"的亡灵。③ 为此，《法律篇》指出，人应该结婚并且在最好的条件下为自己留下后代。但是，这种欲望在那些喜爱男童的人身上激发的热情不是把精液射入男童的身体之中，而是在男童的灵魂中产生出美本身。④ 在亚里士多德的早期作品中，如《论灵魂》一书，还是以有点"柏

拉图化"的方式、根据一种分享永恒的欲望来解释性活动与死亡、不朽的关系的。⑤ 在他的晚期作品中，如《论繁衍与

---

① 柏拉图：《会饮篇》，206e。
② 柏拉图：《会饮篇》，207a—b。
③ 柏拉图：《会饮篇》，IV，721b—c。
④ 柏拉图：《会饮篇》，209b。
⑤ 亚里士多德：《论灵魂》，II，4，415a—b。

腐败》①或《动物的繁衍》，则是以各种生物在自然中区分和分布的方式、根据所有有关生命、非生命和优生者的本体论原则来进行反思的。为了根据终极原因来解释为什么存在动物的生育和两性不同的生活，《动物的繁衍》第二卷援引了一些规定各种生物与生命本身之间多重关系的基本原则：也就是说，某些事物是永恒的和神圣的，而另一些则可有可无；美的和神圣的东西总是较好的，而且非永恒的东西可以是较好的东西，也可以是较坏的东西。存在比不存在好，活着比死去好，有生命的比没生命的好。而且它提到，那些处于变化之中的生命只能在它的能力范围内才是永恒的，由此得出结论，即存在着动物的繁衍，而且动物们像个人一样不具有永恒性，但是它们作为物种是可以永恒的："在数量上"，动物"不可能是永恒的，因为各种生命都是特殊的；而且，如果动物是这样的话，它将是永恒的。但是，它只能作为一个物种是永恒的"。②

因此，性活动被纳入了生与死、时间、变化与永恒性的广阔视域之中。因为个体难免一死，而且他为了以某种方式来避免死亡，所以性活动是必要的。当然，这些哲学思考不是直接出现在有关快感享用和快感养生法的反思中。但是，我们可能注意到了柏拉图在他所提出的有关婚姻的"有说服力的"法律中涉及这一问题时的严肃态度。这一法律应该是最重要的

---

① 亚里士多德：《论繁衍和腐败》，336b。
② 亚里士多德：《动物的繁衍》，II，1，731b—732a。

事情，因为它是"城邦中的生育原则"："人们要在 30 岁至 35 岁之间结婚，这是考虑到人类天生就分享了一部分的不朽性，而且所有的人天生就有追求不朽的欲望，这表现在他们的一切关系中。因为不想在死后默默无闻和无名无姓，就是出于这一欲望。然而，人类与全部时间有一种天然的亲合性，它伴随并将一直伴随着时间的流逝。由此，人类是通过传宗接代而成为不朽的，而且，由于人类始终不变的统一性，它通过生育融入永恒之中。"①《法律篇》的对话者们深知这些长期的思考不符合立法者们的习惯。但是，那个雅典人指出在医学上也是如此；当医学诊治明智的自由人时，它不会满足于陈述一些戒律；它应该作出解释、说明理由，说服病人恰当地调节自己的生活方式。这样来解释个人与人类、时间与永恒、生与死，可以说就是让公民们"以同情的态度、并因同情而顺从地"接受那些应该调节他们的性活动和婚姻的规范，以及让他们过上有节制的生活的理性养生法。②

希腊医学与哲学探讨的是人们为了恰当地关心自己的身体而必须进行的"性活动"（aphrodisia）及其用法。这一质疑不是要在这些活动及其形式与可能的变化中区分出什么是可以接受的与什么是有害的或"不正常的"。但是，它把它们都

---

① 柏拉图：《法律篇》，IV，721b—c。
② 柏拉图：《法律篇》，732a。

性经验史第二卷：快感的享用

视为性活动的表现，以便确定允许个人根据各种处境来保证性活动的有益的强度与恰当的安排的各种原则。不过，一种相同的家政管理所带有的各种限制性的倾向表明了对这种性活动的担忧。这是对纵欲可能造成后果的担忧，尤其是对根据单独规定整个性活动的男性"阵发性"射精图式来理解的性行为的担忧。于是，我们发现，性行为及其节欲方式的重要性不仅在于它对身体的各种消极影响，而且在于它本身及其本性：不由自主的激烈性、体力消耗、与个人将来的死亡相关的生育活动。性行为令人担忧的原因不在于它属于恶的一部分，而在于它困扰与威胁到个人与自身的关系和把他塑造成道德主体的活动。如果它不是有节制的，安排也不恰当，那么它就会释放出各种不以人的意志为转移的力量，削弱人的精力，导致人在没有留下任何体面的后代的情况下就死去了。

我们可以指出，这三大担忧的主题不是古代文化特有的：我们经常在其他地方发现这种担忧，它把性行为等同于"男性的"射精方式，认为性行为是与激烈的冲动、体力消耗和死亡联系在一起的。高立克收集到的有关中国古代文化的文献似乎表明了这一主题的存在：对无法抑制的、代价高昂的性行为的恐惧、对它有害于身体与健康的后果的担心、对男女性对抗关系的表现、对通过有节制的性活动获得优秀子孙的关注。① 但是，中国古代的"房事"论著对这一担忧的回答方式是与古

181

---

① 　高罗佩：《古代中国的性生活》。

希腊截然不同的。对性行为的剧烈冲动的担心和对失去自身精液的恐惧要求人们使用一些保留精液的方法；与女人的性交是一种接触女人的生命源泉的方式，而且在吸收她的生命源泉之后，把它内化为自己的东西，从而从中受益。因此，安排得当的性活动不仅排除了一切危险，而且可以获得增强生命力和恢复青春的效果。这种想法与做法针对的是性行为本身、它的展开过程、维持它的各种力量的相互作用以及与之相关的快感。取消或无限延迟性行为的终点会让它达到快感的最高潮，获得最强烈的生命力效果。这种"性爱技巧"带有各种特别突出的伦理目标，它试图尽可能地强化一种有所控制的、深思熟虑的、多种多样的和延续不断的性活动的积极效果，其中，完成性行为、使身体衰老与带来死亡的时间被消除了。

在基督教的肉欲理论中，我们也会轻易地找到一些十分相近的担忧主题：性行为不由自主的激烈冲动、它与罪恶的亲缘关系、它在生与死的相互作用中的地位。但是，在无法抑制的性欲力量和性行为中，圣奥古斯丁却发现了原罪的主要污点之一（这一不由自主的运动在人体中产生了人对上帝的反叛）。后来，教士守则根据一套准确的时刻表和一种详细的性行为形态学，制订了性行为应当遵循的各种管理规则。最后，有关婚姻的教义赋予生育目的双重作用，一是确保上帝的子民得以生存或繁衍，二是让个人有可能在性活动中不至于让自己的灵魂陷入永恒的死亡之中。为此，人们对性行为及其时机与意图进行了法律的和道德的规范，使得这一带有负面价值的性活动合法化，而且，还把它纳入教会体制与婚姻体制的双重秩序之中。这就是说，只有在举行宗教仪式与合法生育的时间里，所进行的性活动才能免于罪责。

在希腊人那里，这些担忧的主题（性行为的激烈性、体力消耗与死亡）是以一种反思的形式出现的，它的目的不是对性行为进行规范，也不是建立一种性爱技巧，而是建立一种生活的技术。这种技术不要求人们消除性行为的自然本性，也不想夸大它们的快感效果，而是试图尽量按照自然的要求安排性活动。这种技术所要加工的，不是性爱技巧所关注的性行为的展开过程，也不是基督教所看重的性行为的体制合法性的条件，而是"从整体上加以考虑的"自我与性活动的关系，以及恰当地支配、限制与安排性活动的能力。在这一技术中，重要的是使自己成为支配自己行为的主体的可能性，也就是说，使自己像医生治疗病人、舵手行船于礁石之间或政治家领导城邦一样 ① 成为灵活地、审慎地引导自我的人，能够恰当地把握分寸和时机的人。因此，我们能够明白为什么希腊人一再强调快感养生法的必要性，而对性放纵可能带来的麻烦却没有作详细的探讨，而且，对于什么是应该做的或不该做的事情，也很少给出明确的解释。这是因为性快感是所有快感中最激烈的，因为性行为是比大多数的肉体活动更加珍贵，因为它处于生与死的

183

---

① 这三种"控制的艺术"常被互相比较，因为它们都需要有因地制宜的知识和审慎；将它们相互比较，还因为它们都是与领导能力相关的知识。当涉及个人寻求有助于"自我指导"的原则及权威的问题时，人们经常参照它们。

相互作用之中，所以它构成了一个优先考虑公民的伦理塑造的领域：这一公民必须有能力控制自身爆发出来的各种力量和自由分布的精力，使得自己的生命成为一件在自己短暂一生之后仍然继续存在的作品。快感的肉体养生法及其节制是整个自我技艺的一部分。

第三章

家政学

一

婚姻的智慧

夫妻之间的各种性关系是怎样、以什么形式、根据什么在希腊思想中"成了问题"的呢？人们有什么理由担心它们呢？而且尤其是，人们有什么理由质疑丈夫的行为，考虑对它进行必要的节制，而且在这个以"自由人"的统治为显著特征的社会中让它成了一个道德担忧的主题呢？从表面上看，没有任何这样做的理由，或者说，即使有，它也是微乎其微的。在据说是德谟斯泰尼的辩护词《驳斥尼埃拉》的结尾中，作者陈述了一段至今仍然著名的格言："我们拥有情妇，是为了享受快感；我们纳妾，是为了让她们每天来照料我们；我们娶妻，是为了有一个合法的后代和一个忠诚的家庭女卫士。"①

我们可以认为，在这句格言中已经有了一种严格的角色

---

① 德谟斯泰尼：《驳斥尼埃拉》，122。

分工，而且根据诸如此类的格言，希腊人没有高罗佩（Van Gulik）所说的古代中国的夫妻性快感的艺术。在古代中国，存在着各种要求妇女服从、尊敬和献身于她的丈夫的规定，存在着各种针对旨在尽可能提高夫妻双方快感或是男人快感的性爱行为的劝告，存在着各种有关优生条件的看法，而且，这些规定、劝告和看法是密切相关的。① 这就是说，在这种一夫多妻制的社会里，妻子处于一种竞争环境之中，她的地位是与她提供快感的能力直接相关的。对性行为及其各种可能的完善形式的探询，属于对家庭生活进行反思的一部分；熟练的快感实践和保持婚姻生活的平衡也是这个整体的一部分。同样，《驳斥尼埃拉》的这句格言也与基督教教义和教士守则相去甚远，但是，原因却截然不同。在基督教严格的一夫一妻制的情况下，丈夫除了必须从他的合法妻子那里获得快感外，不得寻求其他形式的快感。不过，这种与合法妻子的房事之乐将造成大量的问题，因为性关系的目标不应该是快感，而在于生育。于是，围绕着这一中心主题，一种有关夫妻关系中快感地位的十分严谨的探索就展开了。在这种情况下，这种质疑不是源自一夫多妻制的结构，而是来自一夫一妻制的责任；而且，它寻求的不是把夫妻关系的质量与快感的强度和性伴侣的多样性联系起来，而是尽可能地把对唯一的夫妻关系的忠诚与快感追求分

---

① 高罗佩：《古代中国的性生活》，第 144—154 页。

离开来。①

《驳斥尼埃拉》这句格言似乎是以一个完全不同的体系为基础的。一方面，这一体系实行的是惟有一个合法妻子的原则；但是另一方面，它又非常明确地把快感领域置于夫妻关系之外。这样，婚姻只在它的生育功能上碰上性关系，而性关系只在婚姻之外提出快感问题。因此，如果不是关系到为丈夫提供一个合法的和幸福的后代，那么我们不明白为什么性关系会在夫妻生活中成为问题。于是，我们将会在希腊思想中非常合乎逻辑地发现对不育及其原因的各种技术的和医学的探讨、②对生育健康孩子（男孩而不是女孩）的各种养生学的和卫生学的思考、③对最佳婚姻的政治的和社会的反思，④以及对能够被认为是合法的和享有公民权利的后代的有关条件的法律辩论（这就是《驳斥尼埃拉》中所讨论的对象）。

此外，鉴于夫妻在古代雅典的地位和相互承担的责任，我们不明白为什么对夫妻性关系的质疑要采取其他一些形式或隶

第三章　家政学

属于其他问题。婚姻和性活动的体制规定了什么是允许的、禁止的和应该的，这一规定相当简单和不平衡，以致再补充一些道德规范都是不必要的。因为一方面，妇女作为妻子，是与她们的法律的和社会的地位相关的；她们所有的性关系都应该发生在夫妻关系之内，而且，她们的丈夫应该是她们唯一的性伴侣。这就是说，她们处于丈夫的支配之下；她们应该为他生孩子，让他们成为他的继承人和公民。一旦她们通奸，惩罚不仅是私下的而且是公开的（一个犯了通奸罪的妇女不再享有出席公共祭祀典礼的权利）。正如德谟斯泰尼所说的，法律"要求让妇女诚惶诚恐，这样她们就会安分守己（sōphronein），不会犯错（meden hamartanein），成为家庭的忠诚女卫士"。法律警告她们，"如果妇女没有履行这类义务，那么她将被逐出丈夫的家门和城邦的祭祀活动"。① 已婚妇女的家庭地位和社会地位，给她强加了各种严格的夫妻性行为的法规。这不是说美德对于女人是无用的，远非如此，而是她们的"节制"作用是要保证她们知道通过意志和理性来遵守各种强加给她们的法规。

至于丈夫，他对妻子也承担一些责任（在梭伦的法律中，有一条规定，如果妻子是"女继承人"，② 那么丈夫必须每月至

---

① 德谟斯泰尼：《驳斥尼埃拉》，122。

② 普鲁塔克：《梭伦传》，XX。我们还在毕达哥拉斯的教义中找到了有关夫妻责任的证据；第欧根尼·拉尔修是这样转述的："伊耶洛尼姆补充道，毕达哥拉斯走下地狱……他看到那些生前没有履行他们夫妻责任的人在那里受到折磨（tous me thelontas suneinai tais heauton gunaixi）。"《哲学家们的生平》，VIII，1，21。

少与她做爱三次）。但是，丈夫只与他的合法妻子做爱，这并不属于他的义务范围。确实，所有男人，无论是否结过婚都应该尊重一个已婚妇女（或者在父亲监护下的少女），但是，这是因为她属于另一个男人的管辖范围。他尊重一位已婚妇女或一位少女，不是他的地位要他这样做，而是他所侵犯的那位少女或妇女的地位造成的。他的错误本质上是对有权支配女人的男人的冒犯。这就是为什么作为一个雅典人，如果他一时为自己的贪婪欲望所驱使而犯下了强奸罪，那么他所受的惩罚将不会像他施展手段去诱奸一个妇女所受的惩罚那么严厉。正如里西亚斯在《论埃拉托斯泰尼的谋杀》中所说的，诱奸者"腐蚀了灵魂，以致别人的妻子对他们的亲近胜过对自己的丈夫，他们成了别人家的主人，孩子是谁的，也无人知道。"[1] 强奸者只是占有了妇女的肉体，而诱奸者则篡夺了丈夫的权力。总之，已婚男人只是被禁止重婚；对于他来说，任何性关系都不会因他所承担的婚姻关系而被禁止；他可以与别的女人发生关系，嫖妓，与男童交好。更不用说他家中那些可供他驱使的男女奴隶了。一个男人的婚姻不会束缚他的性生活。

因此，从法律上讲，一方的通奸行为无法导致婚姻关系的破裂。只有在妻子与丈夫以外的男人发生性关系的情况下，通奸才构成犯罪。决定一种性关系是否是通奸，只能是妇女的婚

---

[1]　里西亚斯：《论埃拉托斯泰尼的谋杀》，33。参见帕默罗伊的《女神、妓女、妻子和奴隶：古代经典时期的妇女》，第86—92页。

姻地位，而不是男人的婚姻地位。而且，从道德上讲，对于希腊人来说，并不存在"互相忠诚"这一范畴。只是在很久之后，这种"互相忠诚"才把一种具有道德价值、法律效用和宗教成分的"性的权力"引进了婚姻生活之中。这种双重性独占的原则，规定了夫妻双方成为对方唯一的性伴侣，但是，它不是婚姻关系所要求的。因为如果说妻子属于丈夫，那么丈夫只属于他自己。作为一种责任、义务和共享的感情，夫妻双方的性忠诚并不构成婚姻生活的必要保证，也不是它的最高表现形式。由此，我们可以得出结论，如果性快感有它自己的问题，婚姻生活也有它自己的问题，那么这两种质疑之间不会有什么交织。无论如何，鉴于我们刚才提到的理由，婚姻不应该提出各种有关性快感伦理的问题：对于婚姻伴侣中的一方——妻子——的约束，是由地位、法律和习俗决定的，而且它们得到了惩罚或制裁的保证；对于婚姻伴侣中的另一方——丈夫来说，婚姻的地位并没有给他强加任何明确的法规，除了给他指定了一个女人外，他应该期待着从她那里得到他的合法继承人。

然而，我们不能到此为止。至少在那个年代，婚姻和婚姻范围内的夫妻性关系确实没有成为激烈讨论的中心。人们对男人在与妻子的关系中的性行为的反思，的确没有对男人在与自身或与男童关系中的性行为的反思来得重要。但是，如果认为妻子的行为已经被规定得过于严厉，以致不必再对它进行什么反思，如果认为丈夫的行为已经太过自由，而不必对它说三道四，如果真的认为事情就这么简单，这并不正确。首先，我们有许多关于性嫉妒情绪的见证。妻子总是指责丈夫在外面寻欢作乐，欧菲莱托斯的水性杨花的妻子反对他与一个小女奴过分亲密。[①]一般来说，公众舆论希望一个即将结婚的男子在性行为上要有所改变；对于年轻的单身汉（通常是指在30岁以前未婚的男人）来说，人们可以容忍他追求强烈的和五花八门的性快感。虽然婚姻没有提出任何明确的限制，但是他在结婚之后最好还是限制一下自己的性快感。而且，除了这些日常的行为和态度外，还有一个关于丈夫要节制的反思主题。道德学家们——确切地说，某些道德学家——明确地提出了一个原则，即具有良好道德操守的已婚男子不能自由地享用快感，好像他还没有结过婚似的。在伊索克拉底认为是尼古克勒的讲演中，尼古克勒强调自己不仅公正地管理他的下属，而且婚后只与自己的妻子发生性关系。而且，亚里士多德在他的《政治学》中规定，"丈夫与其他女人或妻子与其他男人"发生的性关系是"一种可耻的行为"。这些难道是孤立的和无关紧要的现象吗？难道这意味着一种新伦理诞生了？但是，这方面的文献非常少，而且尤其是它们与真正的社会实践、个人的实际行为相距甚远。因此，我们最好提出这样一个问题：为什么人们的道德反思要首先关注已婚男子的性行为呢？这种关心是什么？它的

---

① 里西亚斯:《论埃拉托斯泰尼的谋杀》，12。还参见色诺芬的《会饮篇》（IV，8）其中有关于丈夫能够用来隐瞒他在别处寻找性快感的计谋的暗示。

原则和形式又是什么？

关于这一问题，我们最好避开两种看来都不恰当的解释。

一种解释认为，对于古典时代的希腊人来说，夫妻性关系的唯一作用就是把两个家庭、两种策略和两笔财产连结起来，唯一目的就是生育后代。《驳斥尼埃拉》的格言十分清楚地区分了情妇、小妾和妻子在男人生活中应当起的不同作用，它有时被解释为一种包含着三种专门功能的三分体：一方面是性快感，另一方面是日常生活，最后，妻子只在于传宗接代。但是我们应该考虑到这句粗鲁的格言形成的背景。这与一名诉讼者有关，他想使他的一个敌人显然合法的婚姻及其所生育的孩子们的公民身份无效：他提出的论据涉及敌人妻子的出身，她过去是个妓女，现在的身份只能是妾。因此，其目的不在于指出人们应该在合法的妻子以外去寻找快感，而在于说明合法的后代只能出自妻子。这就是为什么拉塞在评论这本书时指出，不要认为这本书提出了三种不同作用的定义，其实，它只是一种累积的枚举，应该这样说，情感是情妇唯一能给予的东西，小妾则能把日常生活照顾好；但是，只有妻子能发挥一种属于她特殊地位的作用：提供合法的孩子和确保家族的延续。[1] 我们应该知道，婚姻在雅典并不是唯一为人接受的男女结合的方式；它实际上是一种特殊的和享有特权的男女结合，唯有它才能够带来婚姻生活和合法的后代。此外，有大量的证据表明了

---

[1] W.K. 拉塞：《古代希腊的家庭》，1968 年，第 113 页。

妻子美丽的价值、丈夫与妻子发生性关系的重要性，或者夫妻相互恩爱的生活（比如在色诺芬的《会饮篇》中，让尼克拉托斯与他的妻子结合起来的爱洛斯与安特洛斯之间的相互作用[①]）。毫无疑问，把婚姻与快感、激情的相互作用截然区分开来，不是一个能够确定古代婚姻生活特征的恰当公式。

由于太想把希腊的婚姻与以后变得更加重要的爱情的和个人的因素分离开来，以及太想把希腊的婚姻与后来的婚姻形式区分开来，人们在一种相反运动的引导下，过于让哲学家们的严谨道德与某些基督教的道德原则相互接近。一般地说，这些著作是按照"性忠诚"的方式反思、评价和规范丈夫的德性的。这就让人们从中认识到了一种至今尚不存在的道德法典的草案。这个法典对等地要求双方在婚姻范围内发生性关系，还要求他们承担同样的生育责任。而且，生育的责任如果不是唯一的目的，也是优先考虑的目的。人们在这些段落中会倾向于认为，色诺芬或伊索克拉底的那些有关丈夫责任的论述，"从当时的道德来看是例外的"[②]。它们之所以例外，是因为它们是罕见的。但是，这是否是从中发现一种未来道德的预示或者一种新的感受的先兆的理由呢？事实上，回过头来看，这些书与以后的说法颇为相似。但是，这是否足以将这一道德反思及其节制要求与同时代人的行为和态度割裂开来呢？而且，它是否

----

① 色诺芬：《会饮篇》，VIII，3。
② G. 马修：《对伊索克拉底的〈尼古克勒〉的〈注释〉》，法国大学出版社，第 130 页。

可以作为从中发现未来道德的孤独先驱的一个根据呢？

假如有人考虑的不是这些文本所提出的法典的要素，而是男人的性行为被质疑的方式，那么他轻易地就会发现这种质疑不是从婚姻关系及其所派生的直接的、对等的和相互的责任出发的。当然，一旦男人结了婚，他就必须限制他的快感，或者至少是限制他的性伴侣；但是，结了婚在此首先意味着他成了一家之主，有了一种权威，行使他在"家"中的权力，承担起影响其公民声誉的责任。这就是为什么关于婚姻和丈夫德性的反思，总是与一种对家庭和家政（oikos）的反思联系在一起。

因此，我们可以看出，约束男人不去寻求婚外性伴侣的原则有着与对女人类似的约束的原则不同的本质。对于女人来说，只要她受丈夫的支配，这种约束就是强加于她的。对于丈夫来说，因为他行使权力，因为他必须在行使这一权力时做出控制自我的样子来，所以他必须限制自己的性选择。对于妻子来说，只与丈夫发生性关系，这是因为她受丈夫的支配；而丈夫只与妻子发生性关系，则是他行使对妻子的支配权的最好的方式。这远不是在以后的道德中出现的一种对等约束的先兆，而是对一种现实不对等的风格化。对夫妻双方类似的关于正当的或禁止的事情的限定，并不包括相同的"行为"方式。比如在一篇讨论男人如何管理家庭和如何作为一家之主的文本中，我们不难看出这一点。

二

伊斯索马克的家政

　　色诺芬的《家政学》包含着古希腊留给我们的关于婚姻生活的最充分的论述。这是一本如何管理他的家产的戒律大全。围绕着如何管理产业、指挥工人、实行不同的耕作法、在适当的时候应用适当的技术、在恰当的时候以恰当的方式进行买卖活动的各种建议，色诺芬进行了许多带有普遍性的反思：首先是对在这方面求助于各种合理实践的必要性的反思，他有时用知识（epistēme）这个术语来指合理的实践，有时又用艺术或技术（technē）来表示；其次是对它所提出的目标（保存和发展家产）的反思；最后是对达到目标的各种手段，即管理艺术的反思，而且，这最后一个主题是全书讨论最多的。

　　这种分析有着十分特殊的社会的和政治的背景。这是一个土地所有者的小世界，他们需要维持、增加家产，把它们传给家人。色诺芬非常明确地把土地所有者的世界与手工艺人的世界对立起来。他认为手工艺人的生活无益于他们的健康（因为他们的生活方式），对他们的朋友们没有什么好处（因为他们不可能来帮助朋友），也无助于城邦（因为他们无暇关心城邦事务）。[①] 相反，土地所有者们不仅在"家"（l'oikos）中，而且在公共场所和广场上能够履行他们作为朋友和公民的职责。但是，"家"不仅包括房屋，而且包括田地和财产（甚至在城邦之外），"一个男人的家就是他拥有的一切"；[②] 它界定了他的全部活动范围。而且，与这种活动相连的是一种生活风格和伦理秩序。如果土地所有者恰当地处理他的家产，那么他的生活首先对他来说是不错的；无论如何，它是一种耐力锻炼，一种有益于身体、健康和精力的肉体训练；它通过让人们可以向诸神献上丰厚的祭品而鼓励他们心怀虔诚；它还通过让人们有机会表现出慷慨大方、极大地实现好客的责任和向公民们表现出自己的仁慈，来促进人们相互之间的友谊。此外，这种活动对于整个城邦都是有用的，因为它增加了城邦的财富，而且尤其是它为城邦提供了优秀的保卫者：习惯于从事艰苦劳动的土地所有者都是强壮的战士，而且他拥有的财产也会让他勇敢地保卫祖国的土地。[③]

所有这些有关土地所有者的生活对于个人和公众的好处都集中表现在"家政"艺术的主要优点上：家政艺术教导人们如何管理，因为它与管理实践是不可分割的。领导家庭就是

———

① 色诺芬：《家政学》，IV，2—3。

② 色诺芬：《家政学》，I，2。

③ 关于对农业的赞颂以及历数它的种种好处，参见色诺芬的《家政学》第 5 章。

管理，而且，管理家务与人们在城邦中应该行使的权力并没有什么不同。在《回忆录》中，苏格拉底对尼可马泰奇说："不要看不起那些善于管理家务的人，因为对私人事务的管理与对公共事务的管理的不同只在数量上；而在其他方面，它们是相似的……那些管理公共事务的人所雇用的人与那些私人事务的管理者所雇用的人并没有什么不同，而且，那些知道怎样用人的人，无论在私人事务方面，还是在公共事务方面，都管理得好。"① 《家政学》中的对话，则演绎出了一种对管理艺术的重要分析。这本书一开始就提到了小居鲁士，说他亲自监督耕作田地，每天在花园里种东西，这样，他就获得了一种领导能力，以致当他需要发动战争时，在他的士兵中没人开小差：他们不但不背弃他，还宁愿与他一起战死。② 与此相应，该书在结尾处还提到了与这位典型的君主相类似的人，如那些有着"伟大人格"的将领，他们的军队总是自始至终地追随着他们，还有那些一家之主，只要雇工们看见他们的威严架势，不用发火、威胁或惩罚，就足以激发雇工们努力工作了。家政艺术与政治艺术或军事艺术在本质上是一样的，因为至少它们都是管理其他人。③

在这个"家政"艺术范围内，色诺芬提出了夫妻关系的问题。作为家庭主妇，妻子是管理好家务方面的一个主要人

---

① 色诺芬：《回忆录》，III，4。
② 色诺芬：《家政学》，IV，18—25。
③ 色诺芬：《家政学》，XXI，4—9。

物。苏格拉底问克里托布勒："你会把一些重要的事情不托付给你的妻子，而托付给其他人吗？"后来，他又补充说："我认为，一个作为丈夫在家务上好伙伴的女人，在理家这个共同利益上与丈夫同样重要。"因此，在这一方面，"当一切都安排妥当，家庭就兴旺；如果管理不善，就会家道败落"。①然而，不管妻子怎么重要，由于她实际上毫无准备，所以她无法发挥应有的作用：首先，她太过年轻，接受的教育也太少（"当你娶她的时候，她只是一个孤陋寡闻的小姑娘"），而且与很少交谈过的丈夫几乎没有什么联系（是否有这样一些人，你与他们的交谈还没有与你的妻子交谈的多吗？）。②正是在这一点上，丈夫必须与妻子建立起教育和引导的关系。在姑娘们小小年纪——通常在 15 岁左右——就嫁给那些一般比她们大两倍的男人们的社会里，家政是维持夫妻关系的背景，而夫妻关系则具有一种教育的形式和约束行为的形式。这正是丈夫的责任。如果妻子的行为没有给丈夫带来好处，而是给他造成了损害，那么人们应该把错误归咎于谁呢？答案是丈夫。"如果羊没喂养好，那么我们一般认为这是牧羊人的责任；如果马不听话，那么我们一般认为骑马人要负责任；对于女人来说，如果丈夫已经教导过她如何行为端庄，而她却没有做好，那么她当然要自己负责；但是如果一个女人目无德性，

---

① 色诺芬：《家政学》，III, 15。
② 色诺芬：《家政学》，III, 12—13。

是因为丈夫没有教导过她，那么难道不应该让丈夫来承担责任吗？"①

由此可见：夫妻关系本身并不是质疑的对象，它们首先不是由一个男人和一个女人组成的、必须管理家政和家庭的简单的配偶关系。色诺芬用很长的篇幅论述了婚姻关系，但是其方式则是间接的、前后相接的和技术性的。他是在"家政"的范围内讨论婚姻关系的，把它视为丈夫的管理职责的一个方面，目的在于确定丈夫怎样才能使妻子成为他合理的家政管理中所需要的合作者和伙伴（sunergos）。

这样，伊斯索马克就被要求去证明这种技术是可以传授的。为了让他的教导具有权威性，他只是教人成为一位"善良的人"。他发现自己过去的处境与克里托布勒今天的处境相同。他娶了一个十分年轻的妻子——她只有15岁，而且她受的教育只是做件大衣和向纺毛工分发羊毛②；但是他很好地训练了她，让她成了自己十分珍贵的伙伴，以致现在当他忙于自己的事情时，无论是去田间还是在"广场"（agora）上进行那些男人们享有特权的活动，他都可以把管理家务的事托付给她。因此，对于克里托布勒和苏格拉底来说，伊斯索马克阐述了"家政学"，也即管理"家务"（oikos）的艺术。在为管理农田提供建议之前，他十分自然地从讨论家务开始，如果人们

203

---

① 色诺芬：《家政学》，III，11。
② 色诺芬：《家政学》，VII，5。

希望有时间照料家畜和田地，而且如果人们不想自己为此所付出的一切努力因为家庭混乱而付之东流，那么他们必须搞好家务管理。

1. 在引用婚后不久对妻子的谈话时，伊斯索马克重新提到了婚姻的原则。那时，他的妻子已经"适应"了他，"被他教育到足以交谈的程度"。伊斯索马克问道："你知道吧？为什么我要娶你？为什么你父母会把你嫁给我？"随后，他自答道："因为我是为自己打算的，你父母是为你打算的，我们都想要一个最好的伴侣，我们可以为了我们的家庭和孩子而结婚的。"① 因此，婚姻关系就带有原始不对等的特点——男人是替自己做主的，而女方则是由她的家庭为她做主的——和双重目的（家政和孩子）的特点。而且，我们必须注意到，生儿育女的问题暂时被搁置起来了，在接受做母亲的训练之前，年轻的妻子必须学会做一个好的家庭主妇② 。伊斯索马克指出，这正是伴侣所担任的角色，我们没有必要在乎夫妻双方各自的贡献③ ，而只要考虑他们为了共同的目标而采取的行为方式，这一共同的目标是尽可能好地维护他们的财产，并且通过高尚的和合法的手段，尽可能地增加它。④ 大家可能注意到这种对必须消除夫妻双方最初差异的强调，对必须建立伙伴关系的强

---

①　色诺芬：《家政学》，VII，11。

②　色诺芬：《家政学》，VII，12。

③　伊斯索马克强调取消夫妻双方因各自贡献大小所带来的差异。VII，13。

④　色诺芬：《家政学》，VII，15。

调。不过，这种夫妻共同财产制（koinonia）不是建立在两个个体的双重关系中，而是通过一个共同的目标——家政——而建立起来的：包括维护这一共同财产以及不断增加它的动力。只有从此出发，我们才能分析这种"共同财产制"的形式以及夫妻双方应该承担的角色的特殊性。

2. 色诺芬是从"庇护所"（stegos）出发来定义夫妻双方在家政中各自的作用：因为诸神在创造男女的时候，就想到了他们的后代和种族延续的问题，想到了人到老年所需的帮助，最后还想到了人不"像野兽那样在户外生活"的必要性：对于人类来说，"显然必须有一个家"。初看上去，子孙使家庭具有了它的世俗性，庇护所则让它有了空间的结构。可是事情比这更要复杂一些。"家"有里外之分，外面属于男人，里面是女人的专属之地；"家"还是用来收集、积累和保存财富的地方。收藏它们是准备在适当的时候进行分配。因此，男人要在外面播种、犁地、耕作、饲养家畜，把他们生产的、挣来的或通过交换得来的东西带回家中。在家里，女人自觉地接收、保存和分配所需的东西。"为家庭提供财富一般是男人的事，而如何花费这些财富，则完全依靠女人来管理。"① 这两种作用完全互为补充，缺了一方，另一方就毫无用处。妻子说："如果你不努力从外面带财物回家，那么我有什么要保管的

---

① 色诺芬：《家政学》，VII，19—35。关于家庭中各种空间因素的重要性，参见 J.P. 韦尔南：《爱斯提亚-赫尔默斯，论希腊人关于空间的宗教表述》，《希腊人的神话与思维》，I，第 124—170 页。

呢?"丈夫回答道，如果没人保管那些带回家中的东西，那么"我就像那些向漏罐子里倒水的人一样可笑"。[1] 因而，存在着两种场所、两种活动形式和两种安排时间的方式：一种是（属于男人的）：生产、季节的律动、收成的期望、关心和预测适当的时节；另一种是（属于女人的）：保存、花费、安排和分配所需之物，尤其是安排财产。伊斯索马克用很长篇幅记述了他向妻子提供的有关如何在家庭空间里安排财产的一切看法。这样，她就可以找到自己保存的东西，使家成为一个秩序井然的和难忘的地方。

为了他们能够一起发挥这些不同的作用，诸神赋予男女各自不同的特性。首先是身体的特征：因为男人们必须在露天工作，"犁地、播种、耕耘、放牧"，因此诸神赋予他们忍受严寒酷暑和跋涉的能力；至于女人，她们在室内劳动，身体抵抗力较弱。还有性格特征：女人天生胆小，但是，这有着一些积极的影响——它使她们关心家中的储备，担心失去它们，害怕它们被用光；男人则相反，他们是勇敢的，因为他在外面必须保护自己，以免受到任何东西的伤害。总之，"神从一开始就为女人配备了在家里工作的特性，为男人则准备了在外劳动的本性"。[2] 但是神还为男女配备了共同的特性：因为男女双方都有"必须给予和接受"的职能，因为他们在管理家政

---

[1] 色诺芬：《家政学》，VII，39—40。
[2] 色诺芬：《家政学》，VII，22。

中必须同时积聚和分配财产，所以他们都具有记忆和勤勉的特性 ①。

因此，夫妻双方各自的本性、活动形式和地位都是相对于"家政"的各种需要被界定的。夫妻互相扶持，这是"法律"——习俗——所要求的：这种习俗完全符合自然的意向，它分配给每个人各自的角色和地位，并且确定什么是应该去做的好事，什么是不该做的坏事。这个"法律"宣布"神让个人最有能力去做的事就是好的"：因此，对于女人来说，"呆在家里要比在外面浪费时间好"，而男人"呆在家里而不出外工作"就不好了。改变这个分工，越俎代庖，就是侵犯了这个"法律"，既违反了自然，又放弃了自己的地位。"当某人的行为违反了神赋予他的本性、离开了他的岗位（ataktōn）时，他并没有逃过诸神的眼睛。他将会因为玩忽职守和代行妇人之职而受到惩罚。"② 男女之间"自然的"对立和他们才能的不同是与家庭秩序密不可分的，它们是为这个秩序而产生的，而这个秩序反过来又把它们当作强制性的义务。

3. 这本书在讨论家务分工时非常详细，但是在有关性关系的问题（无论是有关它们在夫妻关系中的地位，还是婚姻状况可能产生的各种禁忌）上都非常谨慎。这不意味着生育后代的重要性被忽视了；它在伊斯索马克的讲话中多次被提到：他

---

① 色诺芬：《家政学》，VII，26。
② 色诺芬：《家政学》，VII，31。

指出它是婚姻的重要目标之一。① 他还强调自然赋予了女人一种适于照顾孩子的特殊的温柔。② 同样，他也强调人老了之后在自己的孩子那里得到自己需要的帮助，这是多么珍贵啊。③ 但是，这本书既没有谈到生育，也没有讨论优生的注意事项：因为还远没有到与年轻的妻子谈论这类问题的时候。

然而，这本书中的许多章节都涉及性行为、必要的节制与肉体的接触。首先，我们必须重提该书最初的对话，当时，两个对话者开始讨论作为管理家务的知识的家政学。苏格拉底提到一些人，他们有才能和办法，但是却拒绝发挥它们，因为他们听命于内心深处那些看不见的男女主人：懒惰、精神颓废、无所用心，而且女主人比其他人更难以对付：她们贪吃、狂饮、淫荡，还有疯狂的野心。④ 那些屈服于这类专制欲望的人注定要毁坏自己的身体、灵魂和家庭。但是，克利托布勒说他已经战胜了这些敌人：他的道德训练使他具备了足够的自制力（enkrateia）。他说："当自我检查时，我发现我对这些情绪相当自制，因此，如果你告诫我去从事那些促进我的家业的

事，我想你所说的女主人是无法阻止我去这样做的。"⑤ 这一点让克利托布勒有资格现在就担当起家长的职责，并且明白这些

---

① 他指出神是为了孩子才把男人和女人结合起来，法律则是为了家务才让男女结成伴侣。（色诺芬：《家政学》，VII，30）。

② 色诺芬：《家政学》，VII，23。

③ 色诺芬：《家政学》，VII，12。

④ 色诺芬：《家政学》，I，22—23。

⑤ 色诺芬：《家政学》，II，1。

任务是最艰难的。我们必须知道,婚姻、家长的作用和家政管理都要求人已经能够自我管理了。

在较后面的章节中,伊斯索马克列举了一些自然赋予男女各自的不同特性,以便让他们在家庭中发挥各自的作用。其中,他提到了自我控制(enkrateia)。它事实上不是男人或女人独有的特征,而是一种两性共有的美德,就像记忆力和勤勉一样;这种自制力的大小因人而异。而且,这种美德的高贵价值在婚姻中的体现,就是把它给予夫妻中较好的一方:无论是丈夫还是妻子,较好的一方就是最好地体现了这种美德。①

然而,在伊斯索马克那里,我们看到了他是怎样为了节制而自我节制,并且怎样引导他的妻子进行节制。因为在对话中有一段小插曲,它非常清楚地反映了夫妻性生活的某些方面:即化妆与打扮。②这在古代道德中是重要的话题,因为打扮提出了真实与快感之间关系的问题,而且,它在快感中加入一些人为的东西,这就打乱了自然调节快感的各项原则。对于伊斯索马克的妻子来说,爱打扮的问题并不关系到她的忠诚(这是全书假设的前提),更与她爱花钱的性格无关,而是在于妻子怎样才能在夫妻关系中表现自己并被丈夫视为快感对象和性伴侣。而且,这就是伊斯索马克有一天教导他的妻子时所讨论的问题。那天,他的妻子为了取悦于他(为了打扮得比真实的自

① 色诺芬:《家政学》,VII,27。
② 色诺芬:《家政学》,X,1—8。

己面容"更皎白"、双颊"更红艳"、身材"更苗条"），穿着一双高跟的凉鞋，用铅白和朱草（orcanète）染料化了浓妆。对于这种他要谴责的行为，伊斯索马克从两个方面作了回答。

首先是否定的回答。他批评化妆是假象。这种假象可以欺骗陌生人，但是无法欺骗与她共同生活的丈夫，因为他能够看到自己的妻子起床、出汗、流泪或沐浴后的样子。但是，伊斯索马克特别对这种骗人手法的批评主要是因为它违反了婚姻的基本原则。色诺芬没有直接引用人们长期以来经常碰到的格言，即婚姻是财产、生命和身体的一种结合（Koinōnia）；但是，全书讨论的显然是这种三重结合的话题：关于财产的结合，他要求夫妻都应忘掉自己带来的那部分财产；生命的结合应该以振兴家业作为自己的目标之一；最后，他明确强调了身体的结合（tōn sōmatōn koinēsantes）。然而，财产的结合排除了欺骗；而且，如果丈夫使妻子相信他拥有其实并不存在的财富，那么他就会伤害妻子；同样，他们也不应该在身体上互相欺骗；丈夫不要在脸上抹朱砂，妻子也不应该用铅白来打扮自己。要恰当地共同拥有身体，就要这样做。在夫妻关系中，应该具有的吸引力是一种雄性与雌性之间自然而然的吸引力，像一切动物一样。"诸神使马对马、牛对牛、羊对羊成为世上最快乐的一对；同样，人（anthrōpoi）发现没有比毫无装饰的人体更令人快乐的了。"① 正是这一自然的吸引力应该作

---

① 色诺芬：《家政学》，X，7。

为夫妻性关系和共同拥有身体的原则。伊斯索马克的"自我节制"（enkrateia）拒绝人们为了增强欲望和快感而使用的一切人为的矫饰。

但是，这就提出了一个问题：妻子怎样才能一直是丈夫的性欲对象？她怎样才能确信将来有一天不被另一个更年轻貌美的女人所取代呢？伊斯索马克的年轻妻子明确地提出了她的问题。如果不只是要看上去漂亮，而是真的漂亮并且保持她的美丽，那么她要做什么呢？① 回答的方式有点怪，还是说家务和家政管理将是决定因素。伊斯索马克认为，不管怎样，如果妻子恰当地完成了她的家务，那么她的真正美丽就有了充分的保证。因为他是这样来解释的，她在履行自己的职责时，不要呆坐着，像个奴隶似的低头哈腰，或者像一个妖艳的女人那样游手好闲。她要站起身来，进行监督和检查，在各个房间里来回检查工作的进展；笔直地站立和行走将会让她的身体具有这种被希腊人认为是自由人的形体特征的风度和举止（伊斯索马克后来还指出男人通过主动承担一个工头的责任，会像士兵和自由民一样雄壮有力）。② 同样，对于家庭主妇来说，揉面团、抖动和整理衣服床单是有益的，③ 这样可以塑造和保持身体的健美。管理者的地位也有它相应的美的形体。而且，妻子的衣服要干净和漂亮，以便与她的女仆们区分开来。最后，妻子总

212

---

① 色诺芬：《家政学》，X，9。
② 色诺芬：《家政学》，X，10。
③ 色诺芬：《家政学》，X，11。

是比女仆们优越，她不像一个女奴那样听命于人和身不由己，而是自愿地取悦丈夫。色诺芬在这里似乎引证的是他在别处提到的一个原则，即人通过强暴获得的快感远不如那种自愿提供的快感，① 而后者正是妻子能够提供给丈夫的。因此，凭借与其特殊地位相关的体态美的形式和取悦（charizesthai）丈夫的自由意志，家庭主妇总是优越于家中的其他女人。

213　　在这本专门讨论管理家务——妻子、奴隶、家产——的"男性"技艺的书中，作者没有提到妻子的性忠诚和丈夫应该是她唯一的性伴侣的事实：这是一条大家都接受的必要原则。至于丈夫明智的节制态度，它从没有被界定为他给予了妻子对他的所有性活动的独占权。在这种婚姻生活的审慎实践中起作用的，也是对家政的有效管理、对家庭必须保持的安宁和对妻子所能期待的对象来说必不可少的，就是作为合法的妻子，她能够保持婚姻赋予她的优势地位：不要感到自己没有别的女人更受丈夫的宠爱，不要失去了自己的地位和尊严，不要让别的女人取代了自己在丈夫身边的地位，这些对于她来说是最重要的。因为对婚姻的威胁不是来自丈夫在各处拈花惹草，而是来自妻子与其他女人之间为了家中的地位和优先权可能产生的争斗。"忠诚的"（pistos）丈夫并不会把婚姻的状态与拒绝一切婚外性快感联系起来，而是始终维持婚姻所认可的妻子的各种特权。而且，在欧里庇德斯的悲剧中出现的那些"受到丈夫不

---

① 色诺芬：《希爱罗》，I。

忠对待的"妻子们就是这样想的。美狄亚大声抱怨雅森的"不忠"：娶了美狄亚之后，他又娶了一位高贵的妻子，并将会生儿育女，这些后代将让美狄亚的孩子忍受屈辱和奴役。[1] 而且，让克罗莎为她所认为的库苏斯的"不忠"而哭泣的，是她将不得不过一种"没有儿女"的生活，"孤独地住在一间破屋里"。这是因为——至少，人们让她相信——在"她的家中"（也是伊莱克修斯的家中），一个"没有母亲、没有姓名的某个女奴的儿子"将成为"主人"。[2]

　　结婚行为本身就意味着好丈夫必须保护妻子的这一优越地位。但是这一地位不是一劳永逸的；它没有得到丈夫的道德承诺的保证；除了离弃和离婚外，这一地位的削弱总是会发生的。然而，色诺芬的《家政学》和伊斯索马克的讲话所要指出的是，如果丈夫的智慧——他的"节制"（enkrateia）和他作为家长的本领——总是让他承认妻子的各种特权，反过来，妻子为了保持这些特权，应该很好地在家务及其相关的事务中履行自己的职责。伊斯索马克从一开始就没有向他的妻子承诺我们所理解的"性忠诚"，甚至也没有答应过她不必害怕失宠；而是向她保证，作为家庭主妇，她的活动、风度和举止让她比女仆们更加有魅力，他还让她确信，她可以在家中保持最高贵的地位，一直到老。而且，他建议她在品德高尚与照顾家

---

① 欧里庇德斯：《美狄亚》，V，第 465 页及次页。
② 欧里庇德斯：《伊安篇》，V，第 836 页及次页。

庭方面与他比赛；如果她赢了，那么她就不必担心什么竞争对手了，即使对手是年轻的。伊斯索马克对他的妻子说："但是，你品尝到的最温柔的快感就是当你表现得比我好时，你就让我成了你的奴仆，当不再害怕自己随着年龄的增长而在家中不受重视时，你就可以确信，随着逐渐衰老，你愈是被你的丈夫当作伙伴，被你的孩子们当作家庭主妇，那么你在家中就愈会受人尊重。"①

因此，在这种婚姻生活的伦理中，要求丈夫做到的"忠诚"不同于婚姻强加给妻子的性专一。它关系到维护妻子的地位、她的各种特权和她对其他女人的优势。而且，如果它假定了某种男女之间的行为的相互性，那么这是因为男性的忠诚对应的不是妻子良好的性行为（这总是假设），而是她知道怎样在家中表现自己和管理家务的方式。因此，这是一种相互性，但却是一种必不可少的不对等，因为这两种相互依赖的行为不是以相同的要求为基础的，而且也不遵循相同的原则。丈夫的节制属于一种有关管理、自我管理和管理妻子的艺术；他必须既管束又尊重妻子，因为她对丈夫来说是一个顺从的家庭主妇。

---

① 色诺芬：《家政学》，VII，41—42。

三

节制的三种策略

在公元前 4 世纪与公元前 3 世纪初叶，还有其他一些文献也说明了从男人方面来看，婚姻的状况至少需要某种性节制形式的主题。其中，有三篇文献特别值得研究：柏拉图在《法律篇》中讨论婚姻的各种准则与责任的章节；伊索克拉底对尼古克勒怎样支配自己婚姻生活的说明；被人们归在亚里士多德名下的、其实是出自亚里士多德学派的论著《家政学》。这些文献的意图各不相同：第一篇文献提出了一整套在一个理想的城邦里规范行为的权威体系；第二篇文献则规定了一位尊重自己与其他人的专制君主的个人生活风格的特点；第三篇文献试图界定各种有助于男人管理家庭的原则。但是，无论如何，没有一篇文献像色诺芬的《家政学》那样谈到土地所有者的生活方式，也没有因此提到这位土地所有者应该在妻子的帮助下承担管理家产的任务。尽管各不相同，但是这三篇文献似乎都比色诺芬更清楚地指出了一种接近于所谓的"双重性独占"原则的要求。因此，它们似乎想把一切男人的和女人的性活动都限定在单一的婚姻关系中。丈夫像妻子一样受到约束，或者至少坚持除了自己的妻子之外，不到其他人那里寻找性快感。因此，这是某种对等的要求；而且其目的是把婚姻界定为道德上可以接受的特殊的和唯一的性关系。然而，读过这三篇文献就会发现，以回溯的方式从中找出一个在后来的婚姻实践中作为司法的和道德的框架的"相互性忠诚"原则，这是错误的。因为在这些文献中，要求丈夫节制的责任或劝告，如他只以自己的妻子作为性伴侣，不是他自己订立的个人承诺的结果，而是一种政治规范的结果，这在柏拉图的法律中是强制的结果，而在伊索克拉底与伪托亚里士多德之名的人那里，则是男人通过一种对自己的权力的审慎限制来约束自己的结果。

1. 因为在《法律篇》中，柏拉图规定人到了适当的年龄（男人在 25 至 35 岁之间）就要结婚，优生优育，而且无论是男人还是女人，不要有婚外性关系，所有这些规定采取的不是一种自愿道德的形式，而是一种强制的法规。柏拉图确实多次强调过在这方面立法的困难，[①] 他感兴趣的是，只在失序和大多数人无法自我节制的情况下，某些措施要采取法规的形式。[②] 总之，这种道德的各项原则总是与国家的需要直接相关的，而决不涉及家政、家庭和婚姻生活的各种内在要求：人们

---

① 柏拉图：《法律篇》，VI，773c 和 e。
② 柏拉图：《法律篇》，VI，785a。

应该考虑到，美满的婚姻是有益于城邦的，而且为了城邦的利益，孩子们应该是"尽善尽美的"。① 从对城邦有益的方面来看，婚姻要避免富人之间的联姻；② 对新婚夫妇要进行仔细的检查，看看他们是否已经为自己的生育任务作好了准备；③ 还要规定丈夫在整个生育年龄期间只让合法的妻子受孕，而没有其他性关系。④ 所有这些都是与理想城邦的特殊结构联系在一起的，它们与一种以对节制的自觉探求为基础的节制风格相当不同。⑤

然而，我们应该注意到，柏拉图在谈到规范性行为时，对法律的信任是有限的。他认为，如果人们只利用法律规范和威慑力量来控制如此激烈的性欲，那么法律无法收到充分的效果。⑥ 人们应该采取一些比较有效的说服手段。为此，柏拉图列举了四种说服手段。首先是舆论：柏拉图提到了乱伦的情况。他问道：一个人怎样才能做到无论他的兄弟姐妹、儿子或女儿多么美丽，他都不会对他们产生性欲呢？这就是说，他们总是听人说起这些行为是"神所痛恨的对象"，而且有关这个问题，没有人会听到其他说法。因此，对于所有应受责备的性

---

① 柏拉图：《法律篇》，VI，783e，还参见 IV，721a；VI，773b。
② 柏拉图：《法律篇》，VI，773a—e。
③ 柏拉图：《法律篇》，VI，784a—c。
④ 柏拉图：《法律篇》，VI，784d—e。
⑤ 注意，一旦过了生育期，"那些行事纯洁的人将会获得荣耀，但是其他人将会得到相反的或者是不好的声誉"。柏拉图：《法律篇》，VI，784e。
⑥ 柏拉图：《法律篇》，VIII，835e。

行为，"公众舆论"同样应该具有一种"宗教的特征"。① 其次是荣誉：柏拉图提出了运动员的例子。在赢得比赛胜利的欲望驱使下，运动员们遵循一种严格节制的养生法，在整个训练期间，不接近女人或男童。因为战胜快感这些内在的敌人要比战胜竞争对手好得多。② 第三是人类的荣耀：柏拉图在这里引用了一个以后经常被人使用的例子；它有关那些成群结队地生活的动物，但是其中每个动物都生活在其他动物之中，"过着一种完全没有性交的禁欲生活"。当到了生育年龄时，它们就分开了，结成永久的配偶关系。但是，我们应该明白，这里所引用的这种动物配偶关系不是一种普遍的自然原则，而是人们应该接受的挑战：提起这样一种实践，怎么不会激发起有理智的人们表现出"比野兽更有德性呢"？③ 最后是羞耻：它通过减少性活动的频率，"削弱了性活动的暴虐"。人们不必禁止性活动，但是公民们应该"保守这些活动的秘密"，而且要感到公开地干这些事是"一种耻辱"，这一切的根据在于"习俗和不成文法所要求的一种义务"。④

因此，柏拉图的法律提出了一种对于男女双方对等的要求。这是因为他们为了共同目标扮演了某种角色——即作为未来公民的生育者，所以他们同样都受制于相同的法律，而且后

① 柏拉图：《法律篇》，VIII，838a—838e。
② 柏拉图：《法律篇》，VII，840a—c。
③ 柏拉图：《法律篇》，VII，840d—e。
④ 柏拉图：《法律篇》，VII，841a—b。

者强加给他们的限制也是相同的。但是，我们必须看到，这种对等并不意味着夫妻双方是因为一种内在于婚姻关系之中并且作为相互承诺的个人关系而被迫遵守"性忠诚"的。这种对等不是建立在夫妻之间的一种直接的和互惠的关系之上，而是建立在一种决定夫妻双方的要素上：即他们双方都同样遵守的各项原则和法律。他们确实应该自觉地遵守它们，而且是要通过自我说服的方式。但是这种自我说服与夫妻之间应有的爱情无关；它指的是人应该尊重法律，或者人应该关心自己、自己的名声和荣誉。强迫人们这样做的，是以尊重或羞耻、名誉或光荣的方式出现的个人与自身、与城邦的关系，而不是与其他人的关系。

　　我们可能注意到，在阐释有关"爱的选择"的法律时，柏拉图设想了两种可能的说法。按照其中的一种说法，要禁止任何男人侵犯一个出身良好而不是他合法妻子的自由女人，禁止他在婚外生育，以及"以违反自然的方式"向男人们播撒"不结果实的种子"。另一种说法绝对禁止各种男性之爱；对于婚外的性关系，只有当这种丑行没有逃过"所有男男女女"的眼睛时，柏拉图才考虑加以惩罚。① 的确，这种把性活动限制在婚姻之中的双重义务牵涉到城邦的安定、它的公共道德和优生

---

① 柏拉图：《法律篇》，VIII，841c—d。注意，至少按照柏拉图对法律的第一种说法，他是要说，只有"自由的"和"出身良好的"妇女是已婚的男子所不能碰的。不管怎么说，这是迪叶对原文所作的解释。罗宾将原文理解为它意指这一法律只对出身良好的自由男公民适用。

条件，而与属于夫妻对等关系的那些相互义务没有关系。

2. 伊索克拉底的这本著作是尼古克勒对他的同胞们的一篇演讲。它十分明确地把他对节制和婚姻的思考与行使政治权力联系了起来，这篇演讲是与伊索克拉底对尼古克勒的谈话同时的，即在尼古克勒执政之后不久：演讲者向这位年轻人提供了有关个人行为和统治的建议，认为这些应该能够成为供他后半生使用的永恒宝藏。尼古克勒的讲演估计是一篇君主的致词，它向他的臣民们解释他们应该怎样对待他。然而，这本著作的第一部分都是用来证明君主权力是正当的：君主体制的各种优点、统治者家族的各种权利、君主的种种个人素质。而且，一旦确立了这些正当性，那么公民们应该服从和热爱他们的君主也就得到了界定：他们的君主可以凭自己的美德要求臣民们服从他。因此，尼古克勒用了相当长的篇幅来说明自己的素质：首先是他在财政、刑法和与外国建立或恢复友好关系方面 ① 表现出的公正（dikaiosunē），然后是节制（sōphrosunē），他只是把它理解成对性快感的控制。而且，他还解释了这种节制的各种形式和理由，认为它们与他在国内所行使的君主权力直接相关。

他最后引证的理由关系到他的后代和家族没有私生子的必要性。他的家族可以重获出身高贵的辉煌，他的家谱可以一直追溯到诸神。"对于即将出世的孩子，我的感情与其他君主不

---

① 伊索克拉底：《尼古克勒》，31—35。

同。我不认为一些孩子应该出身低贱，另一些则是出身高贵；我也不认为我的孩子中一些是私生的，另一些是合法的；所有的孩子应该本性相同，都能将他们的血统，从他们的父母那儿，追溯到伊瓦戈拉，他是我的父亲，一个凡人；再到艾阿戈的儿子，他是半人半神；直至宙斯和诸神。任何一个我生的孩子都不应该被剥夺这种相同的高贵出身。"①

对于尼古克勒来说，节制的另一个理由在于管理国家与管理家务之间的连续性与同质性。界定这种连续性的方式有两种：根据的是人应该尊重他建立的与别人的一切组合关系（koinōniai）的原则；因此，尼古克勒不想像那些尊重自己其他的承诺、却宁愿伤害已经与自己结成终身伴侣关系（koinōnia pantos tou biou）的妻子的人一样行事：既然人们认为不应该忍受妻子所作所为的折磨，那么他们就不应该让妻子因为自己的快感享受而痛苦；要想做到公正，君主应该公正地对待自己的妻子。② 但是，在君主家庭的有序管理与公共政治的有序管理之间也有连续性和同构性："好的君主应该努力用一种和谐的精神来统治，不仅在他统治的国家中，而且在他自己的家中，在他居住的地方；因为所有这一切工作都要求自我控制和公正。"③

尼古克勒在全书中引证的节制与权力之间的联系特别被

---

① 伊索克拉底：《尼古克勒》，42。
② 伊索克拉底：《尼古克勒》，40。
③ 伊索克拉底：《尼古克勒》，41。

理解为对其他人的控制与自我的控制之间的一种本质关系，根据的是伊索克拉底在第一次对尼古克勒的谈话中已经阐述过的一般原则：“像管理其他人一样，管理你自己（archē sautou），而且要知道一个国王的最高尚的行为就是不要做快感的奴隶，控制他的欲望要严于控制他的同胞们。”[①] 这种自我控制是统治其他人的道德条件，尼古克勒一开始就以身作则；与许多专制君主的所作所为不同，他没有利用手中的权力来霸占其他人的妻子或孩子；他记得男人们多么珍惜他们的妻子和后代，而且多少次的政治危机和革命就是起因于滥用这种权力。[②] 因此，他极其小心地避免类似的指责：一旦他占据了最高权力，我们就可以看到，“除了他的妻子之外”，他不与“其他人”发生肉体关系。[③] 但是，对于节制，尼古克勒还有更积极的理由。首先，他想为他的同胞们作出表率；当然，我们应该明白，他不是要求他的国民们实行一种类似的性忠诚；他似乎并不想把它作为一种普遍的准则；他的道德的严格性应该被理解成一种对美德的呼唤和一种反对总是危害国家的放荡行为的榜样。[④] 伊索克拉底在对尼古克勒的谈话中提到过这种君主的道德与人民的道德大体上相似的原则：“你要记

---

① 伊索克拉底：《尼古克勒》，29。
② 伊索克拉底：《尼古克勒》，36。关于这个热门话题，参见亚里士多德的《政治学》，V，1311a—b。我们可能注意到伊索克拉底提到过人民对那些到处寻欢作乐、却能公正治国的君主们是宽容的。《尼古克勒》，37。
③ 伊索克拉底：《尼古克勒》，36。
④ 伊索克拉底：《尼古克勒》，37。

　　　　　　　　　　　　　　性经验史第二卷：快感的享用

住，人民的道德（ēthos）类似于统治者的道德，所以你要用自己的节制（sōphrosunē）来为其他人作出榜样。当你看到因为你的行为（epimeleia），你的臣民们就有了更富裕的生活和更节制的道德（euporōterous kai sōphronesterous gignomenous）时，你将会证明你的君主统治的价值。"① 然而，尼古克勒不想满足于让群众和他一样；他同时想（不自相矛盾地）与其他人、精英人物、甚至是那些最有道德的人区别开来。这同时不仅是有关榜样的道德公式（因为他表现得比最好的人还要好，所以他是大家的榜样），而且是为了在贵族政体中争夺个人权力的政治公式和维护开明的、节制的君主专制的坚实基础的原则（在人民看来，他天生就有比最有道德的人还多的美德）。他说："我发现，大多数的人都控制了自己的全部行为，但是那些最好的人却因为男童和女人而激发起了身上的欲望，并且让欲望征服了自己。因此，我想表明自己是能够保持坚定性的，这不仅要求我胜过一般的群众，而且还要胜过那些为自己的美德而骄傲的人。"②

但是，我们必须明白，这种作为榜样和优越性的美德不应该把它的政治意义归因于一个简单事实，即这是一种公认的高尚行为。事实上，它向被统治者们表现了君主与自身的关系形式：这是重要的政治要素，因为正是这种与自我的关系改

226

---

① 伊索克拉底：《尼古克勒》，31。
② 伊索克拉底：《尼古克勒》，39。

变和调节了君主使用统治其他人的权力的方式。因此，根据它表现出来的优点和确保它的合理结构，这一关系本身就是重要的。这就是为什么尼古克勒提到他在大家面前经过了一场节制考验。其实，在某些情况下，到了一定的年纪，人不难做到公正，不要金钱或快感；但是，如果人在年轻的时候获得了权力，那么让他表现出节制就是一场素质的考验。[①] 此外，他还强调他的美德不仅是本性的流露，而且是他思考的结果（logismos）：因此，他的良好行为不是碰巧或环境所致，而是自愿的和一贯的。

因此，经过最危险处境的考验并且永远得到理性保证的君主节制，有助于在统治者与被统治者之间建立一种契约：被统治者们可以服从他，而他必须控制自我。要能够让臣民服从，就必须以君主的美德作保证。因为君主能够通过他对自我的控制来节制统治其他人的权力。因此，尼古克勒说完自己之后，为了鼓励他的臣民们服从他，又重提以上论据："我这样充分地谈论自己……是为了不给你们留下不尽心尽力执行我给你们的劝告和规定的借口。"[②] 君主与自身的关系以及他把自己塑造为道德主体的方式是政治体制中的一个重要部分；他的节制也是其中的一部分，而且有助于政治体制的稳定。君主还应该实行一种禁欲并且身体力行："总之，对运动员的健身要求是没

---

① 伊索克拉底：《尼古克勒》，45。
② 伊索克拉底：《尼古克勒》，47。

有对国王强化其灵魂的要求来得重要，因为任何比赛具有的价值都无法与你们国王每天为之奋斗的价值相比。"①

3. 至于归在亚里士多德名下的《家政学》，我们知道关于它的写作时间存在着许多问题。一般认为该书的第一卷和第二卷是一部"伟大时代"的作品——要么是由亚里士多德的嫡传弟子根据笔记编撰而成的，要么是第一代逍遥学派中的某位成员的作品。总之，我们可以暂时把该书的第三部分，或者至少是很晚才出现的那"丢失的"第三卷的拉丁文"改写本"或"改编本"放在一边。该书的第一卷要比色诺芬的论著简要和单薄得多，但是它同样是一种对家政管理艺术（technē）的反思。它的目的是在家庭方面界定各种"获得财产"和"利用财产"（ktēsasthai, chrēsasthai）的行为。② 这本书阐述的是一种治理艺术，对人而不是对物，而且它根据的是亚里士多德在别处所阐述的原则，即在《家政学》中人们更关心的是人，而不是没有生命的财产。③ 其实，《家政学》对领导、监督、控制也给予了一些根本的指导（但不像色诺芬那样用很大篇幅来谈耕种的技术）。它是一本家长手册，即一家之长必须首先"关心"（epimelein）自己的妻子。④

228

---

① 伊索克拉底《致尼古克勒》，11。君主的个人的道德作为一个政治问题，是值得研究的。

② 亚里士多德的伪篇《家政学》，I，1，1343。

③ 亚里士多德：《政治学》，I，13，125a—b。

④ 亚里士多德的伪篇《家政学》，I，3，1，1343b。

这本书强调的各种价值几乎与色诺芬的著作相同：即颂扬农业，认为农业与手工艺人的职业不同，能塑造"有男子气概的"个人；肯定农业本质上具有原始的和基础的特点，肯定它对城邦具有必不可少的价值。① 但是，这本书的一些基本概念还带有亚里士多德的标记，而且特别是在对婚姻关系的自然基础和它在人类社会中的特殊形式的双重强调方面。

作者认为男女的结合（koinōnia）是一种"自然存在"的事情，而且在动物那里可以找到实例："它们的结合是一种绝对必然性的后果。"② 这是亚里士多德一贯的观点，比如在《政治学》中，这种必然性是与生育直接相关的，③ 而在《尼各马可伦理学》中，人被看成一种自然地"共同栖息的"、注定要成对地生活的生物。④ 但是，关于这种"结合"，《家政学》的作者认为它具有其他物种所没有的特点：这并不是说动物们不知道各种结合的形式已经超越了简单的生育配偶关系，⑤ 而是指，在人类中间，把男女结合起来的目的不是简单地在于"生存"，而是"好好地生存"（einai, eu einai），这是亚里士多德做出的一种重要区分。对于人类来说，无论怎样，男女成对的生活使他们可以在一生中相互帮助和支持；至于生育，

---

① 亚里士多德的伪篇《家政学》，I，2，1—3，1343a—b。
② 亚里士多德的伪篇《家政学》，I，3，1，1343b。
③ 亚里士多德：《政治学》，I，2，1252a。
④ 亚里士多德：《尼各马可伦理学》，VIII，12，7，1162a。
⑤ 亚里士多德的伪篇《家政学》，I，1343b。

性经验史第二卷：快感的享用

它不只是保证人类的繁衍，而且还是为"父母自身的利益"服务的。因为"当他们年富力强时，他们精心照顾这些弱小的孩子，作为回报，当他们上了年纪、体力不济时，他们会从长大了的孩子那里得到照顾"。[①] 而且，自然像它现在所做的那样要求男人与女人准备好这样进一步改善生活；正是着眼于共同生活，"它安排了男女这两种不同的性别"。男人强壮，女人胆小；男人在运动中获得健康，女人喜欢家庭生活；男人把财产带回家中，女人照看家中的一切；男人供养孩子，女人教育孩子。可以说，自然已经安排好了家政的管理和夫妻双方应该承担的角色。这里，作者从亚里士多德的原则出发，重新回到了色诺芬举例说明过的一种传统描述的图式。

在这种有关自然补充性的分析之后，《家政学》的作者立即谈到了性行为的问题。而且，这方面的段落既简短又简略，因而有必要把它全文引述："首要的职责是不能做任何不正义的事：大家都不必忍受一种不义。这正是公共道德的结论：女人不应该遭到不公正的对待，因为正如毕达哥拉斯学派所说的，女人在家里是一个乞求者，她是一个从娘家出去的人。然而，丈夫对待妻子的不公是他的非法外遇（thurazesunousiai）。"[②] 这里没有谈到女人的行为，这并不奇怪，因为要求女人的法规是众所周知的，而且我们在这儿

---

① 亚里士多德的伪篇《家政学》，I, 3, 3, 1343b。
② 亚里士多德的伪篇《家政学》，I, 4, 1, 1344a。

谈的完全是一种男主人的行为指南：正是他们的行为方式成了问题。我们可能还注意到，对于丈夫应该对妻子采取什么性行为、如何履行夫妻的责任或有关廉耻的法规，这本书一字未提（色诺芬的书除外），它关心的是别的问题。

首先，我们可能注意到，这本书非常明确地把性关系问题放在夫妻的公正关系的一般范围内。然而，这些关系是什么呢？它们应该具有什么形式呢？尽管这本书较早表明了规定男女结合应该采取何种"关系"（homilia）的必要性，但是对它的一般形式和原则却只字未提。但是在其他著作中，而且特别是在《尼各马可伦理学》和《政治学》中，亚里士多德在分析夫妻关系的政治本性——即夫妻关系中的权威型式——时，却回答了这一问题。在他看来，男女之间的关系显然是不平等的，因为男人的作用就是管理女人（由于许多原因而可能造成的相反情况，则是"反自然的"①）。然而，这种不平等应该小心地与另外三种不平等区别开来：即主人与奴隶之间的不平等（因为妻子是自由人）、父亲与孩子们之间的不平等（而且它产生了一种君主形式的权威），最后是在城邦中作为统治者的公民与作为被统治者的公民之间的不平等。如果因为丈夫对妻子的权威比起前两种关系来更弱、更不全面，那么它就没有在严格意义上的"政治"关系中、即在城邦自由公民之间的关系中

① 亚里士多德：《政治学》I，12，1259b。在《尼各马可伦理学》（VIII，10，5，1161a）中，亚里士多德提到了妻子作为女继承人的权利。

所具有的暂时性的特点。这就是说，在一种自由政体中，公民们轮流作为统治者和被统治者，而在家庭中，丈夫却应该永远保持优越性。[1] 夫妻作为自由民是不平等的，但是这种不平等是一种建立在自然差异的基础之上的决定性的不平等。正是在这一意义上，夫妻关系的政治形式是贵族统治：它总是让最优秀的人来统治，每个人都是按照他的长处和价值的大小得到他的权威、角色和作用。正如《尼各马可伦理学》所说的：“丈夫对妻子的权力看来带有贵族统治的特点；这就是说，丈夫是根据自己优点（kat'axian）的多少来行使权力的，而且是在那些应该由男人来作主的事情上。”这就要求像所有贵族统治的做法一样，丈夫要给妻子一份她力所能及的事情做（如果丈夫想包揽一切的话，那么他就把自己的统治变成了一种“寡头制”[2]）。于是，与妻子的关系也就作为一种公正问题被提了出来，它直接是与婚姻关系的“政治”本性相关的。《大伦理学》指出，只要儿子还没有独立生活，父子关系不可能是公正的，因为儿子只是“他父亲的一部分”。主奴之间也不可能有公正性的问题，除非是把它理解成一种“家庭内部的管理”公正。与妻子的关系则不同：毫无疑问，妻子总是低丈夫一等，而且应该决定夫妻关系的公正不可能是与决定公民之间关系的公正相同的；然而，因为它们之间的相似性，夫妻应该处于一种

---

① 亚里士多德：《政治学》I，12，1259b。
② 亚里士多德：《尼各马可伦理学》，VII，10，1，1152a。

"非常近似政治公正"的关系之中。①

　　然而，在《家政学》讨论丈夫应该采取什么性行为的问题的章节中，作者似乎谈的是另外一种公正。他提到了毕达哥拉斯的一种说法，强调妻子"在家中是一个乞求者，她是一个从娘家嫁出去的人"。但是，再仔细看看就会发现，这种关于乞求者的提法——一般指的是妻子出身于另一个家庭，而且在她丈夫的家中感到不像"在自己家中"一样这一事实——不是为了界定丈夫与妻子之间一般应有的关系型式。这些关系带有肯定的形式，并且与应该支配它们的不平等的公正相一致，这些都在前面的章节中间接地提到过。我们可以假定，作者在提到这一乞求者形象时，想提醒大家的是，妻子不应该根据婚姻来要求丈夫的性忠诚；但是，在已婚女人的处境中，有某种东西要求丈夫有所节制和约束；这就是她的软弱地位，使得她像一个从娘家嫁出去的乞求者一样顺从丈夫的善良意愿。

　　至于这些不公正行为的本质，很难根据《家政学》这本书说清楚。这些不公正的行为是"外遇"（thuraze sunousiai）。"sunousiai"可以用来表示一种特殊的性交，它也可以指一种"交易"、一种"暧昧关系"。如果我们要对这个词作狭义解释的话，那么它包括一切在"家庭之外"进行的性行为，它们对于妻子来说，是一种不公正：这样的要求似乎不太可能出现在一本相当接近日常道德的著作中。相反，如果我们用"关

---

① 亚里士多德：《大伦理学》，I，33，18。

系"的最广泛的意义来定义"sunousiai"一词，那么我们就会明白为什么在行使权力中会有一种不公正，而且这种权力还是必须按照每个人的价值、优点和地位来分配的：一种婚外恋、一个小妾，也许还有私生子，这些都是对妻子尊严的严重损害。不管怎样，丈夫的性关系中任何威胁到妻子特权地位的东西，在贵族式的家政管理中，都会以某种方式损害到家政管理中必要的和关键的公正。由此看来，《家政学》的说法与色诺芬的理解在具体内容上相距不大，因为伊斯索马克向他的妻子保证过，只要她行为端正，就决不会损害她的特权和地位。① 此外，我们必须注意到，那些随后立即提到的论点与色诺芬十分接近：丈夫有责任在道德上培养妻子，还有批评打扮（kosmēsis）是夫妻之间应该避免的谎言和欺骗。但是，色诺芬把丈夫的节制当作谨慎而明智的家长的一种作风，而亚里士多德的著作则把它纳入那些应该调节人类社会关系的不同公正形式之间的多种相互作用之中。

毫无疑问，很难确切地说出《家政学》的作者允许或禁止举止得体的丈夫具有哪些性行为。然而，无论具体形式如何，丈夫的节制似乎不是源于夫妻之间的个人感情，而且，它也不是像人们要求妻子严格保持性忠诚那样强加给丈夫的。正是在权力与职能的不公正分配的背景下，丈夫应该给予妻子一

234

235

---

① 然而，我们应该注意到，伊斯索马克提到过丈夫与家中女奴的关系可能造成与妻子竞争的处境。在此，具有威胁的是丈夫的外遇。

种特权；而且，只有通过一种自觉的态度（无论是出于利益的考虑，还是出于明智的考虑），他才能够像懂得如何行使贵族统治权力的人一样，认识到每个人应该得到的东西。在此，丈夫的节制还是一种有关行使权力的伦理，但是，这种伦理被理解成一种公正形式。这是对夫妻关系和双方的美德应有的地位的一种不平等的却又是正常的界定方式。但是，我们不要忘了，这种对夫妻关系的理解方式并不排斥众所周知的对友爱关系的强调。《尼各马可伦理学》集中了所有这些要素——公正、不平等、美德和贵族管理方式；而且，亚里士多德正是通过它们界定了丈夫对于妻子的友爱的特点；丈夫的这种"友爱"（philia）"正是我们在贵族统治中发现的友爱……它与美德成正比；杰出的人在利益上具有优先权，而且，每个人都获得了他应得的那部分。这也是公正的特点。"[1] 而且，亚里士多德在后面还说："丈夫对妻子以及一般意义上的朋友的相处之道，显然就是公正的法则如何得到遵循。"[2]

---

[1] 亚里士多德：《尼各马可伦理学》，VIII，11，4，1161a。

[2] 亚里士多德：《尼各马可伦理学》，VIII，12，8，1162a。关于亚里士多德对友爱与婚姻关系的论述，可见 J.-CI. 弗莱斯的《古代哲学中的友爱概念》（巴黎，1974 年）。我们应该注意到，在亚里士多德于《政治学》中所描述的理想城邦中，他对夫妻关系的界定非常接近柏拉图的解释。一旦父母太老了，生育的责任就要中止："在苟延残喘的岁月中，人们只是为了健康的原因或其他类似的原因而发生性关系。至于'丈夫与其他女人或妻子与其他男人'发生的性关系，最好把它们视为一种可耻的行为（mē kalon），只要发生在他们仍处于婚姻状况还被称作为妻子或丈夫时，就绝对如此，而且毫无例外。因为不难明白，如果这种错误发生在有生育能力的时候，那么它就会产生法律的后果。"参见亚里士多德的《政治学》，VII，16，1335b—1336a。

因此，在古典时代的希腊思想中，我们发现了一种婚姻道德的诸要素，这种道德分别向夫妻双方提出了拒绝一切婚外性活动的类似要求。性行为只限于夫妻之间，这种法规原则上是城邦和家庭的法律通过女人的地位强加给女人的，但是，有些人也认为这一法规同样适用于男人；无论如何，这是从色诺芬的《家政学》、伪亚里士多德的《家政学》或柏拉图和伊索克拉底的某些文献中得出的忠告。在一个法律和习俗都不包含类似要求的社会里，这些文献显得很孤立。情况也确实如此。但是，我们似乎不可能从中发现这些文献最先勾勒出一种夫妻相互忠贞的伦理，并且开始了一个后来被基督教赋予一种普遍形式、一种绝对必要的价值和整个制度的支持的将婚姻生活法典化的活动。

对此，我们有几个理由。除了柏拉图的城邦（其中，相同的法律以相同的方式适用于所有的人）之外，要求丈夫实行的节制与强加给妻子的节制之间既没有相同的根据，也没有相同的形式：后者是直接来自于一种合法地位和一种把她置于其丈夫的权力之下的法定依赖性。而前者则相反，它取决于一种选择和一种赋予自己生活某种方式的意愿。可以说，这是风格问题：因为男人想要对自己的行为进行控制并且有节制地控制其他人，所以他必须要节制自己的行为。由此可见，这种节制——比如在伊索克拉底那里——是一种高雅的表现，其示范价值并不具有一种普遍原则的形式；而且，色诺芬、甚至亚里士多德伪篇的作者都没有明确规定过要否弃一切夫妻关系之外的性关系，在伊索克拉底那里，这种否弃并不具有一种明确的约束形式，而是一种功德。

而且，无论这种规定是否对等（如在柏拉图那里），要求丈夫实行的节制不是以夫妻关系的特殊本质和专有形式为基础的。毫无疑问，这不是因为他是已婚的，所以他的性活动必须有所约束，进行一定的节制。但是，要求他这样做的不是他与妻子的关系，而是已婚男人的地位：结了婚的男人，就要像柏拉图的城邦所要求的那样，遵循它所规定的方式，为它养育它所需要的公民；他还要以丈夫的名义管理家务，应该让家庭秩序井然和兴旺发达，而且他的优雅举止应该被大家视为持家有道的象征和保证（色诺芬和伊索克拉底）；婚后，男人就有责任根据婚姻和妻子本性特有的不平等的方式实施各种公正的法则（亚里士多德）。这里，根本不存在任何排斥个人感情、爱情、友情和关心的东西。但是，我们必须明白，这种节制（sōphrosunē）的必要性决不是相对于妻子而言的，而且也不是只限于把夫妻作为个体而结合在一起的关系中。丈夫必须要求自己节制，因为已婚这一事实让他进入了各种责任或要求的特殊的相互作用中，而且这关系到他的声誉、财富、与其他人的关系、在城邦中的威望和他要过一种高尚和美好的生活的意愿。

于是，我们可以知道，为什么男人的节制和女人的美德能够表现为两种同时要做到的要求，而且，每一个都是以自己的方式和自身的形式来自婚姻状态的要求。不过，有关作为夫妻关系的基本要素的性实践的问题可以说几乎还没有被提出。直到很晚，夫妻之间的性关系，他们应该采取的方式、被允许的性姿势、他们应该遵循的羞耻感，还有他们所表现和加强的关系强度，才成了人们反思的一个重要因素。夫妻之间的全部性生活才在教士守则中引发了一整套非常详尽的法典规范。但是，普鲁塔克在此之前不仅提出了有关夫妻之间性关系的方式问题，而且提出了有关夫妻感情的意义问题。此外，他还强调相互愉悦对于夫妻双方感情的重要性。这种新伦理的特点不仅在于男人与女人只能有一个性伴侣——配偶，而且在于他们的性活动将作为他们夫妻关系的一个基本的、关键的和特别微妙的因素而受到人们的质疑。在公元前 4 世纪的道德反思中，这种新伦理尚未出现。但是，这并不意味着性快感在希腊人的婚姻生活中对于夫妻之间的相互理解毫无重要性可言：这无论如何都是另一个问题了。但是，为了理解为什么把性行为作为道德问题来对待，我们必须强调，在古典希腊思想中，人们不是从夫妻的个人关系出发去探讨他们的性行为的。只有到了生儿育女的时候，夫妻之间所发生的一切才是重要的。除此之外，他们共同的性生活不是反思和规范的对象：人们质疑的热点是节制，即夫妻双方各自出于一些原因需要表现出与他们的性别与地位相应的节制。节制不是夫妻共同的事情，而且，他们也没有必要担心对方是否节制。在这一方面，它与基督教的教士守则相去甚远，因为后者认为，夫妻双方必须为对方的贞洁负责，不让对方犯下肉体上的罪恶——要么通过无耻的诱惑，要么通过严厉的拒绝。在古典时代的希腊，道德家们规定婚姻生活中的双方都要节制；但是双方的节制属于两种不同的与自我发生关系的方式。妻子的美德构成了一种顺从行为的相关物和保证；男方的节制则属于一种自我约束的统治伦理。

第四章

性爱论

一

一种可疑的关系

对于希腊思想来说，与男童关系中的快感的享用是一个令*243*
人不安的主题。这在一个人们认为已经"宽容"了被我们称为
"同性恋"的社会里是自相矛盾的。但是，在此使用这两个术
语也许不够慎重。

其实，同性恋概念不适合用来概括与我们完全不同的一
种经验、各种评价方式与一种区分体系。希腊人并不把同性恋
与异性恋对立起来，当作两种互相排斥的选择和两类截然不
同的行为。而且，各种区分也不是以这一界限为标准的。从
道德的观点来看，把有节制的和控制自我的人与沉溺于快感
的人对立起来，要比区分各种人们最热衷的快感范畴重要。
有了各种宽松的道德，人就既无法抵制女人的诱惑，也无法
抵制男童的诱惑，更不用说后者比前者更严重了。在描绘专
制男人、即让"性爱暴君占据自己的灵魂并控制了它的全部*244*

感情"① 的人时，柏拉图是从两个同等的方面着手的，即这个专制男人一方面蔑视各种最基本的责任，另一方面又落入快感的普遍控制之中："如果他爱上一个妓女，这对他来说只是一种新颖的和多余的知识，那么他如何对待他的母亲这位自然赋予他的长期朋友呢？而且，如果他对一位美少年产生了一种新的和多余的爱情，那么他又如何对待他的父亲呢？"② 当有人指责阿尔西比亚德生活放荡时，这不是指责他这种或那种放荡行为，而是像博里斯泰内的比翁说的那样，"他在少年时代，把丈夫们从他们的妻子身边拐走；在青年时代，则把妻子们从她们的丈夫身边拐走"。③

反过来，为了说明一个男人的节欲，人们会说——柏拉图就是这样谈论塔伦特的伊库斯的 ④——他既能避免与男童发生关系，也能避免与女人发生关系。而且，色诺芬认为，居鲁士发现招太监入宫服务很有好处，其好处就在于他们无法染指女人和男童。⑤ 因此，在人们看来，这两种倾向是同样可能的，它们完全可能在一个人身上同时存在。

那么，希腊人是两性人吗？如果这是指一个希腊人能够同时或依次爱一个男童或一个女孩，一个已婚男人能够有自己

---

① 柏拉图：《理想国》，IX，573d。
② 柏拉图：《理想国》，IX，574b—c。
③ 第欧根尼·拉尔修：《哲学家们的生平》，IV，7，49。
④ 柏拉图：《法律篇》，VIII，840a。
⑤ 色诺芬：《居鲁士的教育》，VII，5。

"所爱的男童"（paidika），以及在爱过"男童的"青春年华之后又去追求女人是社会的时尚，那么我们当然可以说他们是"两性人"。但是，如果我们想知道他们是怎样看待这一双重实践的，那么应该注意到，他们并不承认这里存在两种"欲望"、两种不同的或对立的、分享了人的感情或欲望的"冲动"。考虑到他们在两性之间的选择是自由的，我们可以说他们是"两性人"。但是对于他们来说，这种可能性不是指一种双重的、矛盾的和"两性的"欲望结构。在他们看来，让人们能够对男人或女人产生欲望的，完全是自然安插在人心之中的爱"美"人的欲望，它才不管美人的性别如何。①

当然，我们在鲍撒尼亚的发言中②发现了一种有关两种爱情的理论，其中，第二种爱情——天上的爱情（l'Uranius）——是只对男童的爱情。但是，这不是指异性恋与同性恋之间的区分。鲍撒尼亚区分了"下等人体验到的爱情"[它的对象包括女人与男童，它只以行为本身为目的（to diaprattesthai），而且它是在混乱中完成的]与比较古老的、高贵的与理性的爱情（它的对象是最有活力与理智的人，显然这只能是男性）。色诺芬的《会饮篇》清楚地指出，选择少男还是少女，这种选择的不同是与两种爱好的差异或两种欲望的对立毫不相关的。伽里亚斯曾设宴向他所爱的十分年轻的奥托里克斯表示敬意；

---

① 关于这一点，参见 K.J. 多维的《希腊同性恋》，第 86 页。
② 柏拉图：《会饮篇》，181b—d。

这个男童特别美，吸引了所有客人的目光，其魅力如同"黑夜里突现的一束光亮"；"一看到他，没有人……不感觉到心灵激荡"。① 然而，在客人中，有几个人是已婚的，如尼凯拉托斯，他和妻子都爱对方，像"爱洛斯"（Eros）与"安特洛斯"（Anteros）之间的关系一样，也有几个人是已经订过婚的，如克里托布勒，② 他仍然处在既有情人又有爱人的年龄。而且，克里托布勒赞颂了他对克利尼亚斯的爱情。克利尼亚斯是他在学校里认识的一个男童；在一次喜剧比赛中，他力图显示自己比苏格拉底更美。比赛的奖励是得到一个男孩和一个女孩的亲吻。这两个孩子是一个西拉库斯人手下的，他教会他们跳一种舞蹈，舞姿优雅并且带有杂耍的动作，让所有的观众都感到快乐。他还教会他们模仿狄奥尼索斯与阿丽亚娜的爱情；因此，当看到"这么漂亮的狄奥尼索斯"和"这么妩媚的阿丽亚娜"真的在互相亲吻时，这些刚刚听过苏格拉底谈论什么是真正的男童之爱的客人们感到十分"激动"（aneptoromenoi）。听到他俩发出的山盟海誓，大家可以猜想到这两位年轻的杂技演员"最终得偿夙愿，相爱了"。③ 这么多的爱情煽动让每个人都快活不已：在《会饮篇》的末尾，一些人骑上马去找他们的妻子，而伽里亚斯与苏格拉底则起身去会美丽的奥托里克斯。

247

---

① 色诺芬：《会饮篇》，I，9。
② 色诺芬：《会饮篇》，II，3。
③ 色诺芬：《会饮篇》，IX，5—6。

在这次能够让他们一起陶醉于少女的美丽或男童们的魅力的宴会上，不同年龄的男人们都激起了快感欲望或严肃的爱情，其中一些人想从女人身上寻找这种爱情，另一些人则要在年轻男子身上去找它。

当然，对男童与少女的偏爱容易被认为是一种性格特征：男人们能够通过他们比较热衷的快感被区分开来。① 这是一个能够令人发笑的趣味问题，而不是一个有关个人本性、他的欲望真相或者他的爱好的自然合法性的类型问题。人们并不认为两种不同的欲望会分布在不同的个人身上，或者在同一个人的灵魂里相互冲撞；相反，人们却发现了两种快感享用的方式，其中一种方式更适合于某些个人或者人生的某些阶段。追求男童的实践与追求女人的实践并不构成能够区分个人的分类范畴；面对那些追求女人的男人，喜爱"男童"的男人并不把自己的体验当作"另类"（autre）。

对于各种"宽容"或"不宽容"的概念，它们还不足于说明现象的复杂性。爱好男童要成为一种"自由的"实践，不仅要得到法律的允许（除特殊情况外），还要得到舆论的认同。不仅如此，它还得到了不同机构（军事的或教育的机构）的坚定支持。在人们向理应保佑它的各种神灵祈求帮助时，它有自己的宗教保证。② 最后，它是一种受到推崇的文化实践，所有

248

----

① 参见色诺芬的《远征记》，VII, 4, 7。
② 参见 F. 布菲耶的《青春期的性爱》，第 90—91 页。

的文学都赞颂它，所有的反思都证明它是优越的。但是，各种不同的态度也混杂其中：轻视那些过于随便或过于自私自利的年轻人，贬低那些经常被阿里斯托芬和喜剧作家们嘲弄的女性化男人，①唾弃某些可耻的行为，如西奈德的行为，尽管卡里克勒说话直率和大胆，他也认为这种行为证明了不是所有的快感都可以是好的和高尚的。②看来，这一实践虽然得到大家认可，也是时尚的东西，但是对它仍然存在着各种不同的评价，推崇与贬斥相互交织，相当复杂，以致难以解释制约这一实践的道德。而且，人们对这种复杂性是有清醒的意识的；至少，从鲍撒尼亚的一段讲话中可以得出这个结论，他在这段话中指出，要想了解雅典人是赞同还是反对这种爱情方式是十分困难的。一方面，人们很好地接受了它（或者说，人们赋予它很高的价值），以致被人们推崇的求爱者的行为，在其他人看来，都是疯狂或无礼的行为；如祈求、请求、不懈的追求和一切虚假的誓言。但是，另一方面，人们看到父亲们小心地不让儿子们偷尝禁果，或者要求教师们防止这类事情的发生。而与此同时，人们也听到这些小伙伴们相互指责对方接受了这些类似的关系。③

249

---

① 如同《阿哈奈人》中的克利斯泰尼或者阿里斯托芬的《地母节妇女》中的阿伽通。

② 柏拉图：《高尔吉亚篇》，494e。苏格拉底：难道放荡的生活不可怕、可耻、可怜吗？你胆敢说那些毫无节制地享有他们需要的东西的人就是幸福的吗？卡里克勒、苏格拉底，你还来讨论这类问题，难道不感到可耻吗？

③ 柏拉图：《会饮篇》，182a—183d。

各种简单的线性图式不能使我们理解人们在公元前 4 世纪关注男童之爱的独特方式。我们必须用一些不同于"宽容""同性恋"的术语来重新讨论问题。而且，与其研究同性恋在古代希腊自由到了何种程度（好像这是一种处于随时间变化的压抑机制之下的恒定不变的和普遍一致的经验），我们不如追问男人之间的快感享受是怎样和以什么方式成问题的；人们是怎样质疑它的，它引起了什么特殊的问题，它卷进了什么争论之中；总之，既然它是普遍的实践，法律不惩罚它，而且它的魅力得到公认，那么为什么它成了一种特别的并且是特别强烈的道德担忧的对象，以致被附加上许多强制的和独特的价值、命令、要求、规则、劝告和鼓励。

让我们用非常图式化的方式来说吧：我们今天倾向于认为，当快感实践发生在两个相同性别的伴侣之间时，它们属于一种结构特殊的欲望；但是，我们承认——如果我们"宽容"的话——这不是让它们服从一种与共同道德不同的道德的理由，更不用说让它们服从某种法律了。我们探讨的焦点集中在一种不涉及异性的欲望的独特性上。而且，我们同时断定，大家不应该赋予这种关系一种较低的价值，也不应该为它保留一种特殊的地位。然而，希腊人似乎对此有着非常不同的看法：他们认为同一种欲望追求的是一切值得追求的对象（不论是男孩还是女孩），只要欲望愈是高贵，它就追求愈是美丽和高尚的对象；但是，他们还认为，当这种欲望发生在两个男性个体之间的关系中，它应该引起一种特殊的行为。希腊人没有想过

250

一个男人为了爱另一个男人，需要"另一种"本性；但是，他们认为人们在这种关系中所享受到的快感应该被赋予一种不同于爱慕女人时所需要的道德形式。在这种关系中，各种快感并没有在体验者身上暴露出一种奇异的本性；但是，享用它们需要一种自己的风格。

而且，事实上，在希腊文化中，男性之间的爱情在应该采取什么方式或可能具有什么价值方面，一直是人们热切思考、反思和讨论的对象。如果在这一讨论活动中只看到一种寻找机会自然地展示自己的自由实践的直接的和自发的表现，那么这是不够的，好像为了把一种行为当作质疑的领域或者理论关注和道德关注的中心，就足以使这种行为不被禁止一样。但是，如果我们只是怀疑这些文献企图证明男童之爱是高尚的，这也是完全不正确的。其实，把谴责或贬低男童之爱作为先决条件的，这是很久以后才发生的事。为此，我们必须弄清楚这一实践怎样和为什么引起了特别复杂的道德质疑。

希腊哲学家们有关普遍爱情与特殊爱情的著述很少有流传至今的。因为保存下来的文献数量十分有限，所以人们对这些反思及其一般主题所能形成的看法，只能是相当不确定的。而且，几乎所有这些保存下来的文献都是与苏格拉底—柏拉图的传统相关的，我们缺少像第欧根尼·拉尔修提到的那些著作，即安蒂斯泰尼、犬儒主义者第欧根尼、亚里士多德、泰奥弗拉斯特、芝诺、克里西波或者科兰托的著作。不过，柏拉图转述的那些多少带有讽刺意味的发言，能够为这些有关爱情的反思与争论中所质疑的对象提供某种概要的说明。

1.首先，我们必须注意到，关于男性之爱的哲学反思和道德反思并不涵盖男人之间性关系的一切可能的领域。它们关注的焦点是一种"享有特权的"关系，它是各种问题和困难的中心、特别关注的对象：这种关系意味着在两位伴侣之间存在着年龄差距以及与之相关的某种地位差别。这种为人们感兴趣、讨论和质疑的关系，不是那种把两个成年男人或两个同龄的男孩连接在一起的关系，而是在两个男人之间建立起来的关系（并不排除他们两人都年轻，在年龄上相当接近），而且，他们被认为属于两个不同的年龄组，其中一个还很年轻，尚未完成学业，没有获得确定的地位。① 这种差距的存在正是被哲学家们与道德家们质疑的那种关系的标志。我们不应该从这种特殊的关注中得出有关希腊人的性行为和他们的特殊趣味的一些草率结论（即使希腊文化的许多要素都表明男孩同时被指定和公认为代价高昂的性爱对象）。无论如何，我们不应该认为希腊人只发生这种关系；我们有各种资料证明还有一些不遵守

---

① 如果各种文献经常提到这种年龄与地位的差别，那么我们必须注意到，有关伴侣真实年龄的说明都是"浮动"的（参见 F. 布菲耶的《青春期的性爱》，第 605—607 页）。而且，我们看到一些人，他们对一些人扮演求爱者的角色，而对另一些人则扮演被爱者的角色：比如，色诺芬的《会饮篇》中的克里托布勒，他赞颂了他对克里尼阿的爱情。他是在学校里认识克里尼阿的，和他一样，克里尼阿是一个非常年幼的男孩。（关于这两个男童及他们之间些微的年龄差异，参见柏拉图的《欧底德谟斯篇》，271b。）

这一图式的、不包括这种双方之间存在"年龄差距"的男性之爱。因此，如果认为人们在这一方面以其他方式发生的这类关系是不受欢迎的和完全有失体面的，那么这是不正确的。人们认为男童之间的关系完全是自然的，而且甚至是他们自身条件的一部分。① 反过来，人们可以毫无指责地引用在一对早就过了青春期的男人之间演绎的活生生的爱情。② 毫无疑问，由于涉及主动性与被动性之间必然的两极对立，两个男人之间的关系极易成为批评或讽刺的对象：当一个成年人有了被人瞧不起的被动性嫌疑时，情况就更糟了。但是，无论人们轻易就接受了这些关系，还是怀疑它们，我们应该看到——这是目前重要的事情——它们不是一种道德关注的对象或一种重要的理论兴趣的对象。虽然它们既没有遭忽视也不是不存在的，但是它们并不属于积极而强烈的质疑领域。人们的关注和担心集中在那些具有多重目标的关系上：即在一个已经完成学业、被认为在社会、道德和性方面起作用的年长的男人与尚未获得明确的地位、需要帮助、建议和支持的最年轻的男孩之间的可能建立的关系上。总之，这种差异处于这种关系的中心，并且让它成为有价值的和值得思考的事情。因为这种差异，所以人们推崇这

---

① 在《卡尔弥德篇》（153c）里，柏拉图有一番描写，当一位年轻人到来时，所有的人——从成年人、少年男子，直到最小的男童——都盯着他看。

② 长久以来，人们一直引用欧里庇德斯的例子：当阿伽通已是一个年富力强的男子时，欧里庇德斯仍然爱着他。F. 布菲耶就这一问题曾引用过艾利安讲述的一则轶事。（见布菲耶的《青春期的性爱》，第 613 页，注释 33；艾利安的《故事杂记》，XII，第 5 页。）

种关系，也是因为这种差异，人们才质疑这种关系；而且，当它不明显时，人们会去寻找它。因此，人们喜欢讨论阿基里斯与普特洛克勒之间的关系，为的是搞清楚他们是如何区别开来的，而且一方是如何压倒另一方的（因为荷马的文献在这一点上也是模糊不清的）。① 当男性关系是建立在区分青少年与成年人的界限之上的时候，它就引起了一种理论的和道德的关注。

254

2. 看来，道德家们或哲学家们并不仅仅是因为受到一种教育担忧的促动而赋予这类特殊关系以特权。人们习惯把希腊人对男童的爱情与教育实践、哲学教育紧密地联系起来。苏格拉底这个人物以及古代经常出现的对男童之爱的描述，就让人联想到这一点。其实，对男人与青少年之间关系的推崇和说明需要一个非常广阔的背景。以它为主题的哲学反思实际上扎根于各种普遍的、公认的和相对复杂的社会实践中：正是因为不同于其他一些性关系，这些通过超越区分男人与男童的某种年龄界限和地位界限而把他们结合起来的关系，成了一种通过给它们强加许多规则而赋予它们形式、价值和兴趣的仪式化的对象。即使在这些关系没有受到哲学反思重视之前，它们就已经是整个社会游戏的托词了。

---

① 荷马让一方具有出身优势，让另一方在年龄上占优势；让一方孔武有力，让另一方具有思考能力（见荷马：《伊利亚特》，XI，786）。关于对他们各自角色的讨论，见柏拉图：《会饮篇》，180a—b；埃施尼的《驳斥蒂马尔克》，143。

第四章　性爱论

219

各种"求爱"实践就是围绕这些关系形成的：毫无疑问，这些实践并不像诸如中世纪发展起来的其他求爱艺术那样复杂。但是，它们与为了能够以恰到好处的方式获得一位少女的爱情所遵循的习俗也是不同的。它们界定了一整套约定俗成的和合乎礼仪的行为，从而使得这一关系成为一个有着浓厚文化和道德的领域。这些实践——K.J. 多维通过大量文献证明了它们的存在 [①]——界定了两个伴侣为了赋予他们的关系一种在美学上是"美的"和在道德上是有价值的形式，应该遵守的互动行为和各自的策略。它们确定了"求爱者"（eraste）与"被爱者"（eromene）的角色。一个处于主动的地位，他追求对方，这给予他各种权利与责任：他需要表现出热情，还要节制它；他要送上礼物，提供服务；他要向被爱者履行各种职责；而且，所有这些让他有充分理由期待公正的回报。另一个是被爱和被奉承的人，他必须避免让对方轻易得手；他还必须在没有证明他的伴侣的价值之前，避免接受太多各式各样的礼物，不让自己受利益的诱惑而轻率地答应对方。他也必须对求爱者为他所做的一切表示感谢。然而，这一求爱实践本身就很好地表明男人与男童之间的性关系"不是理所当然的"；它必须与习惯、行为准则、行事方式、一种旨在推迟期限并把它整合到一系列的活动与附属关系中去的停滞与曲折的相互作用相协调。这就是说，这类已经完全得到承认的关系不是"无关

---

① K.J. 多维：《希腊同性恋》，第 104—116 页。

紧要的"。仅仅在所有这些预防措施和人们对它们的兴趣中看出这种爱情是自由的，这就没有抓住要害，就没有认识到人们在这种性行为与所有其他性行为（人们并不担心它们应该怎样进行）之间做出的区分。所有这些担心都很好地表明了男人与青少年之间的各种快感关系已经构成了社会中的一个微妙的因素和一个十分敏感的要害之处，以致人们不能不关注双方的行为。

3. 但是，人们立即发现这与婚姻生活所构成的另一个让人感兴趣与探讨的中心有着极大的差异。这就是说，至少在某种程度上，人们面对的是一种男人与男童之间"开放的"游戏。

这是指"在空间上"的开放。在家政学和家政艺术中，人们面对的是一种二元空间结构，其中，夫妻双方的地位被仔细地区分开来（男主外，女主内，一边是丈夫的地盘，另一边是妻子的地盘）。与男童的游戏是在一个非常不同的空间里展开的：至少男童们要达到一定年龄，这种游戏才在公共空间——街道、聚会的场所以及某些具有战略重要性的地点（比如体育馆）——里展开；但是，在这一空间里，每个人都有移动的自由，①因此，人们必须在男童可能经过的地方跟踪他、追逐他、等待他，而且在他出现的地方抓住他。求爱者必须在体育

---

① 这一自由在学校里是受到监督限制的。参见埃施尼在《驳斥蒂马尔克》中有关学校和教师必须采取的预防措施的论述（9—10）。关于相会的地点，参见 F. 布菲耶的《青春期的性爱》，第 561 页及次页。

馆里奔跑，与被爱者一起打猎，气喘吁吁地一起进行自己并不习惯的各种运动。对于求爱者来说，这是一种既可笑又可恨的主题。

但是，这一游戏还是开放的，而且特别表现在，人们不能对非奴隶出身的男童行使任何法定的权力：他可以自由地选择，可以接受或拒绝，可以有所偏爱或自作主张。要想从他那里得到他有权不转让的东西，人们必须能够说服他。在男童看来，谁要想得到他的偏爱，就必须在竞争中压倒对手，而且，他要为此强调自己的魅力、品德或礼物。但是，决定要由男童自己作出：在这一竞争中，没有人有把握取胜。然而，这正是它吸引人的地方。没有什么比色诺芬笔下的专制君主希爱罗的美丽的悲歌更好地说明了这一点。[1] 他认为，作为专制君主，无法使自己与妻子或男童的关系讨人喜欢，因为专制君主只能娶一个出身于低级家庭的妻子，因此失去了与一个"比自己更富有和更强大的"家庭结合在一起的所有好处。对于男童来说（希爱罗爱上了戴洛梭斯），拥有专制的权力这一事实造成了其他一些障碍；希爱罗想得到许多宠爱，但是他只要求那个男孩出于友情完全自愿地给予他许多宠爱。即使"伤害了自己"，他也不会"强行从他那里夺走它们"。当然，强行从敌人手里夺走东西，这是最大的快乐；但是，对于男童的宠爱来说，最温柔的就是他们自愿给予的宠爱。比如，"与朋友眉目传情是

---

① 色诺芬：《希爱罗》，1。

性经验史第二卷：快感的享用

多么令人快乐的事啊！他提的问题是多么令人愉快！他的回答是多么令人愉快！甚至争吵和闹别扭也充满温柔和魅力！但是，违背男童的意愿而玩弄他，这不是爱情，而是强盗行径"。对于婚姻来说，对性快感及其享用的质疑是从赋予丈夫支配妻子、其他人、家产和家政的权力的法定关系出发的。主要的问题是怎样节制这一权力。对于与男童的关系来说，快感伦理需要通过各种年龄的差别，启动各种应该考虑到其他人的自由、拒绝的能力和必要的同意的微妙的战略。

4. 在这种对与青少年关系的质疑中，时间问题是重要的，但是，它却是以独特的方式被提出来的。重要的既不是养生法中性行为的恰当时机，也不是家政学中对一种关系结构的不断维护：而是有关不确定的时间与瞬间转变的困难问题。它有不同的表达方式，而且首先是一个"限度"问题：男童从何时起应该被认为年龄太大了，不能作为爱情关系中高尚的伴侣呢？他到了什么年龄就不好再接受这一角色，他的情人也不好再让他接受这一角色呢？这就是著名的对男性标志的判定标准问题。这些男性标志应该代表一条界限，因为事实上这条界限经常被跨越，而且人们有可能指责那些违反它的人，所以人们认为难以把握这条界限。众所周知，初生胡须被认为是这种男人命中注定的标志，而且剃去胡须的剃刀一定会割断爱情的纽带。① 应该注意到，无论如何，人们并不简单地指责

----

① 柏拉图：《普罗泰戈拉篇》，309a。

那些同意担任一个与他们的男子气概不相称的角色，而是指责那些经常光顾年龄过大的男童的男人。[1] 斯多葛主义者就因为拥有爱人的时间过长（一直到28岁）而遭人批评，但是，他们以某种方式扩展了鲍撒尼亚在《会饮篇》中的论据（他主张，为了让人们只爱品格高尚的年轻人，法律必须禁止与年龄太小的男童发生关系 [2]），这表明这一界限不是一种普遍的准则，而是一个争论的主题，它允许有各种针锋相对的解决办法。

这种对青春期及其界限的关注无疑是一种强化人们对青少年的身体、它的特殊美及其身体发育的不同标志的敏感性的要素。青少年的身体成了文化极力推崇的对象。男性的身体在展现出最初的魅力之后，还可以是美丽的，对此，希腊人既没有忽视也没有遗忘。古典雕塑家更喜欢成人的身体，记得在色诺芬的《会饮篇》中，人们精心挑选最美丽的老人向雅典娜献上花环。[3] 但是，在性道德中，经常被视为快感的"恰当对象"的却是青少年的身体及其魅力。而且，如果认为它的那些特征是因为与女性的美相似才受到推崇，那么这就错了。其实，原因在于它们本身，或者在于它们与正在形成的男子气概交织在一起：活力、耐力、热情是这种美丽的一部分，而且，如果锻炼、体操、比赛、打猎增强了它们，从而保证了这种美丽不会

---

① 参见色诺芬的《远征记》中对梅农的批评，II, 6, 28。
② 柏拉图：《会饮篇》，181d—e。
③ 色诺芬：《会饮篇》，IV, 17。

陷入柔弱和女性化之中，① 那就好了。日后（甚至在古代）被视为青少年之美的一个组成部分（确切地说，它是这种美的隐秘原因）的女性的暧昧性，在古典时代既是男童必须小心预防的东西，也是男童必须受其保护的东西。在希腊人那里，存在着一种有关男童身体的道德美学。它显示了男童的个人价值和人们对他产生的爱情的价值。作为身体标志的男子气概不应该出现在男童的身上。但是，它应该作为早熟的形成和行为的预兆出现在男童的身上：虽然他还不是一个成年男人，但是他的行为已经像是一个成年男人了。

但是，与这种敏感性密切相关的，还有面对这些急剧变化及其终点的临近的焦虑、对这种美及其合法的欲望的短暂性的感受，而且，当求爱者看到爱人魅力不再时，当被爱者看到求爱者离他远去时，他们经常会表现出恐惧，一种双重的恐惧。于是，从爱情关系（注定要消失的）向一种友爱关系（philia）的可能转变不仅在道德上必要，而且在社会上有用，有关这方面的问题就被提了出来。友爱关系不同于爱情关系，它有时出自爱情关系，人们也希望它出自爱情关系。它是持久的，只与生命一起终结，而且消除了隐含在男人与青少年的性爱关系中

---

① 关于强健的男童与体弱的男童之间的对比，参见柏拉图的《斐德罗篇》（239c—d）与《情敌》。关于男性化男童的性爱价值和大约在公元前 4 世纪开始的向更加女性化的体格的审美旨趣的演变，参见 K.J. 多维的《希腊同性恋》，第 88—94 页。总之，年幼男童的魅力是与他的女性气质相关的原则很久之后成了一个流行的主题。

的不对等。这是有关这类关系的道德反思中常见的主题之一。这些关系应该摆脱它们的不稳定性；这种不稳定性是因为伴侣们爱情不专一造成的，而且是男童因为长大而失去魅力的结果；但是，这还是一条戒律，因为爱一位已经超过一定年龄的男童是不好的，如果他自己愿当别人的爱人，那就更不好了。这种不稳定性是无法避免的，除非友爱（philia）已经在爱的激情中发展出来。"友爱"就是在性格与生活方式方面有相似之处，在思想与生活上有共通之处，而且互相照顾。① 当色诺芬描绘两位朋友时，他曾说明了如何在爱情中产生和培养永恒的友爱：两位朋友相互凝视，相互交谈，彼此信任，一起为成功感到高兴，为失败感到悲伤，而且相互关照。他说："正是通过这样的方式，他们珍惜和享受这种柔情，一直到老。"②

5. 这种对与男童关系的探讨一般都采取一种对爱情的反思的方式。我们不应该由此得出结论，认为对于希腊人来说，性爱只能在这种关系中有一席之地，而且，它无法规定与女人的关系的特征。其实，性爱能够把同一性别的人结合起来；在色诺芬的笔下，尼克拉托和他的妻子就被"爱洛斯"（Eros）与"安特洛斯"（Antéros）的关系结合起来。③ 性爱并不一定

---

① 关于"友爱"的定义，参见 J.-CI. 费莱斯的《古代哲学中的友爱概念》。

② 色诺芬：《会饮篇》，VIII, 18。苏格拉底有一段话（同上，VIII, 13—18）突出说明了对于男性之爱的不稳定性的担忧和永恒的友爱在此应起的作用。

③ 色诺芬：《会饮篇》，VIII, 3。

就是"同性恋"，更不排斥婚姻。而且，婚姻关系不是因为与爱的力量及其互惠性不相容而有别于与男童的关系。差别另有所在。婚姻道德，或者更确切地说，已婚男人的性伦理并不是为了自我塑造和界定它的各项规则而需要性爱关系的存在（即使这种关系存在于夫妻之间是非常可能的）。相反，既然这是要界定男人与男童的关系应该怎样达到最美和最好的形式，既然这是要规定他们在这一关系中可以怎样享用快感，那么这就必然要涉及性爱了。对他们之间关系的质疑属于一种"性爱论"。在两个配偶之间，婚姻地位、家政管理、子孙繁衍能够确定各种行为原则，界定它的各种规则，确定各种必要的节制方式。相反，男人与男童处于相互独立的地位，在他们之间，不存在制度的约束，只有一场开放的游戏（具有偏爱、选择、感情自由、结局难料的特性），调节行为的原则需要追问这一关系本身，需要追问让双方相互吸引的感情本质，需要追问把他们彼此结合起来的爱情本质。因此，这一质疑就要以一种对这种关系本身的反思方式来展开：它既是对爱情的理论探讨，也是对爱的方式的规范性质疑。

但是，这种求爱艺术其实涉及两个人。当然，女人及其行为并不完全外在于对家政学的反思的；但是，她只是丈夫的补充要素，处于他的绝对权威之下，而且如果在她的特权方面尊重她是件好事的话，那么这也要看她的表现是否值得，而且一家之主是否自我控制，也是重要的条件。相反，男童可以保持这个年龄所要求的矜持；他一开始可能不断拒绝（可怕却高

263

尚），最终接受了（这是人所期望的，但是容易被怀疑），这样，他就成了一个与求爱者相对的独立中心。而且，这种性爱论需要从这种椭圆形的一个焦点向另一个焦点展开，在家政学与养生法中，一个男人的自愿节制主要是以他与自我的关系为基础的。在性爱论中，情况更加复杂。它包含着求爱者的自我控制；它还包含着被爱者能够建立一种支配自我的关系。最后，它包含在双方的慎重选择中他们的两种节制之间的关系。人们甚至可以注意到一种强调男童观点的倾向；人们特别质疑他的行为，向他提出各种意见、劝告和戒律：好像建立一种有关被爱对象的性爱论，或者至少在被爱对象应该把自己塑造成道德行为的主体时，建立一种有关被爱对象的性爱论，是最重要的事情。这在归在德谟斯泰尼名下的对埃皮克拉底的颂词中不难看出。

二

男童的荣誉

　　相对于柏拉图和色诺芬的两部伟大的《会饮篇》，相对于
《斐德罗篇》，德谟斯泰尼的伪篇《性爱论》就显得相对贫乏
了。这篇讲话词藻华丽，既是对一位青年男子的颂扬，也是对
他的劝告：这是颂文的传统作用，色诺芬在《会饮篇》里提到
过它，即"讨年轻人的欢心"，而且，"同时教会他应该怎样做
人"。① 因此，它既是颂扬，又是忠告。但是，从这篇《性爱
论》的各种平庸主题及其论述（一种有点枯燥乏味的柏拉图主
义）中，我们可以发现人们对爱情的各种反思和提出"快感"
问题的方式所共有的特征。

　　1. 在整篇文章中弥漫着一种担忧。这在这篇文章所使用
的一套经常涉及荣誉与耻辱的相互作用的词汇中表现了出来。

---

① 色诺芬：《会饮篇》，VIII，12。关于颂文与劝诫的关系，也可以参见亚里
士多德的《修辞学》I，9。

在整个讲话过程中，讨论的是耻辱（aischunē）问题，这种耻辱既是人可能受到的侮辱，也是让人远离它的感情。这篇讲话还涉及什么是与美的或既美又公正的事物相对的丑和可耻（aischron）的问题。它还大量讨论了什么导致指责和轻视（oneidos, epitimē）、什么带来荣誉和好名声（endoxos, entimos）的问题。总之，从《性爱论》的一开始，埃皮克拉底的情人就强调了他的目标：颂文带给被爱者的是荣誉，而不是耻辱，① 就像那些冒冒失失的追求者们大唱赞歌那样。而且，他经常提到这一担忧：重要的是，年轻人要记得由于他的出身与地位，一旦对于荣誉问题稍有疏忽，就有让自己蒙羞的危险；他应该牢记那些由于保持警惕而能够在爱情关系中保持自己荣誉的人，并且以他们为榜样；② 他应该小心谨慎，不要"给他的本性抹黑"，不要让为他感到骄傲的人的希望落空。③

因此，一个年轻人的行为就成了一个对什么是耻辱与什么是体面、什么使人荣耀与什么使人羞辱之间的区分特别敏感的领域。对此，那些想对年轻人、别人对他们的爱情以及他们应该采取的行为进行思考的人忧心忡忡。在柏拉图的《会饮篇》中，鲍撒尼亚在提到有关男童问题上道德与习俗的不同时，指出在埃利德、斯巴达、底比斯、伊奥尼亚或蛮族人的地方，最

---

① 德谟斯泰尼：《性爱论》，1。
② 德谟斯泰尼：《性爱论》，5。
③ 德谟斯泰尼：《性爱论》，53。亚里士多德的《修辞学》（I，9）说明了美（kalon）与丑（aischron）范畴在颂词中的重要性。

后在雅典，什么被认为是"可耻"的或"美的"。^① 而且，斐德罗还提到人们在年轻人的爱情问题上和在一般生活中应该采取的指导原则："一方面，对于可耻的事要有羞恶之心；另一方面，对于美的东西要有崇敬之心。如果没有这两者，那么所有的城邦和个人都无法做出伟大和优美的事情。"^② 但是，应该注意到，这种问题不仅仅是某些爱挑剔的道德家们的问题。年轻人的行为、他的荣誉与耻辱还是社会感兴趣的对象。人们关注它、谈论它、记得它。而且，为了攻击蒂马尔克，埃施尼毫无顾忌地重新提起了几年前流传的闲言碎语，那时他的对手还是一个十分年轻的人。^③ 此外，《性爱论》顺便说明了一个男童怎样十分自然地成了周围人多么关心和怀疑的对象；人们观察他、监视他、评论他的举止和各种关系；在他的周围，散布着各种恶言恶语；如果他表现出自大或傲慢，那么心怀敌意的人已准备好对他进行指责。但是如果他表现出太多的才能，那么人们就会赶紧批评他。^④ 显然，人们禁不住会想到在其他社会里，少女们的处境会怎样呢；在结婚的年龄对于女人来说已经被大大推迟之后，她们的婚前行为对于她们本人和她们的家庭来说成了一个重要的道德问题和社会问题。

2. 但是，对于希腊男童来说，其荣誉的重要性并不像对后

268

---

① 柏拉图：《会饮篇》，182a—d。
② 柏拉图：《会饮篇》，178d。
③ 埃施尼：《驳斥蒂马尔克》，39—73。
④ 德谟斯泰尼：《性爱论》，17—19。

来的欧洲少女那样关系到他未来的婚姻。它倒是关系到他将来在城邦中的地位和职位。当然，人们有成百上千的证据来证明声誉颇受争议的男童可以担任最高的政治职务；但是，人们也有证据表明，他们可能因此受到指责——更不用说某些不端的行为可能产生大量的司法后果：蒂马尔克的情况就很好地说明了这一点。《性爱论》的作者明确地向年轻的埃皮克拉底提到它；他未来的一部分以及他将来可能在城邦中具有的地位，取决于他今天的行为方式是否高尚；既然城邦不想求助于先来的人，它会考虑已经赢得的声誉；① 而且，轻视好的忠告的人将会因为自己的轻率给自己一生带来痛苦。因此，年轻的时候，小心自己的行为，年长后又监督较为年轻的人的荣誉，这是两件必须要做的事。

处于这一转折期的年轻人非常吸引人，他的荣誉也非常脆弱，因此这是一个考验期：即考验他的价值的时期，因为他的价值需要被培养、实践和衡量。在这篇文献的结尾处，有几行字很好地说明了男童在他生命的这一时期里的行为具有的"考验"的特点。这篇颂词的作者在劝告埃皮克拉底的同时，提醒他会有争议（agōn），而且是有关"dokimasie"② 的争论："dokimasie"指的是考试（l'examen），考试结束后，人们会同意年轻人进入学校③ 或允许某些公民担任行政官员的

---

① 德谟斯泰尼：《性爱论》，55。
② 德谟斯泰尼：《性爱论》，53。
③ l'éphébie：指古代雅典 18 岁至 20 岁的青年男子学习文化与军事的学校。——译者注

职位。大家之所以看重和关注年轻人的道德行为，这是因为它是一种资格考试。此外，这篇文献清楚地指出了这一点："我认为……我们的城邦让你负责管理它的一个行政部分，如果你表现出来的天赋愈是引人注目，那么城邦就愈会认为你能胜任重要的职位，而且，它愈想尽快地考察你的能力。"①

3. 那么，它都考察哪些具体的方面呢？而且，埃皮克拉底应该针对什么类型的行为小心地划分出什么是高尚的和什么是可耻的？它考察的是希腊教育中一些众所周知的要点：身体的姿势（小心避免"rhathumia"，这种无精打采的样子总是一种侮辱性的标志）、目光〔从中可以看出是否有羞耻之心（aidos）〕、说话的方式（不要用简单的沉默来掩饰自己，而要能够把严肃的话题与轻松的话题糅合起来）、经常交往的人的品德。

但是，高尚与可耻的区分尤其体现在恋爱行为的领域中。对此，我们应该首先注意到，作者批评了那种认为男童的荣誉就是完全拒绝求爱者的观点，正是因为这一点，这篇文献既是对爱情的颂扬，同样又是对青年人的赞颂：毫无疑问，某些情人会给这种关系抹黑（lumainesthai tōi pragmati）；②但是我们不应该把他们与那些行为节制的人混淆在一起。这篇文献没有在拒绝追求者的人与接受追求者的人之间划出荣

270

---

① 德谟斯泰尼：《性爱论》，54。
② 德谟斯泰尼：《性爱论》，3。

誉的界限。对于一位希腊青年人来说，被情人追求显然不是一种耻辱：这倒不如说是彰显了他的品质；追求者的数目可以成为理当自豪的对象，而且有时候是无谓虚荣的对象。但是，接受这种恋爱关系，进入这种游戏（即使玩的真的不是求爱者要求的那种游戏）之中，不再被认为是一种耻辱了。赞美埃皮克拉底的人是要他明白，美丽和被人爱是一种双重的幸运（eutuchia）：① 他应该恰当地利用它（orthōs chrēsthai）。这就是这篇文献强调的要点，而且它指出这一要点正是所谓的"荣誉之点"：这些东西（ta pragmata）本身绝对不是什么好的或坏的东西；它们的好坏取决于利用它们的人（para tous chrōmenous）。② 规定了它们的道德价值的是"对它们的用法"，它根据的是在其他地方经常阐述的一个原则。总之，我们在《会饮篇》中碰到过一些非常类似的说法："在这一方面，没有什么是绝对的；事情本身无所谓美或丑；让它美的是你把它弄成美的，让它丑的是你把它弄成丑的。" ③

271
然而，如果我们想知道怎样在爱情关系中明确地划分高尚与可耻，那么我们必须认识到这篇文献语焉未详。如果说这篇文献提到埃皮克拉底应该做什么或已经为锻炼身体、培养勇气或者获得他必需的哲学知识做了什么，那么在肉体方面，什

---

① 德谟斯泰尼：《性爱论》，5。
② 德谟斯泰尼：《性爱论》，4。
③ 柏拉图：《会饮篇》，183d, 181a。

么是可以接受的或拒绝的，却什么也没有说。有一件事则是清楚的：不应该拒绝一切（年轻人"给出宠爱"），但是也不应该什么都接受："当你的宠爱符合正义和道德时，没有人会因得到你的宠爱而失望；对于那些会导致耻辱的宠爱，没有人会冒险希望得到它：你的节制给予那些具有最佳动机的人的自由是多么巨大；而它对那些胆大妄为的人的打击又是多么巨大。"① 节制（sōphrosunē）作为人们所要求的男童的主要品质之一，隐含着要在肉体接触中有所判别。但是，我们无法从这篇文献中推理出荣誉会强迫人们拒绝哪些行为和举止。应该注意到，在把自身主题阐述得非常充分的《斐德罗篇》中，几乎存在着同样巨大的不明确性。在讨论向求爱者或非求爱者让步的时机的最初的两篇发言过程中，在关于拥有桀骜不驯的马与温驯的马的灵魂车队的伟大寓言中，柏拉图的这篇文献说明了"高尚"实践的问题是主要的；然而，性行为只是用诸如"讨好"或"给予他的宠爱"（charizesthai）、"干那种事"（diaprattesthai）、"从爱人那里得到尽可能多的快感""得到想要的一切"（peithesthai）、"获取快感"（apolauesthai）等词语来表示。难道这是这类发言中所内含的慎重吗？毫无疑问，的确如此，而且，希腊人认为在一篇词藻华丽的发言中对在争论或申辩中只是含糊提到的事情明确地指名道姓，是不体面的。人们还可能认为，没有必要强调

---

① 德谟斯泰尼：《性爱论》，20。

各种众所周知的区分：人人都应该知道对于男童来说接受什么才是高尚的或接受什么才是可耻的。但是，我们还可以回想一下在"养生法"与"家政学"中的内容：道德反思不是最恰当地界定大家应该尊重的各项法规和什么是允许的或禁止的行为，而是规定采取什么类型的态度、需要什么类型的与自我的关系。

4. 事实上，这篇文献若是没有揭示必须遵循的各种举止方式和不要逾越的各种肉体界限，那么至少揭示了在这些方面规定人的生存方式和行为方式的一般原则。对埃皮克拉底的全部颂扬是以竞争为背景的，其中年轻人的优点和荣誉应该通过他压倒其他人的优势而得到证实。让我们回到在这些词藻华丽的发言中频频出现的这些主题上：即人们颂扬的人还是比人们对他的赞美要好得多，而且，说出来的话可能不及它所谈论的人美丽；[1] 或者，男童是通过他肉体的品质和道德的品质而表现出压倒其他人的优势的：他的美是无与伦比的，好像"命运"为了给大家"树立一个榜样"而把各种最不同的和最对立的品质结合在一起了；[2] 让他具有压倒其他人的优势的，不仅有他的天赋还有他的谈吐。[3] 在所有可能引人注目的锻炼中，他选择了最高贵的和最有利可图的活动；[4] 他的灵魂"对于各

---

① 德谟斯泰尼：《性爱论》，7，33。
② 德谟斯泰尼：《性爱论》，8，14。
③ 德谟斯泰尼：《性爱论》，21。
④ 德谟斯泰尼：《性爱论》，23，25。

种相互对立的雄心壮志"已经做好了准备；而且，他不满足于只因一种品质而出名，而要具备"一个明智的男人可以引以为傲的一切品质"。①

然而，埃皮克拉底的优点不仅在于让他可以超出他的所有对手并且给他的父母增光添彩的这些丰富的品质，②还在于与那些接近他的人相比，他总是保持着他杰出的价值；他不让自己受制于他们中的任何一个人；大家都想和他亲热——"sunētheia"（亲热）这个词既有共同生活的一般意义，又有性关系的一般意义；③但是，他却以这种方式战胜了他们，对他们产生了巨大的影响，以致他们从向他表示的友谊中获得了一切快感。④不要让步、不要屈服、永做最强者，通过自己的抵抗、坚定和节制（sōphrosunē）压倒追求者和情人：这就是年轻人在爱情领域里证实自己价值的方式。

根据这种一般性的说明，我们难道应该设想一种基于社会领域里的各种地位（其中有着"头面人物"与其他人、统治者与被统治者、主人与仆人之间的差别）与性关系的方式（具有支配与从属的地位、主动的与被动的角色、男人的插入与他的性伴侣的忍受）之间的、对希腊人来说十分熟悉的类比之上的精确法典吗？说不要让步、不要让其他人压倒自己、不要接受居人之下的卑下地位，这无疑是排斥或阻止那些使男童屈辱并

274

---

① 德谟斯泰尼：《性爱论》，30。

② 德谟斯泰尼：《性爱论》，31。

③④ 德谟斯泰尼：《性爱论》，17。

因此使他处于卑下地位的性实践。①

　　但是，保持荣誉与"优势"的原则——除了几个明确的规定之外——很可能是与一种一般的风格相关的：（特别是在舆论看来），男童不应该"被动地"行事，不应该任人摆布和支配，不应该不做任何斗争就让步，不应该甘心成为别人享乐的性伴侣，不应该满足别人的奇思异想，而且不应该因为软弱、快感欲望或有利可图而随意委身于人。因此，那些接受第一个求爱者、毫无顾忌地招摇于市、周旋于不同情人之间、委身于出价最高者的男童是可耻的。这是埃皮克拉底没有做也不会做的事，他关心别人对他的看法，关心他需要保持的地位和能够保持的有用关系。

　　5. 再简单地提一下《性爱论》的作者让哲学在人们要求年轻人把保持荣誉和作为适合他年龄的优势竞争的考验中所起的作用。这种哲学只是根据苏格拉底的论点"关注自我"（epimeleia heautou）② 和苏格拉底所主张的把知识与锻炼（epistēmē-meletē）结合起来的必要性来阐述自己的内容的。但是，这种哲学不是一种指导另一种生活的原则，也不是戒绝一切快感的原则。伪德谟斯泰尼把它称为对其他考验的必不可少的补充："告诉你吧，最荒谬的是为了增加财富、体力以及诸如此类的利益而表现出好胜心和经过许多考验……而

_275_

---

① 关于不被控制的重要性，关于对同性恋中鸡奸与被动口淫持保留意见，见 K.J. 多维的《希腊同性恋》，第 125—134 页。

② 德谟斯泰尼：《性爱论》，39—43。

不是想方设法去完善决定其他一切的能力。"① 因为哲学所能说明的是人如何变得"比自己更强",而且当一个人真的比自己更强时,它还会提供压倒其他人的可能性。它自身表现为一种指导原则,因为唯有它能够指导思想:"在人类事务中,思想指导一切,而哲学则能够在训练思想的同时,指导思想。"② 由此可见,哲学对于年轻人的智慧来说是一个必不可少的宝藏。然而,哲学不是为了把他引向另一种生活方式,而是要让他能够在面对各种考验与保持荣誉的艰苦比赛中控制自我和战胜其他人。

276

显然,整个《性爱论》都是围绕着在年轻人的青春与美丽吸引了许多男人去设法"战胜"他的这一艰难时期里如何获得压倒自我和其他人的双重优势的问题展开的。在《养生法》中,问题主要是控制自我和危险行为的激烈性。在《家政学》中,讨论的是权力问题,即人们在对妻子行使权力的实践中应该控制自我的问题。而在这里,既然性爱论是从男童的观点出发的,那么问题就是去了解他在不向其他人让步的情况下如何能够确保对自己的控制。人不应该节制他自己的权力,而是在确保对自我的控制的同时能够以最佳的方式与其他人的权力进行较量。因此,在这篇发言中间出现的一段简短的叙述就有了一种象征的价值。它谈的是一种公共场合:即对一次战车

---

① 德谟斯泰尼:《性爱论》,38。
② 德谟斯泰尼:《性爱论》,37。

比赛的叙述。但是，这里所叙述的小型运动剧是与年轻人在与他的追求者们的交往中所经受的公开考验直接相关的。其中，我们看到埃皮克拉底驾驶着他的马车（很可能参考了《斐德罗篇》）；他与失败擦肩而过，他的战车差一点就被一辆敌方的马车撞得粉碎；尽管群众一般都喜欢看到各种意外事故，但是，他们仍会为这位英雄激动不已，而他"甚至比他的马车的冲力还要强大，终于压倒了他的最强大的对手"。①

277

　　这篇对埃皮克拉底的讲话当然不是希腊人爱情反思的最高形式之一。但是，它在自己的平庸之中很好地揭示了"希腊男童问题"的某些重要方面。年轻人——处于结束儿童时期到获得成年男人身份的时期之间——对于希腊道德与思想来说是一个微妙和困难的要素。他的青春年华及其美丽（众所周知，每个男人对此生来就敏感），还有他将获得的地位（他应该在周围人的帮助与保护下为此做好准备），形成了一个"战略"要点，围绕着它展开了一场复杂的斗争：他的荣誉部分取决于他对自身肉体的使用方式，而且还在一定的程度上决定了他未来的声望与作用，因此，它是一个重要的目标。对于他来说，这里有着一种要求应用与训练的考验：对于其他人来说，这里还有关心与照顾的机会。就在结束对埃皮克拉底的赞美时，作者提到男童的生活（bios）应该是一个"公共的"作品，而且好像它是一个有待完善的艺术作品，要求所有认识埃皮克拉底的

---

①　德谟斯泰尼：《性爱论》，29—30。

人都来给予这位未来的人物"尽可能多的荣耀"。

后来在欧洲文化中，少女或已婚妇女，还有她们的行为、美德、美丽和感情，都成了一些优先关注的主题。一种向她们求爱的新艺术、一种基本上浪漫的文学形式、一种关注她们身体的完整性和她们婚姻誓约的牢固性的严格道德，这一切都把各种好奇心与欲望吸引到她们的周围。无论她们在家庭或社会里的地位有多么卑下，"女人的"问题还是得到了强调和鼓吹。她的本性、行为、所激发或体验到的情感、人们可能与她发生的允许的或禁止的关系，都成了反思、认识、分析和规范的主题。与此相反，在古希腊，对男童的质疑似乎更加活跃，围绕着他的易逝之美、他的肉体荣誉、他的智慧及其所需要的训练，人们一直保持着一种强烈的道德关注。这一历史的独特性并不在于希腊人是在男童身上找快感，甚至也不在于他们承认这种快感是正当的，而是在于这种对快感的接受不是简单的事情，它引起了一整套的文化解释。概而言之，这里应该要把握的不是希腊人为什么会对男童感兴趣，而是他们为什么会有一种"鸡奸"（pédérastie）：也就是说，为什么他们围绕着这种兴趣详细地说明了一种求爱实践、一种道德反思，以及我们将会看到的一种哲学禁欲主义。

278

三

快感的对象

　　为了弄清快感的享用是怎样在对男童之爱的反思中被质疑的，我们应该记住一个不是希腊文化特有的、但却是其中极为重要的并且在各种道德评价中行使着一种支配权力的原则。它就是性关系与社会关系之间的同构原则。因此，我们应该知道，性关系——总是被人从典型的插入行为和区分主动与被动的两极性的角度来看待的——被视为和高级与低级、统治者与被统治者、主人与仆从、征服者与被征服者之间的关系具有相同的类型。人们对快感实践的反思，使用的是与社会对抗和等级制领域一样的范畴：在对抗结构、各种对立与区分、各种被赋予恋爱双方各自角色的价值中的类似性。而且，我们由此可以明白，在性行为中有一种内在高尚的、理应被推崇的角色：它处于主动、支配、插入和发挥自己优势的

地位。

　　由此，这对那些理应作为这一活动的被动一方的人的地位

产生了一些影响。奴隶们被主人使唤，这是理所当然的：他们的处境让他们成了性对象，这是毋庸置疑的事；因此，人们有时对禁止强奸奴隶和禁止强奸儿童竟是出自同一个法律感到吃惊。为了说明这种奇怪的现象，埃施尼认为人们在禁止对奴隶性侵犯的同时，是想指出对出身良好的儿童的性侵犯已经达到了多么严重的程度。至于女人的被动性，它指的是一种劣等的本性和卑下的处境；但是不要谴责她的行为，因为它符合自然的要求和她的地位的要求。相反，在性行为中，一切能够给一个自由男子——而且给一个因为出身、财富和威望而处于或应该处于高于其他人的上流阶层的男子——带来低人一等、服从和束缚的标志的东西，都只能被视为耻辱：如果他甘愿成为别人取乐的对象，那么这还是更大的耻辱。

然而，在根据这些原则所规范的价值游戏中，男童——生来自由的男童——处境艰难。当然，在他没有从那些在他获得自己完整的地位时将属于他的权利与权力中受益的意义上，他还处于"卑下的"地位。然而，他的地位是与奴隶的地位不相重叠的，当然，也与女人的地位毫无重叠之处。这在家政与家庭中，确实如此。亚里士多德《政治学》中的一段话对此说得很清楚。在讨论家庭里的权力关系和管理方式时，亚里士多德界定了奴隶、妻子和（男）孩子相对于一家之长的地位。亚里士多德说，管理奴隶不是管理自由人；管理妻子就是行使一种"政治"权力，其中双方的关系永远是不平等的；与此相反，对孩子的管理可以说是"高贵的"，因为它取决于"慈爱与年龄的优势"。① 其实，奴隶缺乏审慎的能力；虽然女人有这种能力，但是她在家里不起决定作用。男童也缺乏这种能力，因为他尚未完全发育成熟。而且，如果说对女人的道德教育的重要性是因为她们占了自由民人口的一半，那么对男孩的道德教育就更加重要了，因为这关系到将来参与城邦管理的未来公民。② 我们看到：男童地位的特点、他的特殊依赖形式和人们应该对待他的方式，甚至在家长行使巨大权力的地方，都有他将来拥有的地位的标志。

在各种性关系的相互作用中，这在某种程度上来说确实如此。在各种不同的正当"对象"中，男童占有特殊的地位。当然，他不是一个被禁止的对象。在雅典，有一些法律保护自由儿童（防止那些至少一度无权进入学校的成年人骚扰他们；防止奴隶们骚扰他们，如果他们胆敢腐蚀他们，就会被处死；防止他们的父亲或监护人骚扰他们，如果他们让孩子卖身，那么就会受到处罚）；③ 但是，没有什么会阻止或禁止一个青少年在众目睽睽之下成为一个男人的性伴侣。不过，在这一角色中，存在着一种内在的困难：有某种东西既阻止人清楚地界定和说明这一角色在性关系中的意义，又让人关注这一点，让人赋予在这方面应当发生的或不应当发生的事情以极大的重要性和许多价值。这里存在着一种完全盲目的使命和一个评价过高

─────────

① 亚里士多德：《政治学》，I，12，1259a—b。
② 亚里士多德：《政治学》，I，13，1260b。
③ 参见埃施尼在《驳斥蒂马尔克》中引用的法律，见该书9—18。

的地方。男童的角色是一种人们既无法确定又有着强烈兴趣的因素。

在《驳斥蒂马尔克》中，埃施尼使用了一种自身非常有趣的法律，因为它涉及一个男人的不道德的性行为——确切地说是"卖身"——可能造成失去公民资格和政治权力的后果，因为它会阻止他日后"可以进入九位执政官的行列，担任神职和充当公共律师"。卖过身的人不能在城邦或国外担任任何经选举产生或通过抽签委任的行政职务。他不能充任司库或大使，也不能受雇去检举或揭发那些使馆人员。最后，即使是"最能言善辩的演说家"，[①] 他也不能在议会上或在人民面前发表自己的意见。因此，这一法律使得男人卖身成了不准公民担任某些职务的公开耻辱（atimie）。[②] 但是，埃施尼进行辩护并试图通过法律的专门讨论来损害对方的方式，清楚地表明了在男童的某些性角色与成年人的某些社会的和政治的角色之间存在着众所周知的在"道德上"和法律上不相协调的关系。

埃施尼的法律论证从由谣言、闲谈和证词所证实的蒂马尔克的"不道德行为"出发，找到了构成卖身的某些因素（性伴侣的数目、不分对象、服务的报酬），而其他因素则付之阙如（他没有被登记为卖身者，而且他不住在妓院里）。当他年轻漂亮的时候，他被许多人玩弄过，而且这些人并不总是高尚

---

① 参见埃施尼在《驳斥蒂马尔克》中引用的法律，19—20。

② K.J. 多维强调指出，该受谴责的不是卖身本身，而是触犯卖身所引起的各种资格的丧失这一事实。《希腊同性恋》，第44—45页。

的人，因为人们看见过他在一个有名的淫棍的家里与一个男奴隶生活在一起，周围都是一些唱歌的人和演奏齐特拉琴的人。他还接受礼物，受人供养，参加其保护者的各种荒诞活动。人们知道他与塞东尼德、奥托克里德、特尔桑德、米戈拉斯、安蒂克勃、彼托拉古、埃热斯克勒在一起。因此，不能只是说他靠各种暧昧关系（hetairēkōs）生活，而要说他"卖身"（peporneumenos）："因为他是为了报酬而不加选择地和所有人干这种勾当，难道他不应该为这一罪行负责吗？"①

　　但是，埃施尼还从道德层面上指控对手，这不仅可以使罪行成立，而且可以在政治上完全打垮对手。蒂马尔克也许在形式上不是一个职业的卖身者，但是他根本不是那些毫不掩饰自己对男性之爱的兴趣、并与自由男童保持对于年轻的性伴侣来说是珍贵的和高尚的关系的令人尊敬的男人中的一员：埃施尼承认他赞成这种爱情。他把蒂马尔克描写成一个在年轻时就公开地把自己置于作为其他人的快感对象的卑下的和屈辱的地位上的人；这一角色是他所乐意的，他寻求和热衷于这一角色，并且从中获益。而且，埃施尼向他的听众们强调，这在道德上和政治上是与公民在城邦中的职责和实施的权力不相容的。一个在年轻时公开热衷于这一角色的男人现在要扮演一个在城邦中高于其他人、为他们提供朋友、在他们做决定时出主意、领导和代表他们的男人角色，这不能不引起公愤。对于雅典人来

---

①　埃施尼：《驳斥蒂马尔克》，52。

说，难以接受的——这就是这篇驳斥蒂马尔克的讲话中埃施尼想要煽动的情绪——不是不能让某个爱男童的人，或者某个年轻时曾被男人爱过的人来统治，而是不能接受过去曾是其他人的快感对象的人作为领袖。

此外，这也是阿里斯托芬经常在他的喜剧中煽动的情绪。令人发笑和厌恶之处在于，这些演说家、这些被人追随和爱戴的领导人，这些企图引诱人民去服从其统治的公民，像阿吉里奥和克里斯泰尼的克莱翁，也是曾经同意而且继续同意扮演让其他人快乐的被动对象的角色。而且，阿里斯托芬讽刺了雅典民主制，认为在这种民主制中，一个人愈是对这类快感感兴趣，那么他在公民大会上受欢迎的机会就愈多。[①] 第欧根尼也以相同的方式和意图嘲笑了德谟斯泰尼及其道德，因为后者竟要成为雅典人民的领导者。[②] 一旦一个人在各种快感关系的相互作用中扮演了被支配的角色，那么他就不可能有正当理由在公民活动和政治活动中占据支配地位。

这些讽刺和批评在现实中能够得到多少证实，这不重要。至少它们通过自己的存在清楚地说明了一件事：在这个允许男人之间性关系存在的社会里，一种男人优越的伦理和一种以男性的支配与插入的图式为根据的性关系概念共处时所造成的困难。其结果是，一方面起"主动"和支配作用的角色总是被赋

---

① 阿里斯托芬：《骑士们》，V，第 428 页及次页；《妇女大会》，V，第 112 页及次页。参见 F. 布菲耶：《青春期的性爱》，第 185—186 页。

② 第欧根尼·拉尔修：《哲学家们的生平》，VI，2，34。

予各种肯定的价值，而另一方面，必须给予性行为中的一个伴侣被动的、受支配的和卑下的地位，而且，如果说当这个伴侣是一个女人或奴隶时，这里不存在任何问题，那么一旦这个伴侣是男人时，这就是另外一回事了。毫无疑问，这种困难的存在说明了人们既对成年人之间的这一关系保持沉默，又对那些为了表明自己接受或者（更确切地说）偏爱这一"卑下"角色而打破沉默的人大声谴责。同样，正是因为这一困难，大家都集中关注男人与男童之间的关系，因为其中一位伴侣因为年轻和尚未获得男人的地位，能够暂时成为大家可以接受的快感对象。但是，即使男童因为自身的魅力能够在不引起丑闻和问题的情况下成为男人们追逐的猎物，我们也不应该忘了他有一天要成为一个男子汉，行使权力和履行职责，到那时，他显然不能再是快感的对象了：那么，他能够在什么范围内作为快感的对象呢？

　　这就产生了在希腊性快感（aphrodisia）道德中所谓"有关男童的二律背反"。一方面，年轻人被认为是快感的对象——甚至是男人的男性伴侣中唯一高尚和正当的对象；谁只要尊重法律和礼节，大家就决不会指责他爱上一个男童，想要得到他和与他做伴。但是另一方面，因为男童在青春期过后必然要成为一个成年人，所以他不可能自认为是这种关系中被支配的对象：他不能也不应该认同这种角色。为了自身着想，他不可能心甘情愿地成为这种快感对象，相反，成年人则是十分自然地喜欢选择他作为快感对象。简言之，在与男童的关系中体验快感和成为快感的主体，这对希腊人来说不成问题；相反，成为快感的对象和自认为是快感的对象对男童来说则构成了一个主要困难。为了成为一个自由男人、自己的主人并能够压倒其他人，他应该确立的与自身的关系是无法与一种他成为另一个人的快感对象的关系形式相一致的。这种不一致在道德上是必要的。

这种困难说明了希腊人对男童之爱的反思的某些特征。

首先，希腊人在这种爱情是自然的还是"反自然的"问题上摇摆不定的态度很让我们捉摸不透。一方面，人们都认为对男童的感情像所有派生出美的事物的感情一样是自然的。然而，人们又经常断言两个男人的关系，或者广而言之，两个同一性别的个人之间的关系是"非自然的"（para phusin）。显然，我们可以认为这两种观点反映了两种态度：一种赞同这种爱情，另一种则表示反对。但是，这两种意见可能依据的是这一事实，即如果人们明确承认了在男童身上找快感是自然的，那么要接受把男童当作一个快感对象的活动也是自然的观点，就难上加难了。因此，人们可以指责两个男人之间发生的性爱活动是非自然的，因为它让其中一位伴侣"女性化"了，而人们可能有的对美的欲望并没有被认为是自然的。尽管犬儒主义者非常气愤地嘲笑所有因为自己的被动性而接受丧失自己本性并使自己成为"罪大恶极的人"① 的男童，但是他们并

---

① 第欧根尼·拉尔修：《哲学家们的生平》，VI，2，59，还可参见54和46。

不反对男童之爱。至于柏拉图，我们没有必要认为这位年轻时赞同男性之爱的人后来"变聪明"了，以致在他的晚期作品中把男性之爱当作一种"违反自然"的关系予以谴责。相反，我们倒应该注意到，在《法律篇》的开头，当他把作为一种自然要素的与女人的关系和作为放纵（akrasia）的结果的男人之间（或女人之间）的关系对立起来时，他指的是性交行为本身（这是自然为生育活动而预先安排的），而且想到的是能够促进或败坏公民道德的制度。① 同样，在第 8 卷的一段话中，他就考虑到了有关各种性关系的法律的必要性和困难度，他所强调的各种论据是与在性交（mixis aphrodisiōn）中把男人和男童"当作女人来使用"所可能造成的危害相关的：对于被诱惑的人来说，他怎样能够培养出"一种勇敢的和男子气概的性格"（to tēs andreias ethos）呢？对于诱惑者来说，他又怎样能够培养出"一种节制的精神"呢？"对于向快感让步而无法自制的人，大家都会指责他的软弱"，而"对于试图模仿女人的人，大家则会谴责他那酷似女人的样子"。②

认为男童是快感对象的困难还表现在希腊人的一系列非常明显的保留上。人们不愿意用专门术语直接提及男童在性

关系中的角色：人们有时会使用非常笼统的说法，如干那种

---

① 柏拉图：《法律篇》：I，636b—c。
② 柏拉图：《法律篇》，VIII，836c—d。在《斐德罗篇》中，这种关系的肉体形式被说成是"违反自然的"，其中男人的举止像一个"四脚兽"（250e）。

事（diaprattesthai to pragma），① 有时通过无法明说的方式来表示它，② 有时又求助于各种"竞技的"或"政治的"隐喻说法，如"让步""服从"（hupēretein）、"服侍"（therapeuein, hupourgein），③ 而这正是这种关系所提出的问题的最有意义的方面。

但是，希腊人在承认男童会体验到快感方面同样有所保留。这种"否认"既是表明这种快感不可能存在，同时又规定了它不应该被体验。因为需要说明为什么爱在经历各种肉体关系之后常常转变成恨，苏格拉底在色诺芬的《会饮篇》中提到一个年轻人在与一个年老的男人发生关系（homilein）时会有的烦恼。但是，他立即加上了一般原则："此外，一个男童不像一个女人那样会分享一个男人的性爱快感，而是毫无感觉地观看对方的肉欲激情。"④ 在男人与男童之间，并不存在——不能而且也不该存在——共同的快感。《问题》的作者只承认在几个身体结构不合常规的人那里，才有这种可能性。而且，没有人比那些通过易于让步、大量的暧昧关系或者举止、化妆、装饰或香水来表明自己乐于扮演这一角色的男童更受到人们的严厉谴责了。

---

① 或者"diaprattesthai"，参见《斐德罗篇》，256c。
② 色诺芬：《会饮篇》，IV，15。
③ 色诺芬：《希爱罗》，I 与 VII；柏拉图；《会饮篇》，184c—d。见 K.J. 多维的《希腊同性恋》，第 62 页。
④ 色诺芬：《会饮篇》，VIII，21。

这并不因此意味着一旦做出让步，男童应该表现出十分冷淡的样子来。相反，只有他体会到对他的情人的赞赏或感激、爱恋之情，从而想让他的情人快乐，他才应该让步。动词"charizesthai"经常被希腊人用来表示男童"接受"和"示爱"。① 这个词表明爱人不是简单地向情人"投降"；年轻人是通过一种赞同对方的欲望和要求的感情来"示爱"的，但是性质不同。这是一种反应，而不是分享一种感受。男童不应该是拥有一种肉体快感的人；他甚至不应该从男人的快感中获得快感。如果他在恰当的时候让步，也就是说既不太匆忙，又不过于勉强，那么他应该为给对方带来快感而感到高兴。

因此，与男童的性关系要求双方各自以特殊的方式行事。因为男童不能认同他需要扮演的角色，所以他应该拒绝、抵制、逃避和避而不见。② 如果他最后做出了让步，那么前提必须是他对他所让步的那个人的条件（他的价值、地位和美德）和他能够从那个人身上得到的好处（如果好处只是金钱，那么它是可耻的，但是如果它是学习男人的本领、有助于自己未来的各种社会关系，或者是一种长久的友谊，那么它就是高尚的）感到满意。而且，这恰恰是情人应该能够提供的好处，而且，他应该给出更符合规定的礼物（其重要性与价值根据伴侣双方的条件不同而不同）。因此，在男人与男童之间的关系中，

①　柏拉图：《会饮篇》，184e。
②　柏拉图：《会饮篇》，184a。

性行为不仅应该被纳入一种旨在尽可能延长它的拒绝、回避和逃避的游戏中，而且还应该被纳入一种确定它应该在什么时候和以什么条件进行的交换过程。

总之，男童应该出于好意而不是为了自己的快感给出某种他的伴侣为了从他这里获得快感而寻找的东西；但是，他的伴侣如果不奉献与之相称的、却又与男童给予他的"礼物"迥然不同的礼物、好处、承诺和誓言，那么就不可能有正当理由要求它。由此可见，在希腊人有关男童之爱的反思中，存在着一种十分突出的倾向：怎样把这种关系整合到一个更大的整体中，从而让它可以转变成另一种关系：一种稳定的关系，其中肉体关系不再重要了，而且伴侣双方能够分享相同的情感和财产。男童之爱只有包括（由于情人奉献了充分的好处，由于爱人有所保留地取悦于情人）构成这种爱转化为一种最终的和有社会价值的友爱关系的基础的各种要素，才能在道德上是高尚的。

如果有人认为因为希腊人并不禁止这类关系，所以他们不会担心它的意义，那么他就错了。比起所有其他性关系，它更让希腊人"感兴趣"，而且，一切迹象都表明他们关心它。但是，我们可以说，在当代思想中，人们首先是从欲望主体的观点出发探讨同一性别的两个人之间的关系的：一个男人怎么能够产生一种以另一个男人为对象的欲望呢？而且，我们知道，人们正是从这一欲望的某种构成（从它的双重性或匮乏出发）寻求回答的原则。相反，希腊人的担心与能够让人发生这种关

292

系的欲望无关，也与这种欲望的主体无关；他们担心的是快感对象，或者确切地说，他们之所以担心这一对象，是因为这一对象日后一定会控制他与其他人一起享用的快感和他对自我行使的权力。

正是在这一质疑点上（怎样让快感对象成为控制自己快感的主体?），哲学性爱论或者说苏格拉底和柏拉图对爱情的反思，找到了自己的出发点。

第五章

真正的爱情

在本章中，我们仍将讨论性爱论的问题，即有关爱的反思艺术（特别是男童之爱的反思艺术）的问题。但是这一次，这一问题将被限定在曾在西方世界的全部历史中涵盖快感道德的节制性的第四大主题的发展范围之内。在讨论完身体与健康的关系、妇女与婚姻制度的关系、与男童、男童的自由及其男性的关系之后，现在我们要着手讨论与真理的关系。因为这是希腊人对男童之爱的最重要的反思之一：它不仅指出了这一爱情出于可以想见的理由怎样构成了一个要求行为明确和让"性快感"（aphrodisia）的享用极尽风格化的难点，而且在它的主体中，衍生出了快感的享用与通向真理的关系的问题。这一问题讨论的是真实的爱情应该是什么。

在基督教文化和现代文化中，这些有关真理、爱情和快感的问题非常自然地涉及构成男女关系的基本因素：童贞、精神联姻、灵魂—配偶的主题很早就表明了从一个男性领域（内有求爱者和被爱者）向另一个以女性的形象和两性关系为标志的领域的转变①。很久之后，浮士德见证了快感问题与认识途径

---

① 这不意味着男性之爱的形象已经完全消失。参见 J. 鲍斯维尔：《基督教、社会宽容和同性恋》。

问题在对女人的爱情以及女人的贞操、纯洁、堕落和赎罪权利的题材上相互联系的方式。在希腊人那里，情况则相反，对真理途径和性节制之间相互关系的反思似乎特别是针对男童之爱而展开的。当然，我们必须考虑到，事实上，在当时所笼罩着的毕达哥拉斯主义的氛围中，关于纯洁与认识的关系，很少有置喙和规范的余地。我们还必须考虑到，我们并不知道安蒂斯泰尼、第欧仁尼·勒·西尼克、亚里士多德或泰费拉斯特写过什么爱情著作。因而，把苏格拉底—柏拉图的学说的专门特征普遍化，认为它概括了希腊古典时代的性爱哲学的一切形式，这是不恰当的。其实，它在很长一段时期里只是反思的一极，像普鲁塔克的对话、伪吕西安的《爱情》或麦克西默·德·蒂尔的演讲所揭示的那样。

297　　尽管它在《会饮篇》或《斐德罗篇》中总是如此，以及它提到的其他讨论爱情的方式，我们可以看出它同当时流行的探询年轻人及其追求者各自的良好行为、它同与荣誉相妥协的方式的性爱论保持着怎样的距离。我们还可以看出，它在深入快感伦理的习惯主题之中的同时，如何展开了各种对这一快感伦理转变成一种禁欲道德和形成一种欲望解释学来说十分重要的问题。

　　《会饮篇》和《斐德罗篇》都用了相当大的篇幅来"转述"——模仿或仿效——爱情话语中的一般说法：如在《会饮篇》中斐德罗、鲍撒尼亚、埃里克什马克和阿伽通的"现身说法"（les discourstémoins），或者是在《斐德罗篇》中吕希亚斯的说法以及苏格拉底作出的第一次带有讽刺意味的反驳。它们阐明了柏拉图学说的背景以及他在用真理和禁欲的问题取代"宠爱"和荣誉的问题时说明和改变的最初的内容。在这些现身说法中，有一个要素是主要的：共识问题在对爱情及其力量和神圣性的赞颂过程中一再出现。年轻人应该在什么条件下和在什么保证下，向谁让步？而且，求爱者是否可以合法地希望他会轻易做出让步？这是作为求爱者与被爱者之间竞争艺术的性爱论特有的问题。

在《会饮篇》中，在阿伽通家里的第一篇发言就以一种绝对一般的和同义反复的可笑的原则来讨论这一性爱问题。这一原则就是："对于坏事，要感到羞耻；对于善事，要加以推崇。"① 但是，鲍撒尼亚立即以更加严肃的态度重新提起它。他区分了两种爱，一种是"仅仅完成性活动"的爱，另一种爱以考验灵魂为首要目标②。我们还可能注意到，在《斐德罗篇》中，开头的两个发言（其中一个被后人用嘲讽的口吻加以继承，另一个则被修改了）以各自的方式提出了"向谁让步"的问题。他们的回答都是，应该向非求爱者让步，或者不管怎样，不应该向求爱者让步。而且，这些最初的讲话都诉诸共同的论题：当所爱的人上了年纪，使求爱者陷入了被抛弃的困境时，短暂的爱情破裂了③；在大家看来，这些让男童依赖于求

---

① 柏拉图：《会饮篇》，178d。关于《会饮篇》中的谈话，参见吕克·布里松的《神话学辞典》"性爱"条。

② 柏拉图：《会饮篇》，181b—d。

③ 柏拉图：《会饮篇》，183d—e，《斐德罗篇》，231a—233a。

爱者的不名誉的关系 ① 损害了男童，让他脱离了自己的家庭或他能够从中获益的高尚的社交关系；② 因为男童取悦于求爱者，或者因为年轻人可能痛恨年老的人强加给他种种令人不快的关系，因此求爱者会对男童表现出厌恶和轻视的情绪；③ 男童被迫接受女性角色，这种关系损害了男童的身体与美德；④ 求爱者必须给出丰厚的补偿、好处和服务，如果他不想这么做，那么就会让他的老朋友陷入耻辱与孤独之中。⑤ 所有这些论题是对男童之爱中的快感及其享用的基本质疑。而这些困难正是各种礼仪规范、求爱实践与有规则的爱情游戏要努力对付的。

人们可能认为阿里斯托芬在《会饮篇》中的说法是个例外。他说，众神在盛怒之下把先民们分成两部分，把人截成两半（男人和女人，或者全是同性人，因为原始人是两性人，或者要么全是男的，要么全是女的）。这一说法似乎已经超出了求爱艺术的问题，提出了爱情究竟是什么的问题，而且它可能被认为是柏拉图的一种有趣的观点。不过，从苏格拉底的老对手阿里斯托芬的嘴里说出来，这些话富有讽刺意味。我们难道看不出阿里斯托芬所说的情人们寻求他们失去的另一半，很像柏拉图所说的灵魂牢记和向往他们的故乡吗？然而，就这篇

① 柏拉图：《会饮篇》，182a，《斐德罗篇》，239a。

② 《斐德罗篇》，231a—233a，239e—240a。

③ 《斐德罗篇》，240d。

④ 《斐德罗篇》，239c—d。

⑤ 《斐德罗篇》，241a—c。

发言中有关男性之爱的部分来说，阿里斯托芬显然还想回答共识问题。他的说法和讽刺之所以与众不同，又引起了人们一点反感，这是因为他的回答是完全肯定的。而且，他通过神话叙述推翻了求爱者和被爱者在年龄、情感和行为方面是不对等的这一公认的原则。他认为两者不仅对等而且平等，因*300*为他认为他们源于单个人的分裂；同一种快感和欲望让求爱者（l'éraste）和被爱者（l'éromène）互相吸引。如果一个男童只有半个男体，那么他就会爱上男人：他会有"与男人睡觉"和"与他们拥抱"的"快感"（sympeplegmenoi）。①而且由此，他没有表现出一种女性的本性，而只是显示出十足的男子汉"样子"来。柏拉图感到高兴的是，他让阿里斯托芬改变了曾在自己的喜剧中对雅典政治人物的批评态度："这批人在完成教育之后，是唯一通过他们的政治抱负表现为男人的人。"②在他们年轻的时候，他们委身于男人，因为他们想找到他们的另一半男体；同样，成年之后，他们也会追求男童。"爱慕男童"与"喜爱情人"（être paiderastēs et philerastēs）是同一个人的两个侧面。因此，对于传统的共识问题，阿里斯托芬作出了直接的、简明的与完全肯定的回答，同时，他还取消了构成男人与男童之间复杂关系的不对等的相互作用：因此，所有有关爱情与相应行为的问题只是重新

---

① 柏拉图：《会饮篇》，191e。
② 柏拉图：《会饮篇》，192a。

找回他失去的另一半的问题。

然而，苏格拉底—柏拉图的性爱论与此完全不同：不仅它提出的解决方法不同，而且还因为它旨在用完全不同的术语来提问题。要知道什么是真正的爱情，关键不是回答这一问题：应该爱谁？对于被爱者与求爱者来说，爱情在什么条件下才能是高尚的？或者至少，所有这些问题都从属于另一个首要的和根本的问题：什么是真正的爱情？^①

要想评价柏拉图的解释及其与通常的性爱论的不同，我们可以回忆一下色诺芬是怎么回答这个问题的。他强调了各种传统的要素：在只追求求爱者快感的爱情与对被爱者感兴趣的爱情之间的对立；还有把短暂的爱情转变成一种平等的、互惠的与持久的友谊的必要性。在《会饮篇》与《回忆录》中，色诺芬笔下的苏格拉底在灵魂之爱与肉体之爱之间划出了一条严格的分界线，^② 贬低肉体之爱，^③ 认为灵魂之爱是真正的爱情，在友爱（philia）中寻找赋予一切关系（sunousia）以价值的原则。^④ 因此，把灵魂之爱与肉体之爱结合起来是不够的，还必须让一切爱情摆脱它们的肉体向度（当有人"同时爱上另一个人的肉体与灵魂"时，占支配地位的是前者，而且一

---

① 关于苏格拉底对阿里斯托芬的回答，参看柏拉图的《会饮篇》，205e。

② 色诺芬：《会饮篇》，VIII，12。

③ 色诺芬：《会饮篇》，VIII，25。

④ 色诺芬：《会饮篇》，VIII，13。

且青春不再，友爱也就随之而去了）；① 人们应该像苏格拉底教导的那样，避免一切接触，拒绝那些本质上束缚灵魂的接吻，甚至不要肌肤相亲，不要遭受由此而带来的"创伤"（la morsure）。② 相反，所有的关系都必须在友爱的各种构成要素的基础上被建立起来：宠爱与回馈的服务、为所爱男童的进步而努力、相互的友情、一旦订交终身不变的牵挂。③ 这是否是说，对于色诺芬来说（或者对于他笔下的苏格拉底来说），两个男人之间不能有任何"性爱"（Eros），只存在一种"友爱"（philia）关系呢？色诺芬认为在利库尔戈的斯巴达可以发现这种典范。④ 在那里，迷恋男童身体的男人被认为是"可耻的"，人们赞扬与鼓励的是只爱年轻人的灵魂并且只希望与之交朋友的"正派的"成年人。因此，在斯巴达，"求爱者爱男童的执着并不比父亲爱儿子或兄弟爱兄弟的差"。但是，在《会饮篇》中，色诺芬没有图解这一区分。他初步提出了一种以友爱为目标的性爱及其快感的观念：他并不认为友爱、它包含的公共生活的成分、相互关心、相互友善与感情共享有一天一定会取代爱情或接它的班，而是认为求爱者们爱的对象应该是友谊：他说过"erōntes tēs philias"（友谊的性爱），其特点就是能够拯救性爱，保持它的力量，但是，除了说它是从

---

① 色诺芬：《会饮篇》，VIII，14。
② 色诺芬：《会饮篇》，IV，26；也参见《回忆录》，I，3。
③ 色诺芬：《会饮篇》，VIII，18。
④ 参见色诺芬的《斯巴达的政治制度》，II，12—15。

属于友爱的互惠的与持久的感情行为外，他没有规定它的具体内容。①

尽管思考的出发点也是我们熟悉的有关"性活动"（aphrodisia）在爱情关系中的地位问题，但是，柏拉图的性爱论却是以十分不同的方式被建构起来的。柏拉图利用这些传统的质疑，恰恰是为了揭示人们在对它们做出的各种仓促的回答中如何错过了主要的问题。

《斐德罗篇》的前两篇发言，一个是吕西斯天真的讲话，一个是苏格拉底的一番嘲讽，它们赞成一个男童不应该向他所爱的人让步。苏格拉底认为，这些发言都不能说出真理："有了情人后，却硬要说人应该爱他不爱的人，原因在于前者是迷狂的，后者是清醒的，这种说法是不真实的（ouk esti etumos logos）。"②《会饮篇》一开始的几篇发言却与此正好相反，它们一心赞颂爱情，而不是批评爱情，认为恰当地向一位高尚的求爱者让步是非常好的，③这既不丢脸也不可耻，而且根据爱情法则，这是"情投意合的事"。④尽管这些发言更加推崇爱情，但是它们并不比《斐德罗篇》中吕西斯和嘲讽他的批评家苏格拉底的讲话更加"真实"（etumoi）。

与它们相比，《会饮篇》中苏格拉底转述的第奥提姆的讲

---

① 色诺芬：《会饮篇》，VIII，18。
② 柏拉图：《斐德罗篇》，244a。
③ 柏拉图：《会饮篇》，184e，185b。
④ 柏拉图：《会饮篇》，196。

话与苏格拉底在《斐德罗篇》中叙述的伟大寓言，看上去像是
"真实的"话语：它们从一开始就与它们所讲述的真理相关。
它们凭什么是真实的话语呢？它们与在它们之前的各种颂词或
否定的不同之处在哪里呢？不同之处并不在于第奥提姆或苏格
拉底比其他对话者更加严肃或更加刻板；他们并不反对其他对
话者，因为后者太过奉承，而且在一种只追求灵魂的爱情中赋
予肉体与快感太多的地位。他们之所以与后者不同，是因为他
们不像后者那样提问题。对于爱情论争中的传统问题，他们做
了一些重要的改变和更动。

（一）从爱情行为的问题到对爱情本质的探询

在其他一些发言所展开的争论中，让求爱者身不由己的强
烈的爱情与冲动是前提条件；既然这种爱情"是公认的"，[①] 那
么人们主要关心的是恋爱双方应该如何行动：求爱者应该以什
么方式、在多大程度上、利用哪些说服方法，或者送出什么样
的友情信物，努力实现"他的心愿"；还有，被爱者应该在什
么条件下，经过怎样一番拒绝与考验之后，才做出让步。这是
一个在先有爱情的基础上怎样行动的问题。然而，第奥提姆与
苏格拉底探询的是这种爱情的本质、它的本性与来源，构成
它的力量的是什么，还有，如此执着地或疯狂地把他引向恋爱
对象的又是什么："什么是爱情本身？什么是它的本性？以及

---

① 柏拉图：《斐德罗篇》，244a。

什么是它的作用?"[1] 这是本体论的问题, 而不再是义务论的问题。所有其他的对话者在发言中都是以赞颂或批评为目的的, 旨在区分好的爱情与坏的爱情、应该做的与不应该做的。在通常有关探寻行为礼节与说明求爱艺术的论题中, 首要的反思对象是行为或互惠行为的作用。至少, 柏拉图曾暂时把这一问题搁在一边, 而且在善与恶的区分之外, 他提出了认识什么是爱情的问题。[2]

然而, 这样提问题首先意味着讲话的对象发生了变化。第奥提姆指责苏格拉底——其实也是针对所有前面的颂词作者——从"被爱的"要素 (ton erōmenon) 那里寻找应该怎样讨论爱情的原则; 因此, 他们受到了被爱男童的魅力、英俊、完美的迷惑, 而且不恰当地把这些优点给予爱情本身。除非有人问爱情是什么, 而不是它爱的是什么, 爱情是不会展现自己的真面目的。因此, 必须从被爱的要素回到求爱的要素 (to erōn) 上, 而且追问它的本质。[3]《斐德罗篇》就是这样做的; 为了回应开头两篇反对赞美爱情的发言, 苏格拉底借助灵魂理论拐了一个大弯。但是, 这一变动的结果就是, 有关爱情的发言必须面对不再是一篇"颂词"(以完全是对爱情与被爱者的赞颂的混杂方式出现) 的危险; 它必须像在《会饮

306

---

[1]　柏拉图:《会饮篇》, 201d。
[2]　在斐德罗的发言之后, 苏格拉底要求发言者应该"了解自己将要谈论的主题的真理"。见《斐德罗篇》, 259e。
[3]　柏拉图:《斐德罗篇》, 204e。

篇》中那样，指出爱情的"中介"性、它的显著缺陷（因为它并不拥有想要得到的好东西），以及痛苦与狡诈、知与不知之间的亲缘关系（爱情正是由此产生）。它还必须像《斐德罗篇》一样，解释对天外景象的遗忘与追忆是怎样在爱情中混合的，以及引导爱情最终达到它的目标的漫长的受难之路究竟是什么。

（二）从男童荣誉的问题到热爱真理的问题

苏格拉底转述第奥提姆的话，认为最好是把注意力从被爱要素转到求爱原则上，这并不意味着不再提对象问题了。相反，在说完这一主要转变之后，整个转述都是在确定什么是爱情中的被爱对象。但是，既然有人在发言中开始谈论爱情的本质，而不是赞美被爱对象，那么他提出对象问题时所用的术语将有所不同。

在传统的论争中，提问的出发点是有关爱情的对象：既然确定了被爱对象是什么人和应该是什么人（他不仅身体美而且灵魂也美，接受过必要的教育，具备应有的自由的、高贵的、男子气概的、勇敢的性格等），那么他应该具有何种对于他和求爱者来说都是高尚的爱情形式呢？应该赋予对被爱对象的追问方式与风格的，是尊重被爱对象的本性。相反，在柏拉图的追问中，规定被爱对象的应该是对爱情本身的思考。第奥提姆向苏格拉底表明，爱情超出了情人可能喜爱的各种美好的东西之外，它要在思想中产生，而且根据爱的真谛，根据它毫无杂质的纯洁和"它的独特形式"发现"美本身"。此外，在《斐德罗篇》中，正是苏格拉底指出了如果灵魂还清楚地记得在天上看到的景象，如果它受到强力的推动，而且没有屈服于各种不洁欲望的冲动，那么它是如何因为被爱对象身上反映和模仿了美本身而爱上被爱对象的。

我们发现，柏拉图的论点是，爱情的对象应该是男童的灵魂而不是他们的身体。但是，柏拉图不是第一个、也不是唯一这么说的人。这一论点贯穿在有关爱情的各种传统争论中，产生了各种严格程度不等的结论，而且，色诺芬把这一论点推到了极端（他认为这是苏格拉底的看法）。柏拉图自己的观点不是把灵魂与身体区分开来，而是他证明肉体之爱是卑下的方式。因为他不是把它建立在对被爱男童的尊严与他理应受到的尊重之上，而是建立在求爱者身上确定他的爱情本质与形式的本性（他要求不朽的欲望，他对纯粹美的向往，对他曾看到过的天上景象的模糊回忆）上。此外，柏拉图在邪恶的肉体之爱与美好的灵魂之爱之间划出了一条清晰的、确定的和不可逾越的界线；这一点在《会饮篇》与《斐德罗篇》中是非常清楚的。如果把与肉体的关系比作追求美的活动，那么它是卑下的和被人瞧不起的，因为它能够改变和阻止对美的追求，所以它有时候可能是危险的，但是尽管如此，它既没有被立即排斥也没有总是受到斥责。根据《会饮篇》的著名方法，追求美的活动就是从一个美丽的肉体到其他美丽的肉体，然后到各种灵魂，再到"各种事务""行为准则""认识"中的美，直至看到

"充满美的广阔天地"。^① 而且，《斐德罗篇》在赞美灵魂不屈从肉体的勇气与完善时，并没有要求惩罚那些无意中发现自己是为了荣誉而不是为了哲学而生活、并且因为不由自主的激情冲动而偶尔"做了那种事"的人。毫无疑问，当他们在世间的生活结束时，他们的灵魂就离开了肉体，但是（与那些仍然做"自己的主人"的人的情况不同），他们失去了翅膀；于是，他们无法升天；但是他们不会被强迫在地上旅行；两个情人会在天堂之下相伴而行，直到他们"因为彼此相爱"而重新获得翅膀。^② 对于柏拉图来说，真正爱情的本质特征并不是排斥肉体，而是透过对象的各种表象与真理发生关系。

（三）从恋爱双方不对等的问题到爱情融合的问题

在各种公认的习俗看来，"性爱"（Eros）当然来自求爱者。至于被爱者，他无法像求爱者一样成为爱情中主动的一方。当然，他也要回报爱意（Antéros）。但是，这种回报的性质产生了问题：它无法与追求者的爱意完全对等。男童应该对求爱者的善意、宠爱、关心和表率，而不是他的欲望与快感作出回报。而且，只有等到爱情不再疯狂，男童到了排除各种激情和远离各种危险的年龄，两位朋友才能有真正互惠的关系。

但是，如果性爱是与真理相关的，那么这两位情人只有在

---

① 柏拉图：《会饮篇》，210c—d。
② 柏拉图：《斐德罗篇》，256c—d。

同一种性爱力量促使他趋向真理的条件下，才能融合在一起。根据柏拉图的性爱论，被爱者不能只是处于被爱对象的位置上，而且借口有权得到对方的交换物（因为他是被爱者），只是简单地等待他需要的建议和渴望得到的知识。他应该在这种爱情关系中真正成为主体。这就是为什么《斐德罗篇》中第三篇发言在结束时提出从求爱者的观点转向被爱者的观点的原因。苏格拉底曾描述过求爱者的奔波、激情与痛苦，以及为了驾驶爱情马车而应当经历的艰苦战斗。他是这样提到被爱者的：也许，这个年轻男童周围的人已经让他相信，向求爱者让步是不好的；但是，他却同意与他的求爱者约会；而且身边的情人让他欣喜若狂；于是，他感到欲望汹涌澎湃，好像灵魂中长出了翅膀与羽毛。[1] 当然，他还不知道什么是他向往的东西的真实本性，而且也不知道用什么词汇来形容它。但是，他却"伸开双臂"拥抱了他的情人并且"亲吻了他"。[2] 这是重要的时刻：与求爱术的情况不同，"爱情辩证法"在此要求恋爱双方的感情完全相似；爱情是一样的，因为对于双方来说，它是把他们引向真理的运动。

（四）从被爱男童的德性到导师的智慧和对导师的爱

在求爱艺术中，求爱是情人的事。即使要求求爱者控制自

---

① 柏拉图：《斐德罗篇》，255b—c。
② 柏拉图：《斐德罗篇》，255e—256a。

我，人们也知道爱情的强制力量有让他身不由己的危险。抵抗这种压力的支点是男童的荣誉、尊严以及他在抵抗时表现出来的合乎情理的执拗。但是，当性爱追求真理时，在这条爱情之路上走在最前面的人真的是最爱真理的人，他能够最好地引导其他人，帮助他不要堕落到一切低级的快感之中。最了解爱情的人还是通晓真理的导师。而且，他的作用就是教会被爱者怎样战胜他的各种欲望，变得"比自己更强大"。这种与真理的关系从此构成一种新的爱情关系，其结果就是出现了一个新的人物：这就是导师的形象，他占据了情人的位置，但是，他凭借对自己的完全控制，改变了爱情互动的意义，转换了角色，提出了否弃"性活动"（aphrodisia）的原则，而且成了一切渴求真理的年轻人爱的对象。

毫无疑问，这应该是《会饮篇》最后几页描述的苏格拉底与阿尔西比亚德、格劳孔的儿子夏密德、迪奥克勒的儿子欧第德谟以及其他人的关系的意义。① 这些角色的分配完全被颠倒了过来：那些有许多追求者的年轻貌美的男童都爱上了苏格拉底；他们跟踪他，努力引诱他，非常想得到他的欢心，也就是说想让他把他的智慧宝藏告诉自己。他们站在求爱者（érastes）的位置上，而他这位肉身丑陋的老人却处在被爱者（éromène）的位置上。但是，他们并不知道，苏格拉底

---

① 柏拉图：《会饮篇》，222b。关于苏格拉底和性爱的关系，参见 P. 阿多的《精神修养与古代哲学》，第 69—82 页。

只是因为能够抵制他们的诱惑才为他们所爱，这是阿尔西比亚德通过著名的"试探"发现的。但是，这并不意味着他对他们既没有爱也没有欲望，而是说，他被真正爱情的力量所左右，而且，他明白怎样真正地爱那应该去爱的真理。第奥提姆以前说过：在所有人中，苏格拉底是爱情问题上的智者。从此，导师的智慧（而不再是男童的荣誉）既是真正爱情的对象，又是不作"让步"的原则。

在这段话中出现的苏格拉底，被赋予了传统"清心寡欲的圣人"(theios anēr)具有的力量：肉体的忍耐力、不受感官诱惑的能力、摆脱肉体束缚与集中所有灵魂力量的能力。[①]但是，必须明白，这些力量只在性爱的特殊作用中才有效；它们确保苏格拉底能够控制自我；因此，它们不仅让苏格拉底成了年轻人能够追求的爱情对象，而且还把他当作唯一能够引导他们的爱情直达真理的人。在恋爱双方的互动中，不同的控制方式相互冲撞（求爱者努力占有爱人的控制方式，被爱者避免被控制并通过这种抵制反过来控制求爱者的控制形式）；苏格拉底又引入了另一种控制方式：即通晓真理的导师实施的控制方式，他是通过自我节制来实施这种控制方式的。

因此，柏拉图的性爱论可以说表现在三个方面。一方面，它是回答在希腊文化中内在于男人与男童关系之中的一种困难的方式：也就是给予作为快感对象的男童什么身份的问题。

---

① H.诺里：《柏拉图的革命》，1974年，第61—70页。

从这个角度来看，柏拉图的回答看来只是比在各种有关爱情的"争论"中可能提出的回答或在色诺芬的著作中以苏格拉底的名义提出的回答更加复杂和精致。因为柏拉图是通过从被爱个体的问题转到对爱情本质的探讨，来解决快感对象的困难的；这就是把爱情关系塑造成一种与真理的关系，进而把这种关系一分为二，把它们纳入被爱者与求爱者之中并且颠倒年轻人的角色，以便让他爱上通晓真理的导师。在此意义上，大家可以说柏拉图圆满解决了阿里斯托芬的寓言提出的挑战：他赋予这篇寓言一个真实的内容；他说明了同一个爱情如何能够在相同的情感中既表现出爱慕男童（paiderastēs），又显示出钟爱友谊（philerastēs）。在高尚爱情的实践中，让求爱者与被爱者之间的关系一直困难重重的不对等、差距、抵制与逃避，不再有存在的理由了。或者，它们可以根据一种完全不同的感情、采取一种完全不同的方式和制定一种不同的游戏来发展自身：这就是通晓真理的导师向男童传授什么是智慧的途径。

但是，我们由此看到，柏拉图的性爱论引入了真理的问题，把它作为爱情关系中的根本问题。这是它的另一个侧面。而且，它采取的方式完全不同于在快感享用中应该用"逻各斯"来控制欲望的方式。求爱者的任务（而且因为它可以让他达到他的目标）就是认识到什么是控制他的真正的爱情。柏拉图对阿里斯托芬挑战的回答改变了后者给出的回答：个体在另一个人身上寻找的，不是他自己的另一半，而是与他的灵魂结合在一起的真理。因此，个体应该做的伦理工作就是发现和毫不松懈地坚持这一作为他的爱情的隐蔽支柱的东西与真理的关系。于是，我们不难明白柏拉图的反思是怎样力图摆脱通常那种围绕恋爱对象及其地位提出的质疑，从而对以求爱者及其能够掌握的真理为中心的爱情提出质疑。

最后，柏拉图揭示的苏格拉底的性爱论提出了爱情讨论中各种常见的问题。但是，它的目的不是要界定什么样的行为才能恰当地维持好恋爱双方互动的平衡，一方面被爱者不让对方轻易得手的时间要足够的长，另一方面求爱者提供的好处要弥足珍贵。相反，它试图确定求爱者的爱情将通过何种感情、何种努力与何种自我作用才能最终得出与确立它与真理的关系。它不再想一劳永逸地画出一条界线让人能够区分出高尚与可耻，而是力图描述通向它自身本质的道路（及其各种困难、变故与挫折）。《会饮篇》与《斐德罗篇》提出了这种从一种以"求爱"实践与被爱者的自由为基础的性爱论向一种以求爱者的禁欲和共同的真理通道为中心的性爱论的过渡。因此，问题发生了变化：在有关"快感的享用"的反思中，被质疑的是快感及其冲动，人应该通过自我控制来确保恰当地使用快感，合法地分配快感；而在柏拉图对爱情的反思中，质疑的对象是欲望，必须通过了解欲望的真正本质来让它达到自己真正的目标（即真理）。《法律篇》所描述的节制生活是一种"在所有方面都宽容的"、带有轻微的痛苦、宁静的快感、柔和的欲望（ēremaiai hēdona; malakai epithumiai）与毫不狂热的

315

爱情（erōtes ouk emmaneis）的生活；① 这就是通过实施自我对自身的控制来确保对各种快感的节制。《斐德罗篇》曾描述过灵魂的各种经历与求爱的热情，认为如果它想获得补偿，重新回到天上的故乡，那么它同样必须实行"一种严谨的养生法"（tetagmenē diaitē），因为灵魂是"自己的主人"，它"关心的是怎样把握分寸"，因为它已经"控制了产生邪恶的根源"并且"解放了产生美德的东西"。② 当然，它必须向自己的欲望冲动开战，但是它只有根据一种与真理的双重关系，才能这么做：这种双重关系既是与受到质疑的欲望本质的关系，也是与被公认为真理的欲望对象的关系。

因此，这里有一点是清楚的，即对欲望之人的质疑将要出现。但是，这不意味着柏拉图的性爱论是突然决定不再讨论一种快感及其享用的伦理。相反，我们发现后者仍在不断地发展和改变自己。但是很久之后，当从贪婪的灵魂和对它的秘密的解释出发重新要求对性行为进行质疑时，源于柏拉图的思想传统起了重要的作用。

这种有关男童的哲学反思内含一种历史悖论。对于这种男性之爱，确切地说，对于这种随后不得不长期遭到严厉谴责的倾慕男童和少年的爱情，希腊人认为它是合法的，我们也愿意

---

① 柏拉图：《法律篇》，V，734a。
② 柏拉图：《斐德罗篇》，256a—b。

证明他们一致赞同的在这一方面的自由。然而，他们对自己提出的最严格的节制要求，却远甚于对健康（他们也为之担忧）、女人与婚姻（但是他们注意维护它的良好秩序）的要求。当然，他们绝不谴责和禁止它。然而，正是在对男童之爱的反思之中，出现了"无限节制"的原则、拒斥性快感的理想（在这一方面，苏格拉底因为成功地抵制了诱惑而树立了榜样）及其内含一种崇高精神价值的主题。在男童之爱方面，希腊文化以一种初看上去可能令人吃惊的方式形成了有关将以这一原则的名义摒弃男童之爱的性伦理的一些要素：恋爱关系中对等性和互惠性的要求、与自我进行长期而艰难的斗争的必要性、逐步净化只面向真实的自身存在的爱情，以及人对于自身作为欲望主体的探询。

317

若是有人认为男童之爱引起了对自身的禁忌，或者以为哲学自身的一种模糊性只是在要求超越它的同时才肯接受它，那么他就没有抓住关键。必须记住，这种"禁欲主义"不是一种否定男童之爱的方式；恰恰相反，它是一种让其风格化的方式，一种通过赋予它形式和形象来推崇它的方式。其实，这里已经有了一种完全节制的要求，而且欲望问题也成了优先被考虑的问题，但是它们引入的各种要素却难以在一种以探究正确地享用快感为中心的道德中占有一席之地。

276

性经验史第二卷：快感的享用

结　论

　　因此，在这些著名的实践（养生实践、家政管理实践、向 *321*
年轻人"求爱"的实践）范围里，希腊人从各种试图说明它们
的反思出发，开始探询作为道德问题的性行为，他们的目的就
是确定所需要的节制形式。

　　这并不意味着希腊人只是对这三个方面的性快感感兴趣。
我们在希腊文学作品中发现还有其他题材和关注存在的见证。
但是，如果大家像我一样在此只限于考虑希腊人反思和调整他
们的性行为的规范话语，那么这三个问题就是许多问题之中最
重要的。希腊人围绕着它们依据严格的和严肃的原则发展出了
生活的艺术、行为的艺术和"享用快感"的艺术。

　　初看上去，我们可能会认为这些不同的反思形式几乎接 *322*
近于我们在以后的西方基督教社会中所见到的严肃的形式。不
管怎样，我们可以着手改正至今仍然被大家广为接受的在一种
"宽容""性自由"实践的异端思想和随后的悲惨的和约束的道
德之间的对立。因为我们必须看到严格的和小心实践的性节制

原则作为一种戒条，并不起始于基督教，当然也不是源于古代晚期，更不是肇始于希腊化和罗马时代的严守规诫的运动，例如众所周知的斯多葛主义。从公元前 4 世纪起，我们发现一种非常清楚的观念，即性活动本身是极其危险的和代价高昂的、它是与生命实体的丧失密切相关的；既然它的存在不是生活所必需的，那么应该用一种小心谨慎的结构来限制它。我们还发现一种夫妻关系的模式，它要求配偶双方一律戒除一切"婚姻之外"的性快感。最后，我们发现一种要求成年男人摒弃与男童之间的一切肉体关系的主题。这就是性节制的普遍原则，它怀疑性快感可能就是一种罪恶，倡导一夫一妻制中的严格忠诚，坚持严格贞操的理想：当然，希腊人并不是根据这一模式生活的；但是，在他们之间所形成的哲学的、道德的和医学的思想难道没有阐述出被后世道德——特别是我们在基督教社会中看到的道德——汲取的一些基本原则吗？但是，我们不能仅限于此。各种规范可能在形式上是相似的：这只是证明了性禁锢是贫乏的和单调的。性活动被塑造、被确认、被组织成一种道德问题的方式并不是铁板一块的，这只是因为被允许或反对、被倡导或劝阻的对象是同一的。

我们知道：性行为在希腊思想中是属于道德实践范围的，具有性快感活动（aphrodisia）的形式。性快感活动则属于一个难以掌握的各种力量的角斗场。为了获得一种合理的和道德的行为形式，它们要求运用一种考虑分寸、火候、数量和时机的策略。这种策略旨在达到自身的完美和顶峰，即达到对自我的严格控制，其中主体在对其他人行使权力的活动中比自己"更强"。然而，这一主体被塑造为自己的主宰所包含的节制要求并不具有人人都应该俯首听命的一种普遍法律的形式，而是针对那些想让自己的生存具有尽可能美的和完善的形式的人来说，它是一种行为风格的原则。假若人们想确定赋予我们性道德以形式的这些重大主题（性快感属于危险的罪恶领域，一夫一妻制的忠诚义务、排斥同性伴侣）的来源，那么我们不仅不必把它们归因于所谓的"犹太—基督教"道德的这种虚构，而且也不必去探寻禁锢的永恒作用或法律的不朽形式。希腊哲学提前提出的性节制并不内在于一种在历史上依次地表现为不同形式的压抑的法律的永恒性之中：它属于一个在理解道德经验的转型方面比法典史更具决定性的历史，即作为澄清一种把个体塑造成道德行为主体的自我关系的形式的"伦理"史。

另一方面，在希腊思想中发展起来的这三种重大的行为艺术和自我技术（养生学、家政学和性爱论），如果说没有提出一种特殊的性道德，那么至少提出了一种对性行为的特别调整。在这一对节制要求的澄清中，不仅希腊人没有去规定大家应该遵守的行为法则，而且他们也没有去把性行为作为一种遵循同一原则的领域。

在养生学方面，我们发现了一种由对性快感适当和适时的享用来规定的节制形式。运用这种节制，就要求特别关注于"火候"问题和身体的各种变化状态与四季变化的特性之间的关系。在这种关注之中，又表现出了对激情的恐惧、对身体被掏空的担心和对个体的余生与人类的繁衍的双重关心。在家政学方面，我们发现了一种节制形式，它不是由配偶双方的相互忠诚来规定的，而是由一种丈夫享有的对妻子行使权力的特权来规定的。在此，一时的目标不是把握恰当的火候，而是在整个生活过程中维护在家庭组织中的一种等级制结构。正是为了确保这一等级制的永恒性，男人应该质疑任何性放荡，在控制其他人的过程中成为自我的主宰。最后，性爱论可要求的节制也是另一种形式：即使这不是绝对地要求摒弃性，我们也可以看出，它是朝这个方向努力的，它的理想是拒绝与男童发生一切肉体关系。这种性爱论是与当时的一条规诫相关的。这条规诫十分不同于有关身体和婚姻的规诫：这是一个必然要导向下一个时期的过渡时代的经验。至于赋予它生命的关注，这是对尊重青少年男子气概及其未来自由男子地位的关注：它不是简单地为了作为自己快感的主人的男人，而是要了解大家怎样能够在对自我的控制中和在对自我的珍爱中为他人的自由留有余地。总而言之，正是在对男童之爱的这种反思中，柏拉图学派的性爱论提出了爱、拒绝性快感和真理通道之间复杂关系的问题。

我们记得 K.J. 多维最近写道："希腊人并没有继承神的力量已向人类宣示了一种调整性行为的法律规则的信仰，他们也没有保持过这种信仰。他们更没有一套制度，它有权让人们尊重性禁忌。希腊人在遭遇到各种比自己更古老、更丰富和更清晰的文化时，感到自己可以自由地选择、适应、发展和更新。"① 希腊人对作为道德领域的性行为的反思不是一种把大家一体遵守的普遍性禁忌化为己有、证明它们是正当的或者确立为原则的方式，而是一种向由成年自由男人所构成的人口中最小的那部分澄清一种生存美学（即对作为权力游戏的自由的反思艺术）的方式。因而，作为我们的道德来源的性伦理是建立在一个非常坚硬的不平等的和压抑的（特别是对妇女和奴隶的压抑）体系之上。但是在希腊思想中，它也曾作为自由男人行使他的自由、他的权力形式和他的真理通道之间的关系，遭到质疑。

在对这一伦理及其在漫长的编年史上的转型变迁进行浮光掠影的和十分图式化的考察之后，我们能够首先注意到一种语气的变化。在希腊古典思想中，成年男子与男童之间的关系，达到了最精美的极点，也是反思和澄清的最活跃的中心。也正是在此，对它的质疑要求最尖锐的节制形式。然而，在随后非常缓慢的演变过程中，我们能够看出这一中心在变动着；渐渐地，女人成了问题的中心。但是这不意味着不再会有成年男人对男童的性爱活动，它还会表现出来；也不是说人们不再会拷问它。而是指女人和与女人的性爱关系成为了对性快感的道德反思中的强音符；它的主题形式是贞操、夫妻性行为的重要性，或者是配偶双方之间的对称关系和交互关系的重要性。此外，我们还可以发现从 17 世纪和 18 世纪开始在对儿童的性活

---

① K.J. 多维:《希腊同性恋》，第 247 页。

动以及广义上的性行为、规范性和健康之间的关系的兴趣上，问题中心发生了一次新的变动（这次是从女人转向了身体）。

但是在发生这些变动的同时，在享用快感的不同"艺术"的各个要素之间产生了某种统一。不仅有理论统一（圣奥古斯丁是始作俑者之一），它使得人们可以在同一个理论框架中思考死亡和不朽的游戏、婚姻制度和通向真理的条件；还有一种"实践的"统一，它以围绕认识自我、净化程序和向色欲开战而展开的不同生存艺术为中心。处于性行为问题的中心的，不再是快感及其享用美学，而是欲望及其净化解释学。

这一变化是一系列转型的结果。关于在基督教问世之前发生的这些最初的转型，我们在公元头两个世纪的道德家、哲学家和医生的反思中不难找到它们的见证。

所引书目索引*

1. 安提丰：

《讲演录》，由 L. 热尔内整理和翻译（法国大学丛书），第 89—90 页。

ANTIPHON, *Discours*, texte établi et traduit par L. Gernet, Collection des universités de France (C.U.F.). Pp. 89-90.

2. 阿皮勒：

《变态》，由 P. 格里马勒翻译，巴黎伽利玛出版社（七星丛书），1963 年，第 29 页。

APULÉE, *Les Métamorphoses*, traduction par P. Grimal, Paris, Gallimard, La Pléiade, 1963. P. 29.

3. 卡帕道斯的阿尔泰：

《论急性疾病和慢性疾病的症状、原因和治疗》，载《希腊医学大全》，II，柏林，1958 年，由 L. 雷诺翻译，巴黎，1834 年。

ARÉTÉE DE, CAPPADOCE, *Traité des signes, des causes et de la cure des maladies aiguës et chroniques*, texte dans le *Corpus Medicorum Graecorum*, II, Berlin, 1958; traduction par L.Renaud, Paris, 1834. P. 25.

---

* 在此，我要感谢莎乌切瓦尔图书馆及其馆长。我还要感谢尼古拉和路易斯·埃夫拉尔，以及爱莲尼·梦莎克雷，她为本书的修订提供了宝贵的帮助。

4. 阿里斯托芬：

《阿哈奈人》，V. 古龙整理，H. 范·达埃勒翻译（法国大学丛书），第 248 页。

《公民大会妇女》，V. 古龙整理，H. 范·达埃勒翻译（法国大学丛书），第 285 页。

330

《骑士》，V. 古龙整理，H. 范·达埃勒翻译（法国大学丛书），第 285 页。

《地母节妇女》，V. 古龙整理，H. 范·达埃勒翻译（法国大学丛书），第 29 页和第 248 页。

ARISTOPHANE, *Les Acharniens*, texte établi par V. Coulon et traduit par H. Van Daele (C.U.F.). P. 248.

L'Assemblée des femmes, texte établi par V. Coulon et traduit par H. Van Daele (C.U.F.). P. 285.

Les Cavaliers, texte établi par V. Coulon et traduit par H. Van Daele (C.U.F.). P 285.

Les Thesmophories, texte établi par V. Coulon et traduit par H. Van Daele (C.U.F.). Pp. 29, 248.

5. 亚里士多德：

《论灵魂》，让隆尼整理，E. 巴尔博丁翻译和注释（法国大学丛书），第 67—68 页，第 177 页。

《优台谟伦理学》，H. 拉克汉姆整理和翻译（勒布经典丛书），第 56 页。

《尼各马可伦理学》，H. 拉克汉姆整理和翻译（勒布经典丛书），法文译者是 R.-A. 高第叶和 J.-Y. 诺利夫，鲁汶–巴黎，1970 年，第 55、61—64、66—71、87—91、94—95、102、116、118、231—232、235 页。

《论动物的繁衍》，P. 路易斯整理和翻译（法国大学丛书），第 64、66、72、157、174—175、178 页。

《论繁衍和腐烂》，Ch. 穆克勒整理和翻译（法国大学丛书），第 178 页。

《动物史》，P. 路易斯整理和翻译（法国大学丛书），第 57—58、63—64、72 页。

《动物的分类》，P. 路易斯整理和翻译（法国大学丛书），第 59 页。

《政治学》，H. 拉克汉姆整理和翻译（勒布经典丛书），第 27、110—111、114、138、161—163、224、231、235、236、281 页。

《修辞学》，J. 沃尔干和 J. 卡佩尔整理和翻译，巴黎，1944，第 73、265—266 页。

ARISTOTE, *De l'âme*, texte établi par A. Jannone, traduit et annoté

284   性经验史第二卷：快感的享用

par E. Barbotin (C.U.F.) . Pp. 67-68, 177.

Éthique à Eudème, texte et traduction par H. Rackham (Loeb classical Library) . P. 56.

Éthique à Nicomaque, texte et traduction par H. Rackham (Loeb classical Library) ; traduction française par R.-A. Gauthier et J.-Y. Jolif, Louvain-Paris, 1970. Pp. 55, 61-64, 66-71, 87-91, 94-95, 102, 116, 118, 231-232, 235.

De la génération des animaux, texte et traduction par P. Louis (C.U.F.) . Pp. 64, 66, 72, 157, 174-175, 178.

De la génération et de la corruption, texte et traduction par Ch. Mugler (C.U.F.) . P. 178.

Histoire des animaux, texte et traduction par P. Louis (C.U.F.) . Pp. 57-58, 63-64, 72.

Les Parties des animaux, texte et traduction par P. Louis (C.U.F.) . P. 59.

Politique, texte et traduction par H. Rackham (Loeb classical Library) . Pp. 27, 110-111, 114, 138, 161-163, 224, 231, 235-236, 281.

Rhétorique, texte et traduction par J. Voilquin et J. Capelle, Paris, 1944. Pp. 73, 265-266.

6. 亚里士多德的伪篇:

《家政学》，A. 瓦尔泰勒整理和翻译（法国大学丛书），第 228—231、236 页。

《问题》，W.S. 海特整理和翻译 （勒布经典丛书），第 56、64、147、152、 156—157、164、176 页。

《论不育》，P. 路易斯整理和翻译，载《动物史》第三卷（法国大学丛书），第 63、189 页。

PSEUDO-ARISTOTE, *Économique*, texte et traduction par A. Wartelle (C.U.F.) . Pp. 228-231, 236.

Problèmes, texte et traduction par W.S. Hett (Loeb classical Library) . Pp. 56, 64, 147, 152, 156-157, 164, 176.

Sur la stérilité, texte et traduction par P Louis, t. III de l'*Histoire des animaux* (C.U.F.) . Pp. 63, 189.

331

7. P. 奥本格:

《亚里士多德的节制》，巴黎，法国大学出版社，1963 年，第 78 页。

AUBENQUE, P., *La Prudence chez Aristote*, Paris, P.U.F., 1963. P. 78.

8. 圣奥古斯丁:

《忏悔录》，M. 斯库泰拉整理，E. 特里奥瑞尔和 G. 布伊泰翻译，载《著作集》，第十三卷，巴黎，1962 年，第 55 页。

AUGUSTIN, saint, *Confessions*, texte établi par M. Skutella et traduit par E. Trehorel et G. Bouisson, in *Œuvres*, t. XIII, Paris, 1962. P. 55

9. 奥鲁－热勒:

《雅典之夜》，R. 马伽什整理和翻译（法国大学丛书），第 167 页。

AULU-GELLE, *Nuits attiques*, texte et traduction par R. Macache (C.U.F.). P. 167.

10. J. 鲍斯维尔:

《基督教、社会宽容和同性恋》，芝加哥，1980 年，第 296 页。

BOSWELL, J., *Christianity, Social Tolerance, and Homosexuality*, Chicago, 1980. P. 296.

11. L. 布里松:

《神话学词典》"性爱"条，巴黎，弗拉马里翁，1981 年，第 298 页。

BRISSON, L., Article «Éros» du *Dictionnaire des mythologies*, Paris, Flammarion, 1981. P. 298.

12. F. 布菲耶:

《青春期的性爱：古希腊的鸡奸》，巴黎，美文出版社，1980 年，第 248、252—253、256、285 页。

BUFFIÈRE, F., *Éros adolescent. La pédérastie dans la Grèce antique*, Paris, Les Belles Lettres, 1980. Pp. 248, 252-253, 256, 285.

13. 亚历山大的克莱芒:

《教育者》，M. 哈尔整理与翻译，塞尔夫出版社，1960 年，第 167 页。

CLÉMENT D'ALEXANDRIE, *Le Pédagogue*, texte et traduction par M.

Harl, Paris, Éd. du Cerf, 1960. P. 167.

14. H. 多维尔内：

《劳改犯们》，巴黎，1841年，第28页。

DAUVERGNE, H., *Les Forçats*, Paris, 1841. P. 28.

15. 德谟斯泰尼：

《驳斥尼埃拉》，L. 热尔内整理与翻译（法国大学丛书），第187、190页。

《性爱论》，R. 克拉伏整理与翻译（法国大学丛书），第81、266—276页。

DÉMOSTHÈNE, *Contre Nééra*, texte et traduction par L. Gernet
(C.U.F.). Pp 187, 190.

Eroticos, texte établi et traduit par R. Clavaud (C.U.F.). Pp. 81,
266-276.

16. 迪奥克勒：

《养生法》，载奥里巴斯的《医学大全》，第三卷，U. 布斯马克和 Ch. 达伦伯格
整理和翻译，巴黎，1858年，第144、147、149—151、156—157页。

DIOCLÈS, *Du Régime*, in ORIBASE, *Collection médicale*, t. III, texte
établi et traduit par U.Bussemaker et Ch. Daremberg, Paris,
1858. Pp. 144, 147, 149-151, 156-157.

17. 第欧根尼·拉尔修：

《哲学家们的生平》，R.D. 黑克斯整理和翻译（勒布古典丛书），由 R. 热莱耶译
成法文，巴黎，伽尔耶-佛拉芒里翁，1965年，第61、67、69、74、94—
95、99、108、116、156、172、191、244、285、288页。

DIOCÈNE LAËRCE, *Vie des Philosophes*, texte et traduction par R.D.
Hicks (Loeb classical Library); traduction française par R.
Genaille, Paris, Garnier-Flammarion, 1965. Pp. 61, 67, 69,
74, 94-95, 99, 108, 116, 156, 172, 191, 244, 285, 288.

18. 迪翁·德·普鲁斯：

《演讲录》，J.W. 科红整理与翻译（勒布古典丛书），第28、61页。

DION DE PRUSE, *Discours*, texte et traduction par J.W. Cohoon (Loeb classical Library). Pp. 28, 61.

19. K.J. 多维：

《古希腊人对性行为的态度》，阿莱提撒，6，1973 年，第 50 页。

《柏拉图和亚里士多德时代的希腊大众道德》，牛津，1974 年，第 50、54 页。

《希腊同性恋》，伦敦，1978 年，由 S. 萨伊德译成法文，格里诺布勒，1982
　　年，第 50、54、245、255、260、274、283、289 页。

DOVER, K. J., «Classical Greek Attitudes to Sexual Behaviour»,
　　Arethusa, 6, 1973. P. 50.

Greek Popular Morality in the Time of Plato and Aristotle, Oxford,
　　1974. Pp. 50, 54.

Greek Homosexuality, Londres, 1978; traduction française par S.
　　Saïd: *Homosexualité grecque*, Grenoble, 1982. Pp. 50, 54, 245,
　　255, 260, 274, 283, 289.

333　　**20. G. 杜比：**

《骑士、女人和祭司》，巴黎，阿歇特，1981 年，第 33 页。

DUBY, G., *Le Chevalier, la Femme et le Prêtre*, Paris, Hachette,
　　1981. P. 33.

21. 埃比克泰德：

《对谈录》，J. 苏伊勒整理与翻译（法国大学丛书），第 28 页。

ÉPICTÈTE, *Entretiens*, texte et traduction par J. Souilhé (C.U.F.). P. 28.

22. 埃施尼：

《驳斥蒂马尔克》，V. 马丁和 G. 德·布德整理和翻译（法国大学丛书），第
　　254、256、267、282—284 页。

ESCHINE, *Contre Timarque*, texte et traduction par V. Martin et G.
　　de Budé (C.U.F.). Pp. 254, 256, 267, 282-284.

23. 欧里庇德斯：

《伊安篇》，L. 珀尔曼蒂耶和 H. 格里古瓦尔整理与翻译（法国大学丛书），第
　　214 页。

《美狄亚》，L. 梅里蒂耶整理和翻译（法国大学丛书），第 213 页。

EURIDIPE, *Ion*, texte et traduction par L. Parmentier et H. Grégoire (C.U.F.). P. 214.

Médée, texte et traduction par L. Méridier (C.U.F.). P. 213.

24. J.L. 弗兰德林：

《拥抱的时间》，巴黎，色伊出版社，1983 年，第 153 页。

FLANDRIN, J.-L., *Un temps pour embrasser*, Paris, Éd. du Seuil, 1983. P. 153.

25. J.-Cl. 弗莱斯：

《古代哲学中的友谊概念》，巴黎，弗林，1974 年，第 235—261 页。

FRAISSE, J.-Cl., *Philia, la notion d'amitié dans la philosophie antique*, Paris, Vrin, 1974. Pp. 235, 261.

26. 弗朗斯瓦·德·萨勒：

《虔诚生活的导论》，Ch. 弗洛里森整理与翻译（法国大学丛书），第 260 页。

FRANÇOIS DE SALES, *Introduction à la vie dévote*, texte établi et présenté par Ch. Florisoone (C.U.F.). P. 260.

27. P. 阿多：

《精神训练与古代哲学》，巴黎，《奥古斯丁研究》，1981 年，第 311 页。

HADOT, P., *Exercices spirituels et philosophie antique*, Paris, «Études augustiniennes», 1981. P. 311.

28. 希波克拉底：

《古代医学》，A.-J. 费斯蒂热尔整理与翻译，巴黎，1948 年，纽约，1979 年，第 131 页。

《格言》，W.H.S. 琼斯整理与翻译（勒布丛书），第 147 页。

《流行病学》，W.H.S. 琼斯整理与翻译（勒布丛书），第 134、158 页。

《论生育》，R. 诺里整理与翻译（法国大学丛书），第 168、173 页。

《论疾病》，II，J. 茹安那整理与翻译（法国大学丛书），第 158 页。

《人类的本性》，W.H.S. 琼斯整理与翻译（勒布丛书），第 145、147 页。

《养生法》，R.诺里整理与翻译（法国大学丛书），第135、139、145—152、
　　155页。

《健康养生法》，W.H.S.琼斯整理与翻译（勒布丛书），第144页。

《誓言》，W.H.S.琼斯整理与翻译（勒布丛书），第65页。

HIPPOCRATE, *L'Ancienne Médecine*, texte et traduction par A.-J.
　　Festugière, Paris, 1948; New York, 1979. P. 131.

Aphorismes, texte et traduction par W.H.S. Jones (Loeb classical
　　Library) . P. 147.

Épidémies, texte et traduction par W.H.S. Jones (Loeb classical
　　Library) . Pp. 134, 158.

De la génération, texte et traduction par R. Joly (C.U.F.) . Pp. 168,
　　173.

Des maladies II, texte et traduction par J. Jouanna (C.U.F.) .
　　P. 158.

De la nature de l'homme, texte et traduction par W.H.S. Jones (Loeb
　　classical Library) . Pp. 145, 147.

Du régime, texte et traduction par R. Joly (C.U.F.) . Pp. 135, 139,
　　145-152, 155.

Du régime salubre, texte et traduction par W.H.S. Jones (Loeb
　　classical Library) . P. 144.

Le Serment, texte et traduction par W.H.S. Jones (Loeb classical
　　Library) . P. 65.

29. 伊索克拉底：

《致尼古克勒》，G.马修和E.布莱蒙整理与翻译（法国大学丛书），第227页。

《尼古克勒》，G.马修和E.布莱蒙整理与翻译（法国大学丛书），第27、90、
　　111、196、222—227页。

ISOCRATE, *À Nicoclès*, texte et traduction par G. Mathieu et E.
　　Brémond (C.U.F.) . P. 227.

Nicoclès, texte et traduction par G. Mathieu et E. Brémond
　　(C.U.F.) . Pp. 27, 90, 111, 196, 222-227.

30. H. 诺里：

《柏拉图的革命：逻各斯，知识，政治》，巴黎，弗罕，1974 年，第 126、312 页。

JOLY, H., *Le Renversement platonicien, logos, epistēmē, polis*, Paris, Vrin, 1974. Pp. 126, 312.

31. W.K. 拉塞：

《古希腊的家庭》，伊萨卡，1968 年，第 195 页。

LACEY, W. K., *The Family in Classical Greece*, Ithaca, 1968. P. 195.

32. E. 莱斯克：

《古代的生育教育》，载"科学与文学科学院的论文集"，第十九册，梅延斯，1950 年，第 49 页。

LESKI, E., «Die Zeugungslehre der Antike», *Abhandlungen der Akademie der Wissenschaften und Literatur*, XIX, Mayence, 1950. P. 49.

33. 吕西安的伪篇：

《爱情》，M.D. 马克勒奥德整理与翻译（勒布丛书），第 57 页。

LUCIEN (PSEUDO-), *Les Amours*, texte et traduction par M.D. MacLeod (Loeb classical Library). P. 57.

34. 里西亚斯：

《论埃拉托斯泰尼的谋杀》，L. 热尔内和 M. 比兆斯整理与翻译（法国大学丛书），第 191 页。

LYSIAS, *Sur le meurtre d'Ératosthène*, texte et traduction par L Gernet et M. Bizos (C.U.F.). P. 191.

35. P. 马纽利：

《希波克拉底论女性生理病理学》，巴黎，1980 年，第 64 页。

MANULI, P., «Fisiologiae patologia del feminile negli scritti hippocratici», *Hippocratica*, Paris, 1980. P. 64.

36. H. 诺斯：

《Sōphrosunē（节制），希腊文学中的自我认知和自我节制》，"康乃尔古典文献学研究"，XXXV，伊萨卡，1966年，第86—87页。

NORTH, H., *Sōphrosunē. Self-Knowledge and Self-Restraint in Greek Literature*, «Cornell Studies in Classical Philology», XXXV, Ithaca, 1966. Pp. 86-87.

37. 埃热尼的保罗：

《外科学》，R. 布里劳译，巴黎，1855年，第144—151页。

PAUL D'ÉGINE, *Chirurgie*, traduction par R. Briau, Paris, 1855. Pp. 144, 151.

38. 弗洛斯特拉特：

《提亚纳的阿波罗尼奥斯的生平》，P. 格里马勒译，巴黎，伽利玛（七星丛书），1963年，第30页。

PHILOSTRATE, *Vie d'Apollonius de Tyane*, traduction par P. Grimal, Paris, Gallimard, La Pléiade, 1963. P. 30.

39. 柏拉图：

《阿尔西比亚德篇》，M. 克瓦塞特整理与翻译（法国大学丛书），第99页。

《会饮篇》，L. 罗宾整理与翻译（法国大学丛书），第31、60、66、70、81、177、245、249、254、259、270、289—290、297—301、303—306、311页。

《卡尔弥德篇》，M. 克瓦塞特整理与翻译（法国大学丛书），第252页。

《欧底德谟斯篇》，L. 梅里蒂耶整理与翻译（法国大学丛书），第252页。

《高尔吉亚篇》，A. 克瓦塞特整理与翻译（法国大学丛书），第60、76、87、90、98、111、122、248页。

《书信》，J. 苏伊勒整理与翻译（法国大学丛书），第90、92页。

《法律篇》，E. 德斯珀拉斯和 A. 蒂耶斯整理与翻译（法国大学丛书），第60—61、67—69、78、87、89—93、96—97、100—101、104、118、141、158—164、176—189、217—221、244、288、315页。

《斐德罗篇》，L. 罗宾整理与翻译（法国大学丛书），第29、60、68、90、92、119、260、289、297、304—310、315页。

《斐列布篇》，A. 蒂耶斯整理与翻译（法国大学丛书），第59、67、166页。

《政治家篇》，A. 蒂耶斯整理与翻译（法国大学丛书），第66页。

《普罗泰戈拉篇》，A. 克瓦塞特整理与翻译（法国大学丛书），第90、259页。

《理想国》，E. 香伯里整理与翻译（法国大学丛书），第57、60、63、67—70、73、76、83、86、90、93—97、100—101、103、109—110、117、122、132—133、137—139、161、244页。

《蒂迈欧篇》，A. 黑伏整理与翻译（法国大学丛书），第62、68、133、138、142、174页。

PLATON, *Alcibiade*, texte et traduction par M. Croiset (C.U.F.) . P. 99.

Banquet, texte et traduction par L. Robin (C.U.F.) . Pp. 31, 60, 66, 70, 81, 177, 245, 249, 254, 259, 270, 289-290, 297-301, 303-306, 311.

Charmide, texte et traduction par A. Croiset (C.U.F.) . P. 252.

Euthydème, texte et traduction par L. Méridier (C.U.F.) . P. 252.

Gorgias, texte et traduction par A. Croiset (C.U.F.) . Pp. 60, 76, 87, 90, 98, 111, 122, 248.

Lettres, texte et traduction par J. Souilhé (C.U.F.) . Pp. 90, 92.

Lois, texte et traduction par É. des Places et A. Diès (C.U.F.) . Pp. 60-61, 67-69, 78, 87, 89-93, 96-97, 100-101, 104, 118, 141, 158-164, 176-189, 217-221, 244, 288, 315.

Phèdre, texte et traduction par L. Robin (C.U.F.) . Pp. 29, 60, 68, 90, 92, 119, 260, 289, 297, 304-310, 315.

Philèbe, texte et traduction par A. Diès (C.U.F.) . Pp. 59, 67, 166.

Politique, texte et traduction par A. Diès (C.U.F.) . P. 66.

Protagoras, texte et traduction par A. Croiset (C.U.F.) . Pp. 90, 259.

République, texte et traduction par E. Chambry (C.U.F.) . Pp. 57, 60, 63, 67-70, 73, 76, 83, 86, 90, 93-97, 100-101, 103, 109-110, 117, 122, 132-133, 137-139, 161, 244.

Timée, texte et traduction par A. Rivaud (C.U.F.) . Pp. 62, 68, 133, 138, 142, 174.

40. 柏拉图的伪篇：

《情敌》，J. 苏伊勒整理与翻译（法国大学丛书），第135、260页。

PSEUDO-PLATON, *Les Rivaux*, texte et traduction par J. Souilhé (C.U.F.). Pp. 135, 260.

41.（古代的）普林尼：

《自然史》，J.博热整理与翻译（法国大学丛书），第26页。

PLINE L'ANCIEN, *Histoire naturelle*, texte et traduction par J. Beaujeu (C.U.F.). P. 26.

42.普鲁塔克：

《桌边闲谈》，F.弗尔芒整理与翻译（法国大学丛书），第79页。

《少年卡东的生平》，R.弗拉色里耶和E.香伯里整理与翻译（法国大学丛书），第27页。

《梭伦的生平》，E.香伯里、R.弗拉色里耶和M.茹诺整理与翻译（法国大学丛书），第191页。

PLUTARQUE, *Propos de table*, texte et traduction par F. Fuhrmann (C.U.F.) P. 79.

Vie de Caton le Jeune, texte et traduction par R. Flacelière et E. Chambry (C.U.F.). P. 27.

Vie de Solon, texte et traduction par E. Chambry, R. Flacelière, M. Juneaux (C.U.F.). P. 191.

43.博利比：

《历史》，R.韦伊和CI.尼科勒整理与翻译（法国大学丛书），第73页。

POLYBE, *Histoires*, texte et traduction par R. Weil et Cl. Nicolet (C.U.F.). Pp. 73.

44.S.帕默罗伊：

《女神、妓女、妻子和奴隶：古代经典时期的妇女》，纽约，1975年，第191页。

POMEROY, S., *Goddesses, Whores, Wives and Slaves. Women in Classical Antiquity*, New York, 1975. P. 191.

45.波菲利：

《毕达哥拉斯的生平》，E.德斯珀拉斯整理与翻译（法国大学丛书），第136页。

PORPHYRE, *Vie de Pythagore*, texte et traduction par É. des Places (C.U.F.) . P. 136.

46. J. 德·罗米利：

《希腊思想中的法律观念》，巴黎，美文出版社，1971 年，第 73 页。

ROMILLY, J. de, *La Loi dans la pensée grecque des origines à Aristote*, Paris, Les Belles Lettres, 1971. P. 73.

47. 埃费斯的鲁弗斯：

《著作集》，Ch. 达伦默博格和 Ch.-E. 茹勒整理与翻译，巴黎，1878 年，第 66 页。

RUFUS D'ÉPHÈSE, *Œuvres*, texte et traduction par Ch. Daremberg et Ch.-E. Ruelle, Paris, 1878. P. 66.

48. 演说家塞涅卡：

《论争集》，H. 博尔内克译，巴黎，伽尔尼耶，1932 年，第 29 页。

SÉNÈQUE LE RHÉTEUR, *Controverses et suasoires*, traduction par H. Bornecque, Paris, Garnier, 1932. P. 29.

49. W.D. 史密斯：

《古典养生理论的发展》，《希波克拉底》，巴黎，1980 年，第 144 页。

SMITH, W.D., «The Development of Classical Dietetic Theory», *Hippocratica*, Paris, 1980. P. 144.

50. R. 范·高罗佩：

《古代中国的性生活》，L. 埃弗哈德译，巴黎，伽利玛，1971 年，第 181、188 页。

VAN GULIK, R., *La Vie. sexuelle, dans la Chine ancienne*, traduction française par L. Évrard, Paris, Gallimard. 1971. Pp. 181, 188.

51. J.-P. 韦尔南：

《希腊人的神话和思想》，巴黎，马斯珀罗，1966 年，第 205 页。

VERNANT, J.-P., *Mythe et Pensée chez les Grecs*, Paris, Maspero, 1966. P. 205.

52. 色诺芬：

《阿格西劳斯》，E.C. 马尔香整理与翻译（勒布丛书）；由 P. 香伯里译成法文，
　巴黎，伽尔尼耶-弗拉芒里翁，1967 年，第 30、61、82 页。

《远征记》，C.L. 布朗森和 O.J. 托德整理与翻译（勒布丛书）；由 P. 香伯里译
　成法文，巴黎，1967 年，第 61、247、259 页。

《会饮篇》，C.L. 布朗森和 O.J. 托德整理与翻译（勒布丛书）；由 P. 香伯里
　译成法文，巴黎，1967 年，第 63、75、193、195、246、260—262、
　265、289、301—303 页。

《居鲁士的教育》，M. 比左斯和 E. 德勒北克整理与翻译（法国大学丛书），第
　80、86、110、123、244 页。

《家政学》，P. 香特罕整理与翻译（法国大学丛书），第 96、102、113、189、
　199—215 页。

《希爱罗》，E.C. 马尔香和 G.W. 博维梭克整理与翻译（勒布丛书）；由 P. 香伯
　里译成法文，巴黎，1967 年，第 64、67、82、89、212、257、289 页。

《回忆录》，E.C. 马尔香整理与翻译（勒布丛书）；由 P. 香伯里译成法文，巴黎，
　1967 年，第 54、60、70、75—77、80、82—83、90、98、106、108、116—
　118、136、143、200、302 页。

《斯巴达的政治制度》，由 P. 香伯里译成法文，巴黎，1967 年，第 162、
　302 页。

XÉNOPHON, *Agésilas*, texte et traduction par E.C. Marchant (Loeb
classical Library) ; traduction française par P. Chambry,
Paris, Garnier-Flammarion, 1967. Pp. 30, 61, 82.

Anabase, texte et traduction par C.L. Brownson et O.J. Todd (Loeb
classical Library), traduction française par P. Chambry,
Paris, 1967. Pp. 61, 247, 259.

Banquet, texte et traduction par C.L. Brownson et O.J. Todd (Loeb
classical Library) ; traduction française par P. Chambry,
Paris, 1967. Pp. 63, 75, 193, 195, 246, 260-262, 265, 289,
301-303.

Cyropédie ; texte et traduction par M. Bizos et É. Delebecque
(C.U.F.). Pp. 80, 86, 110, 123, 244.

Économique, texte et traduction par P. Chantraine (C.U.F.).

Pp. 96, 102, 113, 189, 199-215.

Hiéron, texte et traduction par E.C. Marchant et G.W. Bowersock (Loeb classical Library); traduction française par P. Chambry, Paris, 1967. Pp. 64, 67, 82, 89, 212, 257, 289.

Mémorables, texte et traduction par E.C. Marchant (Loeb classical Library); traduction française par P. Chambry, Paris, 1967. Pp. 54, 60, 70, 75-77, 80, 82-83, 90, 98, 106, 108, 116-118, 136, 143, 200, 302.

La République des Lacédémoniens, traduction française par P. Chambry, Paris, 1967. Pp. 162, 302.

图书在版编目(CIP)数据

性经验史. 第 2 卷, 快感的享用/(法)米歇尔·福
柯(Michel Foucault)著;佘碧平译. —上海:上海
人民出版社,2022
ISBN 978 - 7 - 208 - 17769 - 7

Ⅰ. ①性… Ⅱ. ①米… ②佘… Ⅲ. ①性学-研究
Ⅳ. ①C913.14

中国版本图书馆 CIP 数据核字(2022)第 125346 号

责任编辑 赵 伟
装帧设计 林 林

性经验史第二卷:快感的享用

[法]米歇尔·福柯 著

佘碧平 译

出 版 上海人民出版社
        (201101 上海市闵行区号景路 159 弄 C 座)
发 行 上海人民出版社发行中心
印 刷 上海盛通时代印刷有限公司
开 本 850×1168 1/32
印 张 9.5
插 页 5
字 数 185,000
版 次 2022 年 8 月第 1 版
印 次 2022 年 8 月第 1 次印刷
ISBN 978 - 7 - 208 - 17769 - 7/B · 1632
定 价 58.00 元

Histoire de la sexualité

Vol.2 L'Usage des plaisirs

de Michel Foucault

© Éditions Gallimard, 1984